目　录

序　论

中国发展的新起点、新转折与新模式

——写于中华人民共和国 61 周年国庆节

中共十七大报告指出："全党必须坚定不移地高举中国特色社会主义伟大旗帜，带领人民从新的历史起点出发……继续全面建设小康社会、加快推进社会主义现代化。"由此可见，以十七大为标志，中国全国及其每一个地区，包括重庆，都站在了一个新的历史起点上。

这个新的历史起点有什么特点，有什么意义呢？那就是中国改革开放 30 年，取得了巨大的成就，但"渐进式"改革也积累了不少矛盾；社会主义怎样与市场经济有效结合，仍是时代难题。因此，科学发展势在必行，中国特色社会主义道路需要继续开辟。

改革开放 30 年后，中国遭遇所谓的"特区困局"①。在新的历史起点上、万马奔腾的中国大地上，迫切需要新的创造，需要在学习、继承的基础上，对"深圳模式"进行超越。正是从新的历史起点出发，在改革开放尤其是重庆直辖以来改革发展的基础上，重庆市委、市政府施行了一系列

---

① 参见《深圳特区今日成立 30 周年，学者为"中国模式"把脉》，2010 年 8 月 26 日《经济参考报》。

"新政",搞得轰轰烈烈,取得明显成效,引起海内外媒体高度关注。2009年,香港《亚洲周刊》第六期整版发表一组专题报导,提出金融危机下"重庆模式创中国经济反攻新路径"的新观点,"重庆模式"开始在海内外引起强烈反响。越来越多的海内外媒体将重庆做法称为"重庆模式"(尽管它们所概括的层次和重点各不相同),重庆市的主要领导人乃至国务院的重要领导人,也都公开使用"重庆模式"概念,并对其作出重要评价①。对因"重庆模式"而超常规发展的重庆,有境外媒体评论说:"如果把中国比做一本杂志的话,那么这本杂志的封面会是北京,封底是上海,而重庆将是代表着未来发展的下期预告。"②

"重庆模式"或称"重庆经验",可以有三个层面上的意义,这就是地方发展模式、问题解决模式、全国转型模式。仁者见仁,智者见智。我们在书中把事实和观点系统地摆出来,目的是通过对"重庆模式"的探讨推进中国下一阶段的发展。

一、对"重庆模式"概念的说明

"重庆模式"从最初提出到现在,有很多人从不同层次上进行解读。

率先宣传"重庆模式"的香港《亚洲周刊》,以及相继转载的各主要报刊、网站讲的"重庆模式",是指重庆创造的一种与广东模式、苏南模式、温州模式,乃至浦东模式等不同的,"改变改革开放前期以投资及出口拉动经济的粗放模式"的,新的经济发展模式③;重庆市长黄奇帆和国务院副总理王岐山讲的"重庆模式",指的是重庆创造的"一头在内、一头在外"(即大量零部件在本地生产,主要市场在海外)加工贸易类型的新模

---

① 参见《重庆市长:按照重庆模式西部可以打败长三角》,2010 年 4 月 21 日《经济参考报》;《王岐山在重庆考察时盛赞:重庆模式值得好好研究》,2010 年 7 月 10 日《重庆日报》。

② 凤凰网:《重庆公租房为百万人而建,不是摆噱头》,http://news.ifeng.com/mainland/detail_2010_07/03/1713021_0.shtml。

③ 参见《重庆模式创中国经济反攻新路径》,香港《亚洲周刊》2009 年第 6 期。

式,这也可以说是一种对外开放的新模式①;清华大学崔之元教授讲的"重庆模式",主要指的是重庆创造的"国资增值与藏富于民得以携手并进"的新模式,即国有经济与民营经济共同发展的国企改革发展新模式和所有制结构新模式②;《南方周末》强调的"重庆模式",重点指的是"政府投资基建新模式",但它对重庆这种"政府主导的城市基础设施投资"模式提出了强烈质疑③;香港中文大学郎咸平教授讲的"重庆模式",则是指他认为唯一能够"拯救中国房地产"的重庆公租房建设模式④。此外,还有不少人将重庆的不少特殊做法——或"打黑",或"唱红",或户籍改革,或土地市场建设,甚至于大规模的植树造林等,也都称为"重庆模式"。这些都是狭义的"重庆模式"概念。

时隔一年后,率先宣传"重庆模式"的香港《亚洲周刊》再次大篇幅地宣传"重庆模式":"在中国迈向共同富裕路途中,重庆正在探寻一条中国模式新路径。"⑤这是层次更高、内涵更广的一个新的概括。它还认为"重庆模式"的实质和个性,是重提为人民服务、联系群众,等等。我们比较认同它的这一评价,认为它抓住了重庆模式的实质性内容。但是,尽管强调了政治建设的内容,《亚洲周刊》仍未能明确地从整个社会发展的层面,即包括了经济、政治、文化、(狭义)社会和生态等各个方面的广义上,来讲"重庆模式"。

而我们所讲的"重庆模式",则是广义的"重庆模式",特指中共十七大以后的 2007 年底,中共中央政治局委员薄熙来主政重庆后,重庆市委、市政府在改革开放以来尤其是重庆直辖以来发展的基础上,施行的一系

---

① 参见《黄奇帆:按照重庆模式西部可以打败长三角》,2010 年 4 月 21 日《经济参考报》;《王岐山在重庆考察》,2010 年 7 月 10 日《重庆日报》。

② 参见《重庆模式、经济民主与自由社会主义——访清华大学公共管理学院教授崔之元》,《商务周刊》2009 年第 22 期。

③ 参见《解读重庆模式》,2009 年 4 月 29 日《南方周末》。

④ 参见《郎咸平:只有"重庆模式"才能拯救中国房地产》,新华网(网页:http://news. xinhuanet. com/comments/2010－08/03/c_12402260. htm)。

⑤ 参见《重庆探寻中国共同富裕模式新路径》,香港《亚洲周刊》2010 年第 12 期。

列"新政",从而形成的一套经济、政治、文化、(狭义)社会与生态发展的方式,和由此而形成的发展路径。我们认为,"重庆模式"不但是一种与沿海的外向型模式有别的内需型发展新模式,一种与沿海的"两头在外"模式有别的"一头在外一头在内"的、适合内陆大开放的加工贸易新模式,一种国企改革与发展乃至整个所有制结构优化的新模式,一种有效解决民生问题尤其是住房、医疗、教育等问题的新模式,一种统筹城乡发展的新模式,一种净化人们的心灵、净化社会环境、净化生态环境的新模式,而且是以上所有这些"模式"的总体叠加、系统综合。概括地说,这是一个很有成效的建设中国特色社会主义的具体模式、一个社会主义与市场经济可能实现有效结合的具体模式、一个很有成效的科学发展的具体模式。

二、"重庆模式"产生的历史背景

要理解"重庆模式"的意义,必须了解其产生的历史大背景。这一历史大背景,就是改革开放30年后我国改革开放发展的基本态势。

中国改革开放30年,在经济和社会快速发展的同时积累了五大矛盾:

一是城乡矛盾太大。"城市像欧洲农村像非洲",国家与社会的二元结构严重阻碍发展,也极不公平。

二是地区矛盾太大。邓小平讲东部先发展起来,到世纪末再帮助中西部发展是对的,但政策执行有偏差,再加上市场经济的"马太效应",使得城乡、地区的差距进一步加大,从而埋下了极大的社会隐患。

三是经济与社会的矛盾。这是"一手硬一手软"的新发展——"软"的方面从思想道德发展到民主政治、人民生活,等等——导致的。教育、养老和住房改革,由于都走了片面市场化的错误道路,成为三大严重问题,被群众称为"新三座大山"。分配上两极分化严重,基尼系数逼近

0.5。整个民族道德大滑坡、"黄赌毒"泛滥。在反腐力度不断加大的同时腐败行为仍不断发生。

四是快速工业化与城市化与生态环境保护的矛盾。

五是对外开放与国内发展、与国家安全的矛盾。随着中国开放程度的扩大,国际经济周期与投机资本对中国经济安全构成越来越大的威胁。

产生上述五大矛盾的根源之一,在于我们不少地方把一个本来正确的重要思想和一个根本性的战略,即邓小平"发展才是硬道理"的思想和党"以经济建设为中心"的战略,在贯彻执行中严重异化。就是把"以经济建设为中心"异化为"以 GDP 增长为中心",进而把"发展才是硬道理"异化为"除 GDP 增长以外的一切发展都是软道理"。而我国的社会主义市场经济又是政府主导的,是政府内化为市场机制的核心的特殊市场经济,所以到目前为止,政府行为都在比市场行为更大程度地推动和左右经济的发展。其好处,是全党动手搞经济,可以促进经济更快、也可能更好地发展;其隐患,则在于指导思想一出偏差,则会波及全局。较长时期的"以 GDP 增长为中心","GDP 挂帅",必然引发一系列问题。可以设想一下:我们的县长、市长、省长,手里面都有数量不等的巨额资金,以经济建设为中心的理念根深蒂固,在"以 GDP 增长为中心"的思想指导下,在以GDP 的增速来衡量其业绩的考核方式督促下,他们那些数量不等的巨额资金,是投入城市还是投入农村?是投入东部或者发达地区还是投入落后地区?是投入经济领域还是投入民生等社会领域?是投入建设领域还是投入环保领域?是扩大出口还是供应内需?答案都是不言而喻的。结论很简单:我们的县长、市长、省长们,都会将其数量不等的巨额资金,尽可能多地投入城市而忽视农村、投入发达地区而忽视落后地区、投入经济领域而忽视社会领域、投入建设方面而忽视环保方面、投入外需而忽视内需。所以,这样的惯性发展,就加剧了我国原本就存在的上述五大矛盾。这五大矛盾的激化,就使得城市繁荣、农村凋敝,沿海富裕、内地贫穷,经济发展、社会落后,建设飞快、污染严重,抑制内需、拼命出口这样的发展方式,再也难以持续下去了。如果再不觉悟,或者再任由这种发展方式形成的利益集团继续推动这种发展方式进行惯性运动,那么有可能到某一个时点,经济、社会发展就会发生巨大的灾难。这个危险性,党中央看得清楚,所以提出科学发展观,要求改变上述惯性发展的轨迹。

上述五大矛盾,除了第五个,在重庆都特别集中、特别突出。所以,"重庆模式",都和这几大矛盾的解决有直接关系。

更深层次的问题在于,上述五大矛盾的产生和解决,都与中国特色社会主义能否成功的关键,即"社会主义"与"市场经济"的结合,息息相关。社会主义怎样与市场经济结合好,这是中国共产党改革开放30多年以来都在探讨、尽管已有重大突破与进展但仍需着重深入探讨的一个重大问题。我们认为,社会主义与市场经济相结合的问题,表现在两个方面。第一方面,是经济层面的五个问题:第一,公有制尤其是国有制怎样与市场经济相结合;第二,按劳分配怎样与市场经济相结合;第三,公平怎样与效率相结合;第四,宏观调控怎样与市场机制相结合;第五,对外开放怎样与经济主权和安全相结合。第二方面,是政治和观念层面的两个问题:第一,我们共产党怎样在市场经济条件下保持自身的纯洁性,从而保证对国家的领导,保证马克思主义的中国化,保证对意识形态的领导和主导;第二,集体主义的价值观怎样与个人利益驱动的价值观相结合。这两方面的问题合成一个历史性课题,就是怎样既让市场经济使社会主义充满活力,又让市场经济本身的"马太效应"——一系列的两极分化效应,包括贫富的两极分化,包括城乡、区域的两极分化,包括利润与民生的两极分化,包括经济发展与社会道德的两极分化,包括经济与生态的两极分化,等等——都得到有效遏制与控制。

对于社会主义搞市场经济,我们可用德国伟大的文学家歌德笔下的人物浮士德作一比。浮士德一生追求书本知识,晚年后悔未能体验人生和幸福,便与魔鬼打交道、作交易,愿以来生的灵魂去换取青春与活力,去体验生活和幸福。浮士德自身有"善"、"恶"两面性,魔鬼拼命引诱其

"恶"的一面膨胀,使浮士德去追求庸俗的东西。但浮士德由于自身高尚的本性,在与魔鬼同行,去体验人生、追求幸福的过程中,能够本能地坚守其"善"的一面,不断地战胜自我,不被庸俗化,避免沉沦,坚持对高尚的理想、信念的不懈追求,终于达到人生最高境界。我们中国共产党在改革开放前,也犯了脱离实际、片面追求理想的社会主义制度而忽视了人民群众的现实需要的错误,后来醒悟,认识到必须与市场经济打交道,来增强不发达的社会主义的活力,于是破天荒地搞了社会主义市场经济。市场经济本身并不是魔鬼,但在中国搞社会主义市场经济之前,世界上的市场经济都是在"魔鬼"的家中——资本主义社会——生长、生活的,所以它本身既有魔力,也有魔性。以前的共产党人都以为市场经济只能在"魔鬼"的家中生活,于是排斥市场经济。是中国改革开放的领袖邓小平提出:市场经济还可以在"天使"的家中——社会主义社会——生长、生活,于是,中国的社会主义,就做了一个当代的"浮士德",开始与"魔鬼"——资本主义——打交道,引入了市场机制,搞社会主义市场经济。市场经济是一柄双刃剑,它既可以使社会主义社会充满活力,也有可能使社会主义社会庸俗化,使人们成为金钱的奴隶。可是只要我们共产党人能够像浮士德一样保持自己高尚的本性,也就能像他一样,战胜魔鬼的诱惑,不为市场经济的负面影响所腐蚀。我们中国的社会主义能不能成为当代的浮士德,能不能坚守自身高尚的本性——共产党人的理想、信念和宗旨,能不能驾驭社会主义市场经济自身所固有的自我利益欲望,能不能战胜"魔鬼"的诱惑,这些是社会主义市场经济能否成功的根本性、决定性因素。

中国共产党之所以伟大,原因之一,正在于她能够一次又一次地将西人常以为截然对立、国人也多以为如风马牛的对立面结合起来、统一起来,创造出一个又一个的奇迹。她曾创造性地将工人阶级的政党同农民运动结合起来,成功地开辟了"农村包围城市"的中国革命道路;她也曾创造性地将无产阶级的革命领导权同资产阶级民主革命的对象与目的结合起来,成功地缔造了"新民主主义革命"的范式;她又曾创造性地同与之血战了十年的国民党联合起来,组成抗日统一战线,成功地解除了我们历史上最为深重的一场民族灾难;她还曾创造性将"革命"与"赎买"结合起来,和平地完成了中国的社会主义改造……如今,中国共产党又创造性地开始将"社会主义"与"市场经济"结合起来、统一起来。

"重庆模式",就是社会主义与市场经济结合得比较好的一个模式,是共产党组织将自己的本性保持、发扬得比较好,而社会活力也比较充分迸发的一个模式。

三、"重庆模式"的主要内容

"重庆模式"的主要内容,我们概括为以下要点,它们构成本书各章:

1. 纲举目张——以胡锦涛总书记为重庆确定的"314"总体部署为重庆各项工作的总纲

以"314"总体部署为纲,着眼于贯彻落实"314"总体部署,遵循"成后来居上之事,须非同寻常之举"的要求,重庆为后来居上,果然做出了非同寻常之举——探索、创造出了"重庆模式"。

2. "打黑除恶"——以扫荡黑社会为肃贪反腐、扭转党风和社会风气的突破口

重庆"打黑除恶"是在党委统一领导下,运用国家强力,坚持依法办事,广泛动员群众,集中进行打击,坚决铲除严重危害群众安全和投资环境的黑恶势力及其保护伞的人民民主专政行动。重庆的"打黑除恶"不是一般意义上的"打黑除恶",而是更深层意义上的肃贪反腐。

3. "唱读讲传"——以弘扬"红色文化"为建设社会主义精神文明的抓手

就是把中国共产党的毛泽东思想和中国特色社会主义理论中的两大强项,也包括中国传统文化的精华和世界上的精神文明,结合起来、统一起来,形成重庆人民的终极价值观,这样既能发展市场经济,又能驾驭市场经济。

4. "三大洋战略"——以建设内陆大开放战略高地为重庆发展的最大动力

重庆是在"要实现科学发展,跨越式发展,根本出路在扩大开放,最大动力也在扩大开放"①的认识高度上,建设直通"三大洋"——太平洋、印度洋、大西洋——的内陆大开放战略高地。

5. "五个重庆"——以打造国家中心城市为战略目标

"五个重庆",就是重庆市委确定的"宜居重庆、畅通重庆、森林重庆、平安重庆、健康重庆",目的是要实现重庆的科学发展,打造中国内地唯一的国家中心城市。

6. 解"二元方程"——以统筹城乡综合配套改革与发展为主线

按照胡锦涛总书记"314"总体部署"加快建设统筹发展的直辖市"的要求,从大城市、大农村、大库区、大山区和少数民族聚集区并存的特殊市情出发,走出一条城乡统筹发展的新路子。

7. "三驾马车"——以公有制为主体的经济成分共存为最优组合

就是要以"三驾骏马"——公有制经济(这是"驾辕"的)、民营经济、外资经济,来拉动重庆这辆"大车"飞奔。在公有制经济中,尤其注重国有投资公司的发展。

8. 民生导向——以保障和改善民生为一切工作的出发点和归宿

重庆市委于 2010 年 7 月召开三届七次全委会,明确要求"把保障和改善民生作为一切工作的出发点和归宿",要求重庆走"以民生为导向的经济社会发展路子"。

---

① 薄熙来:《重庆要取得更大发展关键在解放思想核心是扩大开放》,2008 年 3 月 28 日《重庆日报》。

9."同吃同住同劳动"——以创新党的作风建设为灵魂

就是要求重庆的各级领导干部开展"三项活动"——"大下访"（访问群众疾苦、帮助解决困难），"三进三同"（进基层、进村子、进农户，与农民同吃、同住、同劳动），"结穷亲"（与困难家庭结成长期帮扶关系），这样来推进党的作风建设，为人民服务，以保证党既能发展社会主义市场经济，又能在市场经济的发展中永葆本色。

综合起来讲，以联系群众、"唱红打黑"为实质和核心，动员群众、全市上下一心来解放思想、扩大开放、建设内陆开放高地，来统筹城乡发展，来鞭策公有经济、民营经济、三资经济"三驾马车"并驾齐驱，而以国有经济"驾辕"，来建设"五个重庆"——"宜居重庆、畅通重庆、森林重庆、平安重庆、健康重庆"，来切实改善民生，等等，这就是我们所理解的"重庆模式"。

四、"重庆模式"的特点与意义

我们认为，从基本特点来看，"重庆模式"是具有重庆特色的科学发展模式，而不是不可持续的片面发展模式；是行之有效的"两手抓，两手硬"的中国特色社会主义发展模式，而不是经济上坡、道德滑坡的发展模式；是社会主义与市场经济有效结合，而不是市场经济排斥社会主义甚至"吃掉"社会主义的发展模式；是越发展，共产党的执政地位越稳固、人民群众幸福指数和尊严指数越高的模式，而不是越发展，党和国家"为他人作嫁衣"的危险性越高、人民群众的幸福指数和尊严指数越低的发展模式。

"重庆模式"如旭日初升之时，正值深圳等中国最早一批经济特区30岁"生日"。这些特区，尤其是深圳特区，曾被誉为"中国模式"的标志，但正陷入所谓的"特区困局"，"在辉煌成就背后的深圳却弥漫着一股焦躁不安和忧心忡忡的情绪，这是来自北京、广州和深圳的经济专家的一致判断"①。其焦虑,主要在于"特区不特"了。其实,这正是特区值得骄傲、值得庆幸的地方——它们完成了自己的历史使命:带头改革开放,创建社会主义市场经济体制。这可以说是中央当初创建特区的终极目的。现在,全国都建立起了社会主义市场经济体制的框架,也就是说,全国都成了"特区"了,特区当然也就不"特"了。

特区不"特"了,但中国模式、中国道路还要继续前进。"江山代有才人出,各领风骚数百年。"我们认为,从历史意义来看,"重庆模式"这个"把保障和改善民生作为一切工作的出发点和归宿"的发展模式,是要求走"以民生为导向的经济社会发展路子"②的新模式。"重庆模式"代表了一条新路子,是对30年来以"效率为导向"为代表的先行发展路子既有继承,又有所不同、有所前进的一条路子。"效率导向模式"的本质特点,体现在最经典的"深圳口号"——"时间就是金钱,效率就是生命"——之中。在没有金钱、没有效率的时代,其革命意义是伟大的;"以金钱和效率为导向"的发展路子,就成为"效率导向模式"的根本内涵。改革开放30年来,我们借这一模式,解决了效率问题,使中国的社会主义开始充满活力。然而,30年后,民生问题取代效率问题,成为中国共产党面临的头号问题。没有效率,是解决不了这个问题的,因此,"效率导向模式"不能否定;然而,光靠效率,也是解决不了民生问题的。因此,"效率导向模式"必须超越,也必然被超越。"重庆模式",就是在学习、继承的基础上,对"效率导向模式"超越。所以,它是一种新模式,展现了一条发展新路子。

在中国发展的历史新阶段,科学发展是前进的主题,转变发展方式是前进的主线。而"重庆模式"体现的区域经济社会发展新路子,正是科学发展的实践,是发展方式的真正转变。

---

① 《深圳特区今日成立30周年,学者为"中国模式"把脉》,2010年8月26日《经济参考报》。
② 《中共重庆市委关于做好当前民生工作的决定》。

五、"重庆模式"的人格因素

历史唯物主义认为：历史是人民群众创造的，"群众是真正的英雄"，但作为人民群众的代表，杰出人物对历史的发展也起着独特的巨大作用——虽不能决定历史本身，却能决定历史事件。因此，说到"重庆模式"，就不能不说到带领重庆各级党组织、各级政府和 3200 万重庆人民创造出这一新模式的重庆主政人——薄熙来。

薄熙来是我们党、我们国家很少的"个性官员"之一。为什么"个性官员"少？从历史上看，是由于受儒家思想的长期熏陶。儒家要求所有的官员都要遵礼教、守礼制，因此，官员的个性都被"吃"得干干净净，这是历史基因，也影响着我们现在。从现实上看，每一个共产党员都要讲究高度的组织性、纪律性，这是共性。这本来是党性的要求，但是这个共性与人的个性也形成一对矛盾，绝大多数官员的个性都被共性淹没。薄熙来，则是把和共产党人的共性和杰出人物的个性结合得比较好，并统一到较高党性的我党高官之一。个性突出，不管在何时、何地，自然都会有争议。但人的个性的自由而充分发展，这本来就是马克思主义的真谛，是社会主义发展的一个方向、一个本质、一个追求，又能与党性统一起来，对党，岂不是党之大幸；对人，岂不是人之大幸！

在薄熙来与汪洋交接的重庆干部大会上，李源潮这样评价薄熙来：

薄熙来同志政治上成熟，党性原则、大局观念强，自觉同党中央保持高度一致。政策理论水平高，注意从政治上、全局上思考和把握问题，对事关改革发展稳定的重大原则问题，立场坚定，旗帜鲜明。领导经验丰富，从基层一步步成长起来，既担任过地方党政主要领导，又做过国家部委一把手，组织领导和驾驭全局能力强，决策果断，推动工作力度大，善于处理复杂问题。思维敏捷，思路开阔，开拓创新精神强。事业心、责任感强，工作热情高、干劲大。学习刻苦，知识面宽。作风深入扎实，关心群众生活。公道正派，坚持原则，勇于开展批评与自我批评。以身作则，严格要求自己，在干部群众中威信高。①

这是中央组织部部长代表党中央，在"重庆模式"出现之前对薄熙来的公开评价。

在"重庆模式"崭露头角之后，海内外媒体与专家学者对重庆发展和"重庆模式"的赞誉四起。2010 年 9 月 19 日，本书作者之一苏伟应邀参加了由清华大学国际传播研究中心主任李希光教授发起的"重庆实践与新亚洲模式研讨会"，并主持了会议最后一节的理论研讨。兹用记录的一些观点，来介绍与会专家对重庆的一些评价。这些评价在某种意义上也是对重庆领导人的评价。

新华社原副社长兼常务副总编辑、"韬奋新闻奖"得主马胜荣介绍了海外媒体对重庆的一些评介：颇具权威性的美国《外交政策》杂志早在"全球城市指数排名 2008"中，就将重庆列在了封面专题报道中，称重庆为"全球发展速度最快的城市"。在它推出的"全球城市指数排名 2010"中，这家杂志破天荒地重点推介重庆，标题评语是："中国的明日乐园，长江上的芝加哥，代表了世界的未来。"

香港中文大学政治与公共行政系主任、讲座教授王绍光认为，中国正在进行中国式社会主义 3.0 版本的探索，这一版本的探索是自下而上的，重点是继温饱问题解决后，解决改善大多数人福利的公共服务问题，而"重庆模式"是这个版本中较成功的一个蓝本。

美国杜克大学教授、《妖魔化中国的背后》的作者刘康认为，中国发展市场经济后，分化取代了平等，与代表平等的原有意识形态产生了脱离甚至对立，重庆的实践在尝试解决这一矛盾。他呼吁"打造民生社会主义，重建意识形态合法性"。我们觉得，这既是他对中国的一个呼吁，也是他对"重庆经验"的一个总结。

---

① 《重庆市召开领导干部大会宣布中央关于市委主要领导调整决定》，2007 年 12 月 3 日《重庆日报》。

清华大学公共管理学院教授、曾将"重庆模式"概括为"国资增值与藏富于民携手并进"的崔之元高度赞誉重庆以民生为导向的经济社会发展新路子,称重庆的"民生 10 条"①"可以说是中国的一个创举",尤其是其中住房双轨制的有效尝试,"是全国目前最具挑战性的尝试"。

香港《亚洲周刊》资深特派员纪硕鸣认为:比起中国其他地区的典型模式,"重庆模式"更具有可复制性,"重庆在城市发展中的实践,给亚洲,甚至是世界各国都提供了经验"。

美国卡尔顿大学亚洲研究中心主任赵启光对"五个重庆"尤其是"森林重庆"备加推崇,称赞其符合老子"人法地,地法天"的理念。

韩国《民族 21》编委郑己烈教授这个来自"老亚洲模式"发源地之一的韩国学者充满激情地讲道:"一个和谐共生、相互尊重的人类未来前途光明,比以往任何时候都具有可行性。正如全球许多专家学者所认可的那样,这种未来源自何处,答案就是重庆,它将成为一种范例,并将会得到全国上下一致的支持与拥护。"

会议召集人李希光教授的总结,正好也可以作为本书序论的总结——"重庆实践打破了'华盛顿共识',超越了日本与东亚模式,被国内外学界当成一个成功案例、一种崭新的方法论。重庆正成为国强民富'中国模式'的实践范本,它使我们从一个新的视角和框架认识科学发展观在中国的伟大实践。"

本书并非对重庆新实践的"半官方宣传",而是两老一中三个热爱重庆、热爱中国、热爱社会主义的学者,对重庆新实践的客观描述、主观诠释,纯属个人观点。本书的缘由,起于 2010 年 5 月中国政法大学教授杨帆邀请苏伟到中国政法大学商学院给硕士生所作的学术报告。讲稿录音经学生整理,苏伟作过文字修改,在杨帆的博客发表,被凤凰网以"薄熙来新政与重庆模式"为题转载,很多网站也相继转载,并引起一些讨论。

---

① 参见本书第八章:以切实改善民生为归宿,探索一条以民生为导向的经济社会发展新路子。

2010 年 7 月，西欧共产党宣传和媒体负责人联合考察团访华莅渝时，邀苏伟介绍"重庆模式"的社会主义意义，并就此主题与考察团成员们进行了深入交流。此次座谈会纪录稿以"再论薄熙来新政与重庆模式"为题在杨帆的博客发表①，也有不少网站转载（一些网站转载时标题为"薄熙来新政、重庆模式与中国特色社会主义"），又引起讨论。

　　杨帆教授极力建议在此基础上写作一部关于"重庆模式"的专著。杨帆认为，苏伟教授是第一个全面阐述广义"重庆模式"的内容和意义的，他在中共重庆市委党校的工作环境和思想学术特点，可以使本书具有客观性和全面性；而苏伟认为，作为著名经济学家的杨帆，可以从更深的根源挖掘"重庆模式"的内涵，从更高的层次分析"重庆模式"对中国与世界的影响。这一想法，得到中国经济出版社经济理论与经济管理出版中心王振岭主任的积极支持和促进，于是才有了本书的出版。

　　这是中国第一本关于"重庆模式"及其意义的专著，鉴于"重庆模式"还处于发展之中，还有许多问题没有来得及解决，许多问题没有来得及提出，许多问题在一个地区的范围内可以提出但无法解决，我们将在本书的修订版中继续探讨。但我们相信，"重庆模式"已有原创性的开端，其意义是全国性的，在中国目前发展阶段上是有普遍意义的。它的历史意义，将随着中国社会的发展而日益彰显。

中共重庆市委党校《探索》杂志主编、教授　苏　伟
中国政法大学商学院学术委员会主席、教授　杨　帆
2010 年 10 月 1 日

---

① 参见本书附录二。

第一章

纲举目张

——以胡锦涛总书记的"314"总体部署为工作总纲

2007 年全国"两会"期间，胡锦涛总书记参加重庆代表团讨论时，对重庆的发展作出了"314"总体部署。

"314"总体部署，其"3"，是对重庆的三大定位——努力把重庆加快建设成为西部地区的重要增长极、长江上游地区的经济中心、城乡统筹发展的直辖市。其"1"，是明确重庆的发展目标——率先在西部实现全面小康。其"4"，是对重庆交办了四大任务——加大以工促农、以城带乡的力度，扎实推进社会主义新农村建设；切实转变经济增长方式，加快老工业基地调整改革步伐；着力解决好民生问题，积极构建社会主义和谐社会；全面加强城市建设，提高城市管理水平。这三大定位、一大目标和四大任务，构成一个有机整体，重庆市委称之为"314"总体部署。这是胡锦涛总书记在重庆直辖 10 周年之际，为重庆直辖市新的 10 年、20 年发展所作的战略部署。

且不说这是迄今为止党的总书记为我国一个省级行政区所定的唯一一个发展战略，其更大的意义在于，它实际上是在中国实现"五统筹"的科学发展观的战略突破口。从这个角度讲,重庆正是以胡锦涛总书记"314"总体部署为总纲,创造出了"重庆模式",可以说,是在中国从传统的发展模式向科学发展模式的转变过程中,发挥了战略突击队的历史作用。"重庆模式",因而也就具有了"科学发展观的重庆版本"的意义。

一、"314"总体部署是"高瞻远瞩的国家战略"

(一)"314"总体部署——中央对重庆的厚爱、重庆的偏得

2007 年,我国中西部唯一的直辖市——重庆——直辖已 10 年。10 年前的 1998 年,江泽民参加九届全国人大一次会议重庆代表团审议,并对重庆交代了"四件大事":完成三峡重庆库区的移民搬迁,振兴重庆国企,基本解决农村贫困人口温饱问题,加强生态保护。其中的移民搬迁与振兴老工业基地的国有企业,都是"世界级难题"。直辖以后,历经 10 年奋斗,重庆相当圆满地完成了这"四件大事"。在进入直辖第二个 10 年的重要关头,胡锦涛总书记对重庆作出了"314"总体部署。以下一段笔记,就是笔者听取时任重庆市委书记汪洋传达胡总书记讲话精神时的记录:

> 在长达 3 个小时的时间里,胡总书记和代表们亲切交谈,一边听一边记,不时询问相关情况,气氛十分热烈。最后,胡总书记作了极为重要讲话,充分肯定了重庆的工作和发展成就,对做好新阶段重庆的工作提出了新的更高要求,站在全局和战略的高度为重庆导航定向,言简意赅、字字珠玑,高屋建瓴、高瞻远瞩,意义重大、影响深远。

改革开放 30 年来,党的总书记对一个省级行政区作出如此全面、系

统、宏伟的战略部署,这还是首次。薄熙来甫到重庆,就在与汪洋交接的干部大会上说了这样一段话:

今年两会期间,胡锦涛总书记提出了重庆新阶段发展的"314"总体部署。胡锦涛同志对重庆亲切关怀,寄予厚望;对重庆情况又了如指掌,成竹在胸。全党的领袖在统揽国际、国内两个大局之时,为一个地方提出如此科学、系统的总体部署,实在是重庆的偏得。①

一个月后,薄熙来再次感叹说:"314"总体部署,实在是"中央的厚爱、重庆的偏得"②,并多次强调:"314"总体部署"是国家战略",是"高瞻远瞩的国家战略"③。

(二)"314"总体部署体现了"胡温新政"的焦点

薄熙来为什么说胡总书记对重庆所作的"314"总体部署是"国家战略",而且是"高瞻远瞩的国家战略"? 这要从"胡温新政"这个大背景说起。

"胡温新政"的理论表述,就是科学发展观。为什么有了邓小平理论和"三个代表"重要思想后,又提出科学发展观? 就是针对改革开放以来积累起来的城乡矛盾、区域矛盾、经济与社会矛盾、人与自然矛盾、内需与外销矛盾这五大矛盾,而这五大矛盾的根源之一,就在于我们很多地方把"发展才是硬道理"这个伟大的道理理解、执行"偏"了,且这种偏差还是

---

① 《重庆市召开领导干部大会宣布中央关于市委主要领导调整决定》,2007年12月3日《重庆日报》。

② 薄熙来:《重庆做好开放文章,不辜负中央期望》,2007年12月26日《重庆日报》。

③ 薄熙来:《解放思想,扩大开放,把"314"总体部署落到实处》,2008年3月28日《重庆日报》;薄熙来:《把重庆建成生态宜居城市和国家环保模范城市》,2008年7月21日《重庆日报》。

层层递进的:

第一个偏差,是将作为整体的发展——人类社会发展或曰人类历史发展,等同于经济发展。"发展"应有之义的政治发展、文化发展和(狭义)社会发展等,都被忽略了。这是"一手比较硬,一手比较软"问题的新发展。

第二个偏差,是将"经济发展"等同于经济增长,又把经济增长等同于GDP(国内生产总值)的增长。有此两个"等同",就必然把"以经济建设为中心"异化为"以GDP为中心",即各级地方政府的"GDP挂帅",而作为"经济发展"应有之义的技术进步、结构优化、环境改善、福利增加等,就都被忽略了。

第三个偏差,是将社会主义市场经济的发展等同于"纯粹"市场经济的发展,甚至将市场经济的发展等同于社会的发展。于是,只重微观效益最大化,忽视宏观效益最大化;只重市场竞争,忽视宏观调控;只重商品价值,忽视政治价值、文化价值、道德价值和情感价值,等等。这样的盲目市场化(否定我国市场经济的社会主义界定)、全盘市场化(将市场机制扩展到社会政治领域、精神文化领域甚至家庭生活领域)发展下去,势必将活生生的市场经济异化为冷冰冰的"市场社会"。

第四个偏差,是被抽象的发展(即脱离了人的发展的发展)本身、抽象的改革开放(亦即脱离了人的发展的改革开放)本身一叶障目,不计代价地为发展而发展,为改革开放而改革开放;更严重的是,被利润、金钱一叶障目,金钱至上、利润至上,人的价值、人的需要、人的尊严、人的发展,甚至人的生命,统统受到漠视。无论是金钱、利润的攫取者,还是被他们当做利润工具的生产劳动者的人性,都因此受到扭曲。

上述偏差,都不是我国改革开放的指导思想本身的偏差,而是由于种种原因,尤其是由于存在胡锦涛在十七大政治报告中要求"着力转变"的"不适应不符合科学发展观的思想观念"这一重要原因,而在实践中发生的、行动逻辑的偏差。

实践中行动逻辑偏差问题的严重性,值得全党、全社会高度重视,因为行动逻辑的正确与否,也关系到我国改革开放和社会主义市场经济的成败。

必须肯定,我国经济改革的目标模式,应该是搞社会主义市场经济,这是正确的必由之路。但我们目前在这条路上所走的阶段,可以说是社会主义的市场经济"加"政府经济,也就是政府内化为市场机制核心的市场经济,政府的行为,比市场的行为在更大程度地推动和左右经济的发展。其好处,是全党动手搞经济、政府组织搞经济,经济可以更快更好地发展。但这一好处的前提,在于指导方针和行动逻辑的正确。如果指导方针或行动逻辑出了问题,我们这种经济模式的优点就会同等程度地放大为缺点。如前所述,改革开放以来我国的指导思想都是正确的,但由于一些年来实践中的行动逻辑出现了较大偏差,即将"发展才是硬道理"和"以经济建设为中心"异化为"以 GDP 为中心"、"GDP 挂帅",就必然要出问题了。所以,中央就在 2003 年的十六届三中全会上正式提出科学发展观,大力推行"胡温新政"。

(三)"重庆模式"——贯彻落实科学发展观的范本

我们认为,"重庆模式"就是一个贯彻落实科学发展观的范本。它的背景、它的着眼点都出自科学发展观要解决的五大矛盾。

比如说这第一大矛盾——城乡矛盾。城乡居民收入比,是衡量一个国家或地区公不公平、公不公正的一个重要指标。国际公认,2.4:1,就和基尼系数的 0.4 一样,是黄线,表明此国或此地不公平、不公正了;3.4:1,就和基尼系数的 0.5 一样,是红线,表明此国或此地很不公平、很不公正了。我国的城乡居民收入比目前大约是 3.3:1[①],重庆一度达到了 4:1!

---

① 农业部部长孙政才受国务院委托做《国务院关于促进农民稳定增收情况的报告》,新华网(网页:http://finance.sina.com.cn/roll/20080829/02002398399.shtml)。

以这个指标看,重庆就是一个很不公平、很不公正的地方了。目前全世界平均的城乡居民收入比略大于2,发达国家接近1:1。这也是人类文明潮流,我们只能顺之而不能逆之。而且,即便不从道德角度,仅从发展角度讲,城乡差距太大,也是我国当前经济发展中的最大问题——产品过剩——的主要原因之一:由于占人口多数的农村居民太穷,买不起多少工业品,于是,工业品生产就过剩,企业生产经营就困难,失业问题就严重。例如,在科学发展观提出后的2003—2007年这五年,中央更加重视"三农"问题,诸如减免农业税、种粮直补、建设社会主义新农村、工业支持农业、城市反哺农村,等等,惠农支农政策很多,但即便如此,在全国的社会消费品零售总额中,乡及乡以下农村所占的比重,仍然从大约25%降到了约20%!就是说,乡镇居民和广大农村居民,只消费了我国1/5的商品和劳务。这就是为什么中央这些年一直在强调的我国经济社会发展面临的第一大问题——"发展的内在动力不足"[①]——的重要原因。国际金融危机袭来,出口受阻,"内在动力不足"的问题更加突出。所以科学发展观提出"五统筹",把"统筹城乡"放在第一位,体现了其必然性。而"314"总体部署要求重庆走出一条统筹城乡发展的路子,真正突出了科学发展观的重点。重庆虽是一个直辖市的体制,实为一个省的幅员,面积达8.2万平方公里——江苏和福建都不过只有十来万平方公里,和重庆差不多,宁夏大约6万平方公里,还比重庆小得多——而且重庆的户籍城市人口只占其3200万人口的1/3,城乡居民收入比又为全国最高,即城乡差别最大。早在直辖之初的1997年,中央就要求重庆探索一条大城市带大农村的新路子,这实际上是科学发展观"统筹城乡发展"思想的发端。"314"总体部署更明确地将重庆定位于"城乡统筹发展的直辖市",这不但表明了中央对重庆在做好统筹城乡发展这篇大文章上率先"破题"的殷切希望,而且也表明了中央对重庆在全国起示范作用的期

---

① 温家宝:《(2010年)政府工作报告》,中国政府网(网页:http://www.gov.cn/2010lh/content_1555767.htm)。

待——让重庆率先走出一条统筹城乡发展的新路,那么,全国其他地方谁还有理由说"我们那里城乡差别太大,统筹不了"?因此,胡锦涛作出"314"总体部署之后,国务院立即设立重庆及成都为全国的"统筹城乡综合配套改革试验区"。"314"总体部署作为"国家战略",而且是"高瞻远瞩的国家战略"的意义,由此可见一斑。

再比如说第二大矛盾,即地区矛盾。全国是东中西部差距严重,重庆则还有一个较发达的"老重庆"地区与直辖后新进来的三峡库区(大巴山区)和武陵山区(五个县的少数民族地区)的差距问题。重庆主城区,作为我国六大老工业基地之一,而且是我国最大的常规兵器基地,现在和将来还会是我们中华民族患难时生存的底线基础,所以必须要有这样一个配套齐全的常规兵器工业基地。这样一个主城区,三峡库区、武陵山区与它之间的发展差距,比全国东中西部还要大得多。重庆直辖的时候,三峡库区还有十几万住山洞的农民,其地区差距可想而知。我们知道,地区较均衡发展,是国家统一、民族团结的基础,差距太大了会埋下很多隐患。所以,早在改革开放不久的1986年,具远见卓识的邓小平就提出了"两个大局"的重要思想——第一个大局为沿海地区率先发展,第二个大局为沿海支持内地加快发展①。而无论是沿海还是内地的发展,都需要有重点地区的重点突破。沿海发展的突破口是经济特区,那么内地呢?我们看到,重庆,恰恰在邓小平确定的"第一个大局"向"第二个大局"转折的时间点,在中央确定的西部大开发的时间点的前夕直辖,这表明中央一直是将重庆作为"第二个大局"中,作为西部大开发中最大的突破点来考虑、来布局的。"314"总体部署,给中央这个一贯的重要布局又添加了新的时代内涵,提出了新的历史要求,要求重庆加快建成"西部重要的增长极",这对加快我国中西部发展、缩小地区矛盾意义重大——西部这么大,不可能平铺推进,要选几个点,尤其是重庆这个最大的点,以其跨越式

---

① 参见邓小平:《中央要有权威》,《邓小平文选》第3卷。

的发展，带动整个西部缩小与东部的差距。这是中华民族团结、国家统一巩固的重要根基。由此亦可见"314"总体部署的"国家战略"意义。

"314"总体部署要求还重庆加快建成"长江上游地区的经济中心"，其"国家战略"意义也很大。有专家很早就提到我国经济发展的"弓箭型"战略格局①。中央没有明提，但实践与此暗合。正好改革开放30来年，10年一步：1980年4个经济特区，以及之后的14个沿海城市对外开放，这个"弓背"很快就发展起来了；1990年国务院出台长江经济带开放开发战略，以浦东为龙头，包括重庆、九江、芜湖、武汉、南京五大城市对外开放，长江经济带这支"箭"很快也打造出来了；又过10年，1999年江泽民在西安宣布西部大开发正式启动，西部大开发重点区域，正好就是这根"弦"。西部大开发实施8年后，胡锦涛要求重庆加快建成长江上游的经济中心。我们体会，至少给重庆两个任务：第一是帮助把这根"弦"打造好，带动西部加速发展；第二是要把长江经济带这支"箭"的"箭尾"（目前它还是这支"箭"的薄弱环节）打造好。这样，中央才能"张弓搭箭"，在21世纪更加紧密的国际合作和更加激烈的国际竞争中，将长江经济带这支"箭"（当然还有其他很多"箭"，如珠江经济带、大陆桥经济带、黄河经济带，等等）"射"出去。由此亦可见"314"总体部署的"高瞻远瞩"的"国家战略"意义。

总之，"314"总体部署，把我国非均衡发展的路径选择与全面协调可持续发展的内在要求统一起来，把全国区域发展大格局的深刻变化与重庆自身的历史发展需求统一起来，把重庆在我国西部大开发中的功能、在长江经济带中的作用统一起来，把重庆的特殊市情与中西部唯一直辖市的特殊使命统一起来，更加凸显了重庆的战略地位，使中央设立重庆直辖市的战略意图更加清晰，使科学发展观和"胡温新政"的实质和要求更加凸显，因此，它不仅是对重庆发展战略，更是对我国西部大开发战略乃至

---

① 罗正齐：《"弓箭型"战略与长江中游的崛起》，《生产力研究》1989年3期。

整个国家的科学发展战略的新部署，意义重大。

二、"我来重庆的根本任务"

（一）"点石成金"

薄熙来甫到重庆，就在与汪洋交接的干部大会上强调：

> "314"总体部署，就是重庆未来科学发展的总纲，也是我到重庆来的根本任务。方向和任务都已明确，我将和重庆的干部群众一道，埋头苦干，扎实工作，为实现"314"总体部署而不懈奋斗。[①]

不到一个月，薄熙来又在 2007 年年底的重庆市经济工作会议上讲了这样几段话：

> 我到重庆后，重中之重的任务，就是与大家一起贯彻落实总书记作出的"314"总体部署。"314"既确定了重庆的地位和目标，也为我们新时期的发展指明了任务，是当前和今后重庆发展的总纲。
>
> 只有抓住了总纲，才能确保重庆的发展始终坚持科学的轨道；才能推动重庆又好又快发展，实现重庆新的跨越。[②]

然而，"314"总体部署，还只是胡锦涛总书记在全国"两会"重庆代表

---

① 《重庆市召开领导干部大会宣布中央关于市委主要领导调整决定》，2007 年 12 月 3 日《重庆日报》。

② 薄熙来：《全面落实"314"总体部署，不辜负中央期望》，2007 年 12 月 26 日《重庆日报》。

团中的讲话精神，是"面对重庆"的指导精神。那么，怎样将胡锦涛面对重庆的指导意见，变成中央"面对全国"的指导精神，变成除了重庆，中央各个方面、全国各个地方都要贯彻执行的精神，这就是重庆要做的重要工作。也就是说，有了"314"总体部署，可以说"大政方针"已经明确，接下来，非常重要的工作，就是如何使"314"总体部署落在实处，成为国务院及各部门具体的政策、措施。

从2008年3月到2009年1月，重庆用整整10个月的时间，在完善思路、制定举措的基础上，加强向国务院及其各部门的汇报，积极宣传"314"总体部署精神，汇报重庆贯彻落实的打算和措施，汇报需要支持和帮助解决的实际困难和问题，提出争取国务院主管部门支持的方案，争取国家各部委把更多的试点、试验放在重庆，把更多的区域性的调控机构设在重庆，把更多的战略骨干项目布局在重庆，将"314"总体部署这个"面对重庆"的指导精神，成功地转化为中央"面对全国"的具体政策和措施。而这个中央"面对全国"的具体政策和措施的载体，就是2009年的国务院3号文件——《国务院关于推进重庆市统筹城乡改革和发展的若干意见》。

作为"314"总体部署的具体化，国务院"3号文件"将胡锦涛总书记对重庆的"314"总体部署写入文件，以国务院文件形式再次向全国明确了重庆"西部重要增长极、长江上游经济中心和城乡统筹发展直辖市"的定位以及"在西部地区率先实现全面建成小康社会"的总体目标，把重庆第二个直辖十年（2007—2017年）改革发展的指导思想、基本原则、战略任务、目标定位、思路措施都写得清清楚楚，再加上对重庆赋予的新的使命——在西部大开发中发挥更加重要的作用、为全国统筹城乡改革探路示范、扩大开放以形成沿海与内陆联动开发开放新格局、努力保障长江流域生态环境安全，加上为重庆量身定做的"12＋10"政策，就形成一个综合性、操作性都很强的战略规划，既是指导重庆新的十年改革发展的纲领性文件，也是国务院各部门、各中央企业支持重庆发展的政策性文件。

国务院"3 号文件"对重庆作出了 13 个"黄金定位"：

(1) 长江上游地区综合交通枢纽和国际贸易大通道

(2) 内陆出口商品加工基地和扩大对外开放的先行区

(3) 国家重要的现代制造业基地

(4) 长江上游的科技创新中心和科研成果产业化基地

(5) 长江上游生态文明示范区

(6) 中西部地区发展循环经济示范区

(7) 区域商贸会展中心

(8) 国家高技术产业基地

(9) 中国汽车名城

(10) 中国摩托车之都

(11) 大运力的骨干铁路枢纽中心

(12) 长江上游航运中心

(13) 长江上游地区的金融中心

在上述 13 个定位中，"长江上游地区综合交通枢纽和国际贸易大通道"、"区域商贸会展中心"、"大运力的骨干铁路枢纽中心"、"长江上游地区的金融中心"等几个重要定位，过去各方争议颇大，专家们也有不同看法，而国务院这次都给了重庆，这对重庆具有重大意义。这既是重庆努力争取的结果，更是中央对重庆的厚爱和期望。

国务院"3 号文件"的精髓，是中央给重庆的很多特殊优惠政策，包括重庆提出的 12 条，也包括中央各部门新加的 10 条。

重庆提出的 12 条优惠政策，一是关于鼓励类产业企业所得税税率等税收优惠政策，二是中央加大对重庆财政性转移支付力度，三是加大重大水利工程资金对三峡库区的投入，四是支持重庆建立完善覆盖城乡的社会保障体系，五是"尽快批复土地利用总规，并对重庆土地管理实行弹性审批制度,六是批准重庆设立"重庆农村土地交易所",七是支持重庆建设长江上游地区金融中心,八是打造内陆开放型经济示范区,九是批准设立保税港区,十是加大对重庆教育的支持力度,十一是支持重庆重大基础设施项目建设,十二是支持重庆继续实施退耕还林。

中央各部门新加的10条优惠政策,一是允许将征收的三峡电站水资源费用于重庆库区,二是对重庆主城区1000平方公里范围内绿化用地"只征不转",三是加大对重庆农村金融创新的支持,四是支持重庆建设现代畜牧业示范区,五是将重庆摩托车纳入全国"家电下乡"补贴品种范围,六是支持重庆建设中国服务外包基地城市,七是允许重庆设立产业投资基金,八是将重庆低收入人口作为长期扶贫对象,九是同意重庆工业企业享受增值税由生产型转为消费型等东北老工业基地享有的政策,十是在重庆提前布局和启动铁路、高速公路、港口、航空等重大交通项目。

将上述政策加以综合、梳理,其中有10条不仅是优惠政策,而且可以说是迄今为止国内首创或"仅此一家"的特殊政策:

(1)设立内陆开放型经济示范区(全国首家)和"两江新区"(内陆唯一)

(2)设立两路寸滩保税港区(内陆唯一,水港、空港联动全国首家),后又设立西永综合保税区(亦为内陆唯一)

(3)设立全国性电子票据交易中心(全国首家)

(4)设立以生猪等畜产品为主要交易品种的远期交易市场(鲜活产品远期交易市场全国首家)

(5)设立重庆农村土地交易所(全国唯一)

(6)设立统筹城乡科技改革与创新综合试验区(全国首家)

(7)设立国家统筹城乡教育综合改革试验区(全国首家)

(8)开展以土地入股设立农民专业合作社试验

(9)实行土地计划弹性管理、滚动修编

（10）成立"武陵山经济协作区"（跨省区扶贫协作区全国首家）

上述优惠政策的"含金量"非常之高。黄奇帆曾在重庆的干部大会上对这些政策进行过梳理，并按执行这些政策到2020年的时间段粗略估算，其"含金量"当在8000亿元以上。

2009年2月27日，薄熙来在重庆市传达贯彻国务院"3号文件"精神的干部大会上，讲到了这一文件的重大意义：

> "3号文件"将加快重庆改革发展上升为国家战略。
> "3号文件"是一套系统完善的大政策，其全面落实之日，就将是重庆经济腾飞之时。"3号文件"的各项政策实施起来，实现"314"总体部署就有了坚实的基础。①

2009年3月23日，薄熙来在会见港澳媒体赴渝采访团时，对国务院"3号文件"的意义，又讲了这样几段话：

> 过去10年，重庆跨越式进步，未来10年，毫无疑问，我相信进步是巨大的。重要性在于，中央、国务院已经给重庆一个重要定位：长江上游的经济中心、西部重要的增长极、城乡统筹的直辖市，而且让我们率先在西部实现全面小康。
> 中央想做的事，没有办不到的。30年前的深圳是什么一个状态？小平同志一看地图，这儿离香港近，就画了一个圈，"就在这里干！"后来深圳就起来了。这就是"点石成金"。而国务

① 《重庆部署贯彻落实"3号文件"精神具体措施 召开全市领导干部大会》，2009年3月1日《重庆日报》。

院近日出台的"3号文件"亦将成为重庆"点石成金"的法宝之一。①

（二）高超的"点金术"

"事非经过不知难。"薄熙来在重庆市传达贯彻国务院"3号文件"精神的干部大会上，讲到了运用好"314"总体部署这把"尚方宝剑"，使它转化中央"面对全国"的具体政策和措施的过程：

> 去年我们的着力点是设计政策，争取政策，历时10个月。45个国家部门、219名中央政府的官员和知名专家深入重庆40个区县进行调研，所以，"3号文件"的一系列政策，契合重庆的发展实际，符合广大干部群众的愿望，充分体现了党中央、国务院对重庆的厚望和关爱。②

实现这一过程，的确耗费了重庆很多心血！

2008年4月27日，在2007年锦涛总书记对重庆作出"314"总体部署，国家批准重庆为全国统筹城乡综合配套改革试验区、批准重庆市城乡总规的背景下，在开展大量调查研究基础之上，薄熙来与时任重庆市长王鸿举、时任常务副市长黄奇帆等，向温家宝总理专题汇报重庆工作，并提出了12项重大政策请求。温家宝总理当即表示：在重庆开展统筹城乡综合配套改革试验，既有战略意义，也有示范作用；在推进西部大开发中，应把重庆放在更加突出的地位，国家要更加重视和支持重庆发展；在2008年内，要根据重庆的战略定位，给重庆准备政策。当天，温总理就将那12

---

① 《手握"3号文件"，薄熙来点燃重庆引擎》，2009年3月24日《大公报》。
② 《重庆部署贯彻落实"3号文件"精神具体措施 召开全市领导干部大会》，2009年3月1日《重庆日报》。

项政策请求,批转给了国家发展改革委和国务院政策研究室,要求组织调研,认真研究办理。

之后,在温总理亲自推动下,从 2008 年 6 月 21 日至 30 日,由国家发展改革委、国务院政策研究室牵头,包括工信部等 45 个部委的 219 名中央政府官员和知名专家组成国家调研组,集中 10 天时间,分 16 个课题、19 个小组,深入重庆各部门、各企业和 40 个区县实地调研,不仅对重庆提出的 12 项政策请求进行了深入论证,还提出了 10 条新的重大政策建议,合在一起就形成了后来的"12 + 10"政策体系。

2008 年 7 月,国家调研组各专题组起草形成了《重庆老工业基地改造振兴专题调研报告》等 16 份事关重庆发展的专题调研报告。同年 9 月,国务院"3 号文件"征求意见稿在调研报告的基础上起草完成,先后征求了国家 37 个部委的意见,并进行了修改。其间,重庆各部门主动出击,积极加强与对口部委的对接,反复沟通,争取支持。

2008 年 12 月 21 日,温家宝总理在百忙之中,专门来渝视察,并作了重要讲话,对重庆长远发展提出了五项具体要求——统筹城乡改革发展,着力解决好"三农"问题;大力发展内陆开放型经济,加快老工业基地改造和振兴;加强重大基础设施和公共服务设施建设,增强统筹城乡的保障功能;全面加强资源节约和环境保护,建设长江上游生态文明区;推进以改善民生为重点的社会建设,着力抓好扶贫开发工作。温总理还对重庆提出的 15% 企业所得税延期、社会保障等重大政策请求作了积极回应。按照温总理讲话精神,国家发展改革委对"3 号文件"进行了修订、完善。

2008 年 12 月 31 日,温家宝总理主持召开国务院第 44 次常务会议,审议并原则通过了"3 号文件"。这次会议,所有的副总理和国务委员悉数出席,国家发展改革委、工信部等 44 个部委负责人和重庆市长参会。在会上,温总理强调了制订"3 号文件"的重要性和必要性,并指出:"重庆市要认真贯彻落实中央的决策方针,把保持经济平稳较快发展作为首要任务,将解决当前困难与谋求长期发展结合起来,不断增强发展的活力,为重庆经济社会长期保持又好又快的发展打下坚实的基础。国家各有关部门要通力合作,认真落实支持重庆统筹城乡改革和发展的各项政策措施。"

2009 年 1 月 26 日,国务院"3 号文件",即《国务院关于推进重庆市统筹城乡改革和发展的若干意见》正式印发全国。

至此,时隔两年,历经汪洋尤其是薄熙来主持,重庆市委、市政府连续运作,实现了从"314"总体部署的基本原则,到"3 号文件"的具体政策的发展、转化。以上步骤,环环相扣,层层递进,由基本原则到具体政策,工作越做越实,实现了战略目标、战略任务、战略路径与工作措施有机结合,既充分体现了中央对重庆的高度重视,也充分体现了重庆市委市政府总揽全局、战略策划和实践操作的能力,体现了"以'314'总体部署为纲"的工作思路的正确性和高明处。

三、"成后来之上之事,须非同寻常之举"

(一)"三把尺子量重庆"

2008 年 3 月 26 日,在重庆市管领导干部现代经济知识培训班上,素来就以开放精神著称的薄熙来,又为重庆新一轮的解放思想活动发出了动员令:"解放思想、扩大开放,把'314'总体部署落到实处!"在这次动员中,薄熙来提出一个"三把尺子量重庆"说——既要用"纵尺"(自己的过去),更要用"横尺"(发达地区、中西部的先进地区),尤其要用"314"总体部署这把"国标尺"(中央的要求),来衡量重庆的长短。他是这样论述的:

> 第一把是"纵尺",就是纵向比较。用这把尺子量,重庆直辖十年,取得了前所未有的进步,值得自豪。第二把是"横尺",就是横向比较。用这把尺子量,我们就会看到兄弟省区市的巨

大进步,就会在比较中看到我们重庆还有不足,从而更加冷静地审视我们发展中的长长短短。第三把尺子,这就是"314"总体部署,是胡锦涛总书记为我们重庆特制的符合国家标准的尺子。用这把尺子量,就能将重庆置于国家发展的大局来定位,我们就会有前所未有的使命感和紧迫感,因为"314"总体部署是科学的、具体的,而且要求高、任务实,是国家战略,必须完成。[①]

这一说法,别开生面,高屋建瓴,意义重大。它告诉我们,解放思想,扩大开放,促进发展,一定要定好坐标、用好标尺。在重庆发展新的历史起点上,重庆的一切工作,要"纵比",以总结经验、增强信心;还要"横比",以学习先进,找到差距;更要"高比"——与胡总书记"314"总体部署的目标与要求比。应该拿这个标尺来衡量重庆的发展、检验重庆的工作。

薄熙来为什么在这个时候提出要用"三把尺子"量重庆,可以从两个方面来体会:

一方面,从重庆发展的新起点和新使命来体会。以胡锦涛总书记"314"总体部署和直辖十周年为标志,重庆的发展进入了一个新阶段。薄熙来书记到重庆主政、重庆党政领导班子换届,又使这个新阶段具有了新特点。重庆发展新阶段的新使命,就是全面贯彻落实"314"总体部署,完成其规定的任务,实现其规定的目标。用任务和目标来做"标尺",就能使人头脑清醒,也能使人斗志昂扬。薄熙来正是这样讲的:

对照"314"总体部署中的三大定位、一大目标,我们能清楚地看到差距有多大、任务有多重,实现这些定位还有多少事要做……我们一定要居安思危、勇于正视差距,有强烈的危机感和紧迫感,应有思变和创新的压力,有坐不住的感觉,有大干一场的

---

① 薄熙来:《解放思想,扩大开放,把"314"总体部署落到实处》,2008 年 3 月 28 日《重庆日报》。

精气神。①

另一方面,从对重庆各方面更高的要求来体会。对自己要求很高的薄熙来主政重庆后,对重庆各方面的要求也都很高。他来重庆,先调研,不久就在市委党校把全市区县部门的一把手都叫来,发表了他的"施政纲要"。就在这次讲话中,他提出"成后来居上之事,须非同寻常之举",也就是要求重庆要后来居上。这就确立了重庆的志向,包括重庆市委、市政府,也包括3200万重庆人的志向。要"后来居上",而且公开宣示,这是重庆人以前想都不敢想的。现在给重庆确立了这样一个志向:要居于先于我们直辖的京津沪之上。当然不是说重庆的发展水平在很短的时间里超过它们,那是不可能的,相当一段时间里都是不可能的,将来也未必能实现,但是有一点不但是可能的,而且正是重庆市委、市政府要求必须做到的,就是重庆的工作、重庆的发展速度要赶超京津沪,对干部的要求,包括工作水平、所负责任要超出京津沪。

整个发展目标要后来居上,发展路径要非同寻常,这可以说是"重庆模式"内在的精、气、神。如果没有赶超先进水平的明确目标和要求,可以说就出不来任何好的"模式"。重庆市委、市政府根据"314"总体部署,对重庆"后来居上,非同寻常"的要求,可以说是重庆创造的一切"模式"的主观基础。

有了这样的精、气、神,3200多万重庆人,在市委市政府领导下,正在为胡锦涛总书记指明的辉煌目标所振奋,为党中央国务院的进军号令所激励,战斗精神使巴山长啸、渝水沸腾。上下一心齐努力,万马奔腾去冲锋,何坚不摧、何难不克!"314"总体部署、"3号文件"描绘的宏伟蓝图,一定会变成辉煌的现实。

---

① 薄熙来:《解放思想,扩大开放,把"314"总体部署落到实处》,2008年3月28日《重庆日报》。

（二）"三把尺子"——"重庆模式"的方法论

"三把尺子"的方法论意义重大。其实,任何人的一生,都是比较的一生;任何国家或地区的发展道路,都是在比较中的选择。比较的关键,是和谁比、用什么参照系,也就是怎样定坐标、立标尺。它首先决定人的眼界和胸襟。《庄子·秋水》讲,河伯见涨水时大河宽阔,便"欣然自喜,以天下之美为尽在己";及至见到北海,才望洋兴叹:不知天高地厚的人,就是我呀……要不是亲眼看到大海的浩渺博大、无边无际,真可就危险了,我必定会永远受到耻笑。记得邓小平交班时,向新的中央领导集体提出了一些要求,第一条就是"眼界一定要非常宽阔,胸襟一定要非常宽阔",而且他讲"这是对我们第三代领导人最根本的要求"[①]。也就是要求领导干部不要做不知大海的"河伯",而要做了解大海的"河伯"。今天,我们只有以"横尺"、"国标尺"为参照系,才能如薄熙来所讲,"清楚地看到差距有多大、任务有多重、实现这些定位还有多少事要做"。

和谁比、用什么参照系,怎样定坐标、立标尺,还决定人生态度。人生态度积极者,是"欲与天公试比高","力争上游";人生态度消极者,是"比上不足比下有余","小富即安";人生态度没落者,是"人比人气死人",放弃比较,得过且过。人如此,国家、地区、单位亦然。可见,坐标、标尺、参照系,其实是每一个人内心的舞台。这舞台小,便器小易盈,使人难有作为,只能小富即安;这舞台大,便大气磅礴,使人有所作为,可"上九天揽月"。常人如此,一个地区、一个部门、一个企业、一个单位的领导人,更是如此。选择好了积极的参照系,比较才有意义,思想才能解放,观念才能转变。

和谁比、用什么参照系,怎样定坐标、立标尺,说到底是一个思维方式

---

① 《邓小平文选》第3卷第299页。

问题。封闭性的思维方式,是以自我为参照系,以为"吾心即是宇宙"。开放性的思维方式,则是以外界为参照系,知道"山外青山楼外楼"。思维方式封闭,行为模式必然封闭,必然像邓小平批评的那样,"关起门来,故步自封、夜郎自大";也必然如邓小平断言的那样,"是发达不起来的"①。思维方式开放,才能在非常广阔的时空范围内,学习、借鉴、吸收一切有利于自身发展的积极因素;才能贯彻胡锦涛在党的十七大报告中的重要要求——"扩大开放领域,优化开放结构,提高开放质量,完善内外联动、互利共赢、安全高效的开放型经济体系,形成经济全球化条件下参与国际经济合作和竞争新优势";才能如薄熙来所说,"有效汇聚全国乃至全世界的资金、技术、人才、市场等种种经济要素,为我所用"。

总之,薄熙来要求每一个重庆人,尤其是领导干部,要与先进比,要与"314"总体部署比,也就是要求我们心中都要有一个"大舞台",要具有非常宽阔的眼界和胸襟,具有非常积极的人生态度和精神状态,具有开放性的思维方式和工作方式,解放思想,扩大开放,为贯彻落实"314"总体部署而奋斗。

着眼于贯彻落实"314"总体部署,遵循"成后来居上之事,须非同寻常之举"的要求,重庆为后来居上,果然做出了非同寻常之举——探索、创造出了"重庆模式"。

---

① 《邓小平文选》第2卷第132页。

重庆模式

第二章

"打黑除恶"

——以扫荡黑社会为肃贪反腐、
扭转党风和社会风气的突破口

2009 年 6 月 20，重庆公安、武警突然行动，一日之内抓捕千余名黑恶分子，摧毁百余个黑恶团伙，从此拉开了震动全国乃至全球的重庆"打黑除恶"战役的大幕。2009 年 8 月 7 日，重庆司法局长文强被抓。之后，一系列黑恶势力的"保护伞"相继被抓。这种"打虎抓象"的动真格的打黑行动震动朝野，民众和舆论为之沸腾。

重庆的"打黑除恶"为什么会引起轰动效应，甚至在国际社会产生巨大影响？重要原因不仅仅在于重庆"打黑除恶"的力度与效果，更在于重庆将"打黑除恶"引向了更深的层次——共产党为保持其纯洁性的肃贪反腐。

对于改革开放以来的腐败高发现象，有观点认为：这是一个新生的资产阶级用"糖衣炮弹"向党进攻的产物，属阶级斗争范畴，因此法制手段无效，只有靠群众运动才行；另有人认为：这是"公权力"之手伸得太长，伸到"私领域"中的"必然现象"，只要党和政府退到市场之外，腐败高发现象便"必然消失"；还有人认为：这是从计划经济社会向市场经济社会转型过程中的"自然现象",只有等到市场经济体系和法制体系建立、健全以后,腐败高发的"自然现象"才会"自然消失"。

　　然而,重庆"打黑除恶"的实践证明:上述种种观点都是片面的。本书作者认为:腐败高发,这是一个新生的、整体进步的私营企业主阶层中较落后的"灰色集团",尤其是很落后的"黑色集团",用"糖衣炮弹"向党政权力拥有者大肆进攻的产物,属政治斗争范畴,因此,必须同时使用法制手段与政治手段"两手抓",使党和政府的力量、法律的力量、群众的力量、舆论的力量等多重力量形成合力,才能有效反腐。重庆的"打黑除恶",确实走出了一条在社会主义市场经济条件下遏制"黑社会"的"原始积累",尤其是截断"黑色集团"、"灰色集团"向党政权力拥有者发射"糖衣炮弹"的道路,集中彰显了中国共产党人驾驭社会主义市场经济的能力、发展社会主义民主政治的能力和构建社会主义和谐社会的能力。

一、重庆"打黑"引发海内外关注

(一)"打黑除恶"引发全国民意井喷

　　2009年6月20日,由重庆市"打黑除恶"专项斗争领导小组统一协调指挥,重庆公安、武警组织数百个特别行动队突然对重庆104个涉黑涉恶团伙、1000多名团伙成员同时展开抓捕行动。此后的4个月时间中,重庆"打黑除恶"高潮迭起,一浪高过一浪,累计破获各类刑事案件2328起,涉及58种罪名,其中侦破故意杀人案24件;抓获涉案人员2915人,刑事拘留384人,逮捕1567人(其中,检察院批准逮捕的涉黑涉恶犯罪嫌疑人700人);缴获各类枪支79支(其中军用枪支11支,含冲锋枪2支;其他枪支68支)、子弹1482发、手雷4枚、冰毒62.01公斤;查封、冻结、扣押涉案财产17.43亿余元。长期盘踞重庆的重大涉案团伙遭到毁灭性打击,尤其是以原重庆市公安局常务副局长、原重庆市司法局局长文强和原重庆市高级法院副院长张弢为代表的一大批黑恶势力的"保护伞"被抓捕,使得重庆"打黑除恶"斗争向反腐肃贪的纵深发展。整个重庆,乃至全中国,人心大快,群情振奋。一时间,重庆乃至全国,从庙堂高台到村野陋巷,从会场密室到茶楼酒馆,上上下下,都在热议此事,有啧啧称赞的,有击节叫好的,有拍案叫绝的,有热烈拥护的,这些是绝大多数;也有将信将疑、担心"一阵风"的,这是少数;还有极个别冷眼风语、追问"动机"、质疑"方式"的;当然还有瞠目结舌、如丧考妣的。从报纸杂志,到网站论坛,都竞相以"专题集锦"、"实况介绍"、"深度挖掘"、"焦点访谈"、"观点交锋"、"热点追踪"、"热点评论"等形式,反映各方观点和各种情绪;各大小网站上的麻辣热贴、狂顶暴踩、来回拍砖,更是热闹非凡。一时间,"重庆"和"打黑",成为点击率最高的关键词。如此民意井喷、好评如潮,这是重庆乃至全国少见的"新闻风景线"、"舆论风景线"。

(二)中外媒体热评重庆"打黑除恶"

下面列出一些网站部分具有代表性的评论,以窥民意之一斑。

人民网网友评论:

——打黑"打得狠"才能"唱得红",这就是重庆打黑后面的逻辑。只有权为民所用、情为民所系、利为民所谋,把老百姓的切身利益放在心上,不惧风险、不怕艰难,才能让群众喝彩,各级党委政府的工作才能获得来自各方面的高度评价和广泛支持,党的执政地位才会不断巩固加强。

——网友们对重庆和全国打黑行动的期待是很高的,"凡是属于黑恶势力的,一打到底:不但苍蝇要打,豺狼要打,那些恶老虎更要打,要真正做到除恶务尽"。"谁让老百姓满意,老百姓就会为谁鼓掌!打黑除奸,势在必行!重庆的'打黑行动'理应延伸到全国！"

——重庆长寿区农民易大德为啥愿出 10 万元作广告，表达对打黑英雄的敬意？这是百姓心声的一种表达，这一举动明白无误地告诉我们，安定团结是民之所愿，和谐稳定是民之所盼，对于一切黑恶势力，政府应当及时出手，不要养虎为患。一旦尾大不掉，就会使社会治理成本大大增加，而且形成难以理清的复杂关系。

新华网网友评论：

——"打黑除恶"，是全国各地都有过的普遍行动。没有证据显示重庆的黑恶势力盘踞状况比其他地方更加严重，比其他地方的黑恶势力更加不堪一击，重庆也并不拥有比其他地方更为强大的警察力量，但我们却能明显看到重庆的打击行动取得了更为突出的成果，这首先取决于政府对黑恶势力的态度，在于政府是否敢于碰硬，勇于彻底破除社会背景、复杂关系以及自身形象上的种种顾虑。

——"打黑除恶"，是一个维护正常的社会秩序的问题，也是一个权力系统自我清洁、自我强健的过程。黑恶势力的存在、生长不拘于一时一地，我们必须期待，重庆所拥有的态度、所采取的行动、所取得的成果不仅仅作为一个典范、一个特例。

《瞭望新闻周刊》评论：

——重庆打黑案备受瞩目，但黑恶势力的犯罪活动不仅仅存在于重庆一地。由于当前我国正处于经济转轨、社会转型时期，滋生黑恶势力的土壤和环境依然存在，黑恶势力犯罪活动仍然比较活跃。特别是受国际金融危机的影响,各种社会消极因素和矛盾明显增多,在一定程度上也会助长黑恶势力的滋生和发展。由此,必须持续深入推进"打黑除恶"专项斗争。

——"打黑除恶"是一项系统工程,需要各地运用政治、经济、社会、文化等各种方法进行综合治理,最大限度地铲除黑恶势力犯罪滋生蔓延的土壤和条件。其中,要盯紧易于滋生黑恶势力的高危行业;加强对重点人群的管控;深挖"保护伞",并摧毁其经济基础,防止其死灰复燃。

中国共产党新闻网网友评论:

——薄氏治政风格缘何"博得全国上下一致的赞誉"?概括的讲就是十六个字:良心、决心,品质、意志,思维、作为,胸怀、担当。再简单点就是八个字:正心、养性、立人、成事。显然,这与我国传统政治文化中的"修身齐家治国平天下"是一脉相承的。这也是历经千年沧桑大地给予这些政坛风云人物的滋养和启迪。

——"打黑除恶"应是全国"一盘棋"。重庆打黑只是一块"经验田"。"打黑除恶"是一场"持久战"。

重庆华龙网网友评论:

重庆"打黑除恶"大审判,只是开始而不是结束。透过众多案情,我们看到了黑帮的凶残,看到黑恶势力曾经趾高气扬的嘴脸,仗着有保护伞撑腰,开卖淫场所、办赌场、放高利贷、绑架杀人……此次对黑恶分子的审判,唯有从法律上彻底清理犯罪分子的罪恶,顺应民意,办成铁案,才不枉亿万群众对重庆"打黑除恶"的深切期待。

新华网得到的下面这个调查结果,显示了广大网友对重庆"打黑除恶"的态度和看法,很有参考意义:

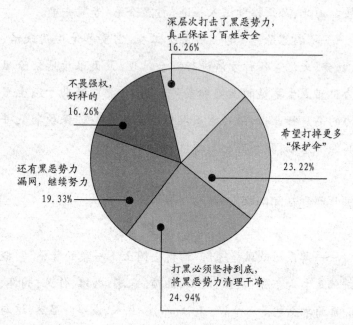

深层次打击了黑恶势力,
真正保证了百姓安全
16.26%

不畏强权,
好样的
16.26%

希望打掉更多
"保护伞"
23.22%

还有黑恶势力
漏网,继续努力
19.33%

打黑必须坚持到底,
将黑恶势力清理干净
24.94%

重庆"打黑除恶",也引起了国际社会的关注,仅以法国《欧洲时报》2009 年 8 月 21 日发表的评论《中国"打黑除恶"远没有画上句号》为例,其中讲道:

中国重庆掀起了一场史无前例的打击黑恶势力行动,引起海内外极大关注,而"扫黑行动"不断扩大的战果,也引来社会公众的阵阵掌声。

黑恶势力的存在是社会安定的巨大隐患,也是经济发展的巨大毒瘤,甚至可能是政权稳定的巨大威胁。重庆率先掀起"打黑风暴",是当前经济、社会发展的需要,符合民意,也具有深远的政治意义。

重庆"打黑行动"无疑撕开了中国黑恶势力的一角,其组织严密、力量之大,令人瞠目结舌,黑恶势力与资本、权力相互勾结的局面隐约成型。这也再次凸显出当下中国社会建设的紧迫性和"打黑除恶"的艰巨性。

当前,中国正处于社会转型期,大量社会矛盾开始涌现,社会管理亟待强化,然而长期以来侧重经济建设的做法却导致社会管理机制薄弱、公共服务产品匮乏,成为黑恶势力滋生和蔓延的重要因素。一个尤其需要警惕的现象是,部分社会弱势群体由"弱"及"恶"的趋势明显,他们正成为黑社会组织成员的主要来源,有的甚至形成了固定的黑恶势力。

弱势群体的增加、一些矛盾的激化、扶助与关爱的缺失,使黑恶势力的产生有了社会基础。重庆"扫黑行动"早已超越了"保一方平安"的范畴,而作为中国四大直辖市之一,这座西南城市的率先行动能否示范全国,拉开全国范围内重拳打击黑恶势力的序幕,同样引人期待。

从前些年遮遮掩掩宣扬重庆没有黑社会到如今"扫黑风暴"战果累累,重庆此次打黑行动大获成功的一个原因在于,不再讳言黑恶势力的广泛存在和坐大,不再讳言黑恶势力对公、检、法等领域的影响和冲击,不再讳言腐败现象与黑恶势力的勾结与互相利用。

必须看到,当加盖在头上的人大代表、政协委员等头衔让普通民众对黑社会头目真假难辨,当一些公职、司法人员不作为、乱作为,为黑恶势力的猖獗大行方便,当一些黑恶势力乘虚而入,以暴力主导地方社会事务……打压黑恶势力生存空间,杜绝其向经济和政治领域"寻租",根本的办法还在于不断完善、创新各项制度,加强立法、除恶务尽。

《欧洲时报》这篇评论,把重庆"打黑除恶"由来和原因、影响和意义,解析得非常准确、非常到位,很有启发意义。

二、重庆"打黑"是人民群众的迫切要求

2009 年 10 月 28 日,重庆市委书记薄熙来在看望慰问"打黑除恶"一线干警时,说了下面两段话:

> "打黑除恶"不是我们凭空想象,主观臆断,更不是重庆公检法好大喜功,异想天开,想造个什么"轰动效应"。"打黑除恶"是人民群众的强烈要求,是许许多多血淋淋的犯罪事实在警示我们:必须回应受害群众的正当诉求,这是我们责无旁贷的天职! 正因为如此,"打黑除恶"是市委、人大、政府和政协几大机关高度一致的坚强决心!
>
> 去年重庆的涉枪案件 955 起;1999 年以来,全市还有 1400 多起命案尚未侦破,还有近 500 名杀人犯在逃。这些杀人犯总要抓回来,这是底线,不把杀人犯缉拿归案、绳之以法,怎么还受害者以公道?! 老百姓又将怎么评价我们![①]

他还在其他不同场合讲过:"重庆'打黑除恶'是中央的规定动作","是黑恶势力逼得我们没办法","是人民群众的迫切要求"。

(一)重庆的黑社会

黑社会,中外都古已有之,重庆亦如此。因为这里就是哥老会(成员叫袍哥)这个民间帮会组织的发源地。从晚清起,就有很广泛的组织。哥老会等帮会组织本身最初是中性的。由于封建政府的行政力度不够,很多事情解决

---

① 《薄熙来:重庆打黑是中央部署,我深信邪不压正》,2009 年 10 月 29 日《重庆日报》。

不了,民间豪强只有自己组织起来解决一些问题,实际上是第二政府。哥老会变黑之前为什么说是中性的呢? 这可以从"袍哥"这一名称的起源上窥见一斑:据说是因为崇拜关羽(关羽在曹操所赠锦袍外套上刘备给的旧袍),故称"袍哥",又称"汉留"。据说他们共同的信条,第一是忠于首领,第二是不扰民,不欺负老百姓,第三是不背叛朋友,比较讲究江湖道义。这种帮会如果被好人掌握,在特殊条件下还可以变成做好事的力量,清末四川、重庆的保路运动,主力之一就是哥老会,发挥了爱国主义作用,还牺牲了不少人。但如果这些组织被坏人或恶势力掌握,就会变成黑社会。另一方面,重庆为山城,重庆人被称为"山里人",又被称为"汉族中的少数民族",性格豪爽,最讲义气,愿为朋友两肋插刀。但重庆人又有头脑简单、容易冲动、不计后果等缺点。这些优点与缺点纠缠在一起,如果缺点占了上风,那些优点就会变成缺点的乘数。而黑社会的基础和纽带正是"哥们义气"。

重庆和全国一样,以前也多次"打黑",但为什么屡打不绝呢? 一是没有打掉"保护伞"。二是搞了市场经济以后,社会变化很快,各行业的民间联系也多了,而政府职能转换不可能一步到位,很多事政府一时也管不了、管不到,需要民间自己来搞。于是一些地方就有民间力量自己组织起来,发挥一些社会管理、行业管理的作用。这就容易产生与历史古已有之的哥老会相类似的民间组织,也容易被黑社会掌握。第三,更重要的是,在市场经济的发展过程中,一些人把江湖关系与市场买卖关系、市场竞争关系结合起来,形成了一种扭曲的市场经济关系,滋生出一股股邪恶的经济势力。这些邪恶的经济势力是一定要攻击政治权力中枢、收买关键掌权人的。由于这些邪恶的经济势力的代表者多为私营企业主,所以他们成为中国新生的、整体进步的私营企业主阶层中较落后的"灰色集团",甚至是很落后的"黑色集团"。他们在用"糖衣炮弹"向党政权力拥有者大肆进攻。而不幸的是,我们党内、政府内的一些人,包括一些重庆人,也把江湖关系与党内关系、行政关系结合起来,形成了一种扭曲的党内关系、行政关系。这种扭曲关系较突出的局部地方,就容易被攻击得手、收买成功,于是形成黑社会的"保护伞"。有了"保护伞",重庆的黑社会势力就会蔓延。

在重庆、在中国,"灰色集团"、"黑色集团"的攻击和中共、中国政府的防守战、反攻战,是相当激烈的。重庆打黑,是率先进行了大规模的反攻战役。

(二)黑恶势力危害群众、对抗政府,破坏社会秩序、干扰经济的正常运行

如前所述,重庆在"打黑"突击第一天,就打击了 104 个涉黑涉恶团伙、抓捕了 1000 多名团伙成员。可想而知,这些黑恶危害百姓有多么严重。薄熙来愤慨地讲过:"黑恶势力拿刀砍人,就像屠户用刀砍杀牲畜,惨不忍睹。去年我们清缴刀具,大砍刀堆积如山。那不是一般的匕首,而是砍刀啊!"老百姓生命财产安全受到严重威胁,只有向政府求救,他们"聚集在政府门口,举着血淋淋的照片,画面让人神经紧张"①。

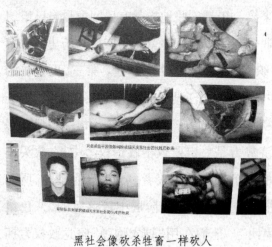

黑社会像砍杀牲畜一样砍人

56 岁的重庆长寿区农民易大德反对一家水产公司无条件收回鱼塘,有黑社会背景的该公司便纠集近百人前来闹事,手持凶器将易大德一家和亲属 5 人砍成重伤,其中二儿子死亡,四儿子脑子受伤留下后遗症。但易家一直没有讨得公道,因为这个案件曾由

---

① 《薄熙来首次讲述重庆打黑初衷:并非主动而为》,2009 年 10 月 17 日《广州日报》。

"涉黑"的重庆市公安局刑警总队原副总队长黄代强经手,此人正是文强的骨干成员。直到重庆"打黑除恶",才将打人凶手和"保护伞"绳之以法。易大德一咬牙,向两个儿子下了个命令:"每人拿出5万元,到报纸上登个广告感谢政府。"于是,2009年10月9日的

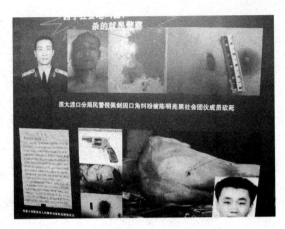

黑社会居然残杀干警

《重庆商报》第四版上,便出现了一个整版彩色广告,上书"铲除黑恶势力得民心,顺民意。向奋战在'打黑除恶'一线的人们致敬"。

文强弟媳"谢才萍开赌场,从中抽头,赌场开在五星级饭店,旱涝保收。这连清朝道光皇帝和林则徐都不能容忍"①。这一团伙恃有文强保护,作恶多端。该案在重庆市第五中级人民法院开庭时,数百市民自发赶到法庭外等待庭审结果。一些曾经被这一团伙

打黑收缴的刀具

迫害过的重庆市民带着家人当初被害时血淋淋的照片赶来,在现场泣不成声。

重庆大渝网作过一个"重庆'打黑除恶'风暴后市民安全感调查",有

---

① 《薄熙来首次讲述重庆打黑初衷:并非主动而为》,2009年10月17日《广州日报》。

8.12灭枪治暴行动

打黑收缴的枪支

数千网民发表意见。在"你是否曾经受到过黑恶势力的侵害"的选项中,有37%的网友称"被黑恶分子骚扰过,但都只能忍气吞声"。

2008年11月3日,重庆市主城区出租汽车全城罢工,许多出租车营运后遭人砸车。事后调查证实,此次出租车罢运是由亿万富翁渝强集团董事长黎强幕后组织,意在要挟政府放松对他们经营的出租车公司的监管。2009年6月,重庆发生民营公交"收编难"事件。有涉黑背景公司经营的"7字头"公交线路管理混乱,在不到3年时间内导致31人死亡、20多人受伤。有重庆乘客甚至编出段子:"上7字头公交车必需物品:急救包一个,内装绷带、止血棉纱、夹板等;工具箱一个,内装剪刀一把、尖头锤一个,以备逃生。"重庆市政府决定在5月31日前,将全市380多辆"7字头"公交车收归国有,但涉黑公司漫天要价,与政府谈判时的态度非常强硬。

黑恶势力还从事"放水"(高利贷)、霸占市场、收取保护费、从事色情活动、开赌场、进行毒品交易等违法犯罪活动,严重危害社会。在游动着数亿高利贷的重庆,讨债行当相当红火,甚至希尔顿酒店的围墙上亦不乏"追债"的"牛皮癣"。在重庆"打黑除恶"前,欺行霸市普见于各个市场。在一些菜市场,有肉霸、菜霸、渔霸;在建筑行当,有沙霸、石霸、砖霸。建立在威逼、恐吓甚至殴打行为上的垄断,已经成为某些行业的规则。在没有被霸占一些行业或店铺,黑恶势力则要收取"保护费"。有名的中国摩托车大王、全国第一个出任省级政协副主席的民营企业家——重庆力帆公司老总尹明善,一年春节期间家里居然也闯来"要保护费"的。重庆的色情行业一度很发达,甚至成为重庆的一大"亮点"。与"黄"孪生的是"毒"和"赌",这些非法收入为黑恶势力带来了巨大的利益,却给社会造成了巨大的危害。黑恶势力为抢夺地盘,还不时火并,动刀动枪。2009年初,一名欠债人在自家小区被黑恶势力枪杀,甚至有武警哨兵被黑恶分子枪杀并被抢走枪械,更让主政者觉察到了涉黑问题的严重性,也成为重庆发动大规模"打黑除恶"的导火索。

(三)黑恶势力拉拢腐化党政干部、向政府机关渗透,严重败坏党和政府形象

黑恶组织为了更便捷地获取暴利,初期使用暴力垄断市场,完成了资本的原始积累后,开始谋取人大代表之类的政治身份,依靠"合法"外衣,以商养"黑",以"黑"富商,并在政府寻找"保护伞"。组织出租车罢运的黎强就是重庆市原人大代表、重庆市巴南区总商会原会长。黑社会通过贿赂等种种手段,不断向党政部门、司法机关渗透,少数官员被收买为其充当"保护伞",甚至直接成为黑社会的"股东"和"后台老板"。原重庆市公安局常务副局长文强、副局长彭长健等都成为黑恶势力的"保护伞"。"保护伞"与黑恶势力盘根错节,沆瀣一气,已经危及党的执政之基。流氓经济、暴力垄断、操纵黄赌毒,是经济的毒瘤、发展的羁绊、民生的障碍,严重危及党的执政根基和国家政权巩固。"打黑除恶"不仅是社会治安稳定之需,更是巩固党的执政地位之要。

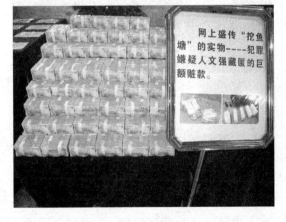

文强藏在水池中的赃款

文强其人,颇具"传奇色彩"。他于1955年生于重庆巴县,1972年当警员,一步步升至巴县公

安局副局长、县委常委、县委副书记,1992 年升任原重庆市公安局副局长,1997 年升任直辖后的重庆市公安局副局长,2000 年 11 月,因带队成功侦破重庆抢劫运钞车案和杀人魔王张君案,声名大振,升任正厅局级侦察员,2003 年,任局党委副书记,2008 年 7 月任重庆市司法局局长。2010 年 7 月 7 日,文强被执行死刑。

审理文强案的重庆市五中院,恰是当年张君案的审判地。庭审时,文强在庭上说:"当初就在这个法庭,审理张君的时候,市里的领导曾当场拍板,给了我个人 5 万元奖金。"

在对文强案的庭审中,被告们的法庭陈述、公诉机关提供的大量证据,使我们听到、看到一个官与官、官与黑之间的潜在逻辑和利益格局,令人震惊。

黑帮送给文强的文物——被盗的大足石刻佛头

文强交代:"在重庆市公安局,逢年过节,要给领导送个红包,意思一下,这是一种潜规则。"他还颇"诚恳"地讲:"其实逢年过节大家送红包,装 2000 元就行了,因为大家一个接一个地来送,根本记不到哪个信封是哪个的。有一年过年收了红包回家后去数,多数是一万元,但发现有一个信封中装的是一万美元,根本记不得是哪个送的了。"

文强之妻周晓亚交代:"每年文强过生日和中秋节、春节前后,都会有人来拜访送礼或送红包,金额在 2 千至 2 万元。过年至少能拿二三十万。""手下年年送钱,还不是想升职!"

部分送钱给文强的人,得到了照顾。例如先后 5 次给文强送了 37 万元的徐强,如愿获得了垫江县公安局局长一职。重庆市公安局禁毒总队原副总队长罗力的证词称:"我在担任禁毒总队二支队队长的时候,就知道给文强送钱便能得到提拔。我看见三个没有什么本事的人被提拔成了科长,就也给他送钱了。"

公诉机关宣读的多名行贿人的口供称,给文强送钱,有时候并不是为了升职,只是为了维持一种比较好的关系,让他不要为难自己。

为文强、黄代强、陈涛和赵利明提供有罪证明的口供,大部分来自一些已被媒体和公众熟知的黑老大名字:"肉霸"王天伦、文强弟媳谢才萍、白宫夜总会老板岳宁、豪城国际商业会所老板王小军、保利夜总会老板龚刚模,以及云梦阁俱乐部老板马当。这些人正是声势浩大的"重庆打黑"行动的打击对象,也是起诉书里文强包庇"黑帮"的获罪依据。这六个人手下的娱乐产业和隐匿于旗下的组织卖淫、赌博和容留吸毒行为,占据重庆"黄赌毒"的"半壁江山"。

公诉方的起诉书中称,从 2000 年到 2008 年,文强先后 15 次收受 5 名"黑帮"老大所送钱款,总额达 78 万余元。其中,王小军送的最多,先后 8 次送了人民币 32 万余元,且多在春节和中秋节前后,文强到其经营的娱乐场所唱歌时送出。

除了送钱,黑帮们另一种收买官员的方式是送女色。

黑帮用钱色收买警员,也分级别和职务。从最底层的派出所,到公安分局,到市局治安管理总队、刑侦总队、经侦总队,再到局长,是一个整体被收买的链条,所有与娱乐场所管理有关的公安人员,"都要打点到"。

右图为文强及其所保护的黑社会性质团伙的组织架

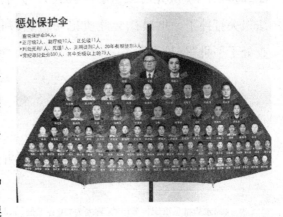

惩处保护伞

构图。文强为金字塔塔尖,下面分别是文强的"四大黑将"——重庆市公安局刑警总队原副总队长黄代强、治安总队原总队长陈涛、公交分局原副局长赵利明、垫江县原副县长兼公安局长徐强。通过这"四大黑将",文强为"六大黑帮"——陈明亮团伙、龚刚模团伙、岳宁团伙、王小军团伙、王天伦团伙、谢才萍团伙——充当"保护伞"。

三、雷霆万钧"打黑除恶"

重庆"打黑除恶",在中央的支持和人民群众的支持下,进展顺利。虽然其间有些刺耳的杂音,但滚滚潮流,谁可阻挡!

(一)"打黑除恶"的"前传"

黑恶势力严重危害社会稳定,重庆历届市委、市政府对此都高度重视。重庆市委副书记张轩曾通报说:"直辖以来,张德邻、贺国强、黄镇东、汪洋等历任市领导都高度重视'打黑除恶',历届市委、市政府都将经济社会发展和社会稳定摆在同等重要的地位,坚持不懈组织开展'打黑除恶',有力维护了社会稳定。"①根据中央政法委和公安部的部署,2001年、2006年,重庆先后掀起了声势较大的"打黑除恶"专项斗争。全市政法机关打掉了一批黑社会性质犯罪组织,判处了一批"涉黑"犯罪分子,查处了一批"保护伞"。

(二)"打黑除恶"的准备

2008年6月,"打黑英雄"、辽宁省锦州市前副市长兼公安局局长王

---

① 《周永康批示重庆打黑行动,称之为"民心工程"》,2009 年 10 月 27 日《重庆日报》。

立军从辽宁调至重庆任公安局局长。这位曾侦破过东北黑社会老大刘涌案的公安局长,是闻名全国的打黑英雄。在东北的近 20 年警察生涯里,王立军和他的战友们先后将 800 多名罪犯送进了监狱,扫荡了辽宁铁法、铁岭和盘锦的多个黑社会性质团伙,多次被授予国家级荣誉。他的故事亦被拍成电视剧《铁血警魂》。因为雷霆般的打黑行动,铁岭原市长李士文曾经称他是"铁岭的镇市之宝"。

王立军到任重庆公安局长的第三个星期,重庆市公安局便展开了治安整治行动。2008 年 7 月 10 日到 9 月 30 日,重庆市开展了历年来出拳最重的"夏季社会综合治安整治行动",破获刑事案件 32771 起,逮捕涉案分子近万名,一时间,重庆的看守所几乎爆满。

2009 年 1 月 8 日,这位 50 岁的局长和他的逾千名同事又在渝、湘、黔交界三角地区,突袭清剿黑枪,摧毁了 4 个地下"兵工厂"和 10 余个制枪窝点。

两个半月后,重庆又启动了为期半年的"破积案、追逃犯"的联动战役。据重庆市公安局通报:此后仅 21 天,便破积案 1688 起。

在这三次行动的同时,重庆市公安局一直在摸排重庆黑恶势力的情况,包括黑恶分子的组织结构、成员、背后的保护伞、彼此的关系网、活动规律,等等。这三次行动是对黑恶分子外围的扫荡,通过对抓获涉案分子的审查,更深入了解了黑恶分子的情况。

(三)"打黑除恶"的三阶段

第一阶段:打掉主要黑恶团伙。

经过周密准备后,如前所述,2009 年 6 月 20 日,重庆市便开始了暴风骤雨般的"打黑除恶"行动。由于情况摸排清楚、准备周密,"打黑除恶"行动进展顺利,计划抓捕的黑恶分子纷纷落入法网,黎强、陈明亮等在本地有头有脸的亿万富翁被逮捕,涉案的数十名警方人物也被抓捕。

2009 年 8 月 7 日,正在出席司法部重要会议的重庆司法局局长文强在北京被抓捕并被送回重庆。

这天,一位重庆市民在渝北区黄泥磅黄龙路重庆市公安局所在地,看见地上散落着好多类似传单的纸张,上面写着:"庆祝重庆黑老大文强被抓!"而重庆的一些街巷里也响起鞭炮声。这是一个阶段性的标志。之前曾在网络上担心"这次扫黑会不会只是走个过场"的重庆人开始确信,"是动真格的了"。之后,重庆的"打黑除恶"演化成一场真正的人民战争:群众纷纷向公安机关提供线索、举报黑恶分子,其中 80% 都是实名举报。在群众的大力支持下,更多更深的黑恶分子及"保护伞"被挖出来。

8 月 17 日,重庆市公安局公布了被执行逮捕的 67 名涉黑涉恶团伙首犯和骨干的相片,部分人员为重庆市或区县人大代表或政协委员。以此为标志,重庆"打黑除恶"第一阶段取得完全胜利。重庆警方原先掌握的黑社会性质团伙 104 个,完全被摧毁,除少部分黑恶分子潜逃外,大部分黑恶分子被抓,"有影响"的部分黑恶首要分子为:

陈明亮,涉嫌组织、领导黑社会性质组织罪,赌博罪,组织卖淫罪被逮捕;

岳村,涉嫌组织、领导黑社会性质组织罪,敲诈勒索罪被逮捕;

陈坤志,涉嫌故意杀人罪被逮捕;

龚刚模,涉嫌组织、领导黑社会性质组织罪,故意杀人罪被逮捕;

樊奇杭,涉嫌组织、领导黑社会性质组织罪,故意杀人罪,贩卖毒品罪,非法持有、私藏枪支弹药罪,开设赌场罪,容留他人吸毒罪被逮捕;

黎强,涉嫌组织、领导黑社会性质组织罪,非法经营罪、聚众扰乱社会秩序罪,寻衅滋事罪,妨害公务罪,隐匿会计凭证、会计账簿罪被逮捕；

　　雷德明,涉嫌组织、领导黑社会性质组织罪,赌博罪,组织卖淫罪被逮捕；

　　王天伦,涉嫌故意伤害罪被逮捕；

　　岳宁,涉嫌组织、领导黑社会性质组织罪,组织卖淫罪,非法持有枪支罪,寻衅滋事罪,非法拘禁罪,故意销毁会计凭证罪被逮捕；

　　谢才萍,涉嫌组织、领导黑社会性质组织罪,开设赌场罪,容留他人吸毒罪,非法拘禁罪,妨害作证罪被逮捕；

　　杨天庆,涉嫌组织、领导黑社会性质组织罪,故意伤害罪,强迫交易,包庇罪被逮捕；

　　马当,涉嫌组织、领导黑社会性质组织罪,组织卖淫罪被逮捕；

　　张茂才,涉嫌参加黑社会性质组织罪,非法运输枪支弹药罪,开设赌场罪被逮捕。

他们都受到了正义的惩罚。

第二阶段:打掉一批"保护伞"。

　　自"6·20""打黑除恶"以来,随着案件的侦办审理和涉案嫌犯的交代,发现涉案人数越来越多,一批背后的"保护伞"也被揭露出来。薄熙来批示,"打黑除恶"也要打掉背后的"保护伞"。这个阶段,除了文强被抓,还有一批厅局级、县处级"保护伞"被揪出,他们是:

　　张弢,副厅级,市高级法院副院长；

　　彭长健,副厅级,市公安局副局长；

　　毛建平,副厅级,市检察院分院副检察长；

　　王西平,副厅级,市煤监局副局长；

赵文锐,副厅级,市北碚区副区长;

陈光明,正处级,市公安局经侦总队总队长;

乌小青,正处级,市高院执行局局长;

李虹,正处级,市公安局治安总队总队长;

陈洪刚,正处级,市公安局交通管理局局长;

陈涛,正处级,市公安局治安总队总队长;

赵利明,副处级,市刑警总队副总队长;

黄代强,副处级,市刑警总队副总队长;

徐强,副处级,垫江副县长。

……

"打黑除恶"第二阶段还继续追捕外逃黑恶分子,深挖和抓捕漏网的黑恶分子。

重庆"动真格"的"打黑除恶",不仅打了老虎,还抓了背后的大象,引起海内外的关注和叫好。与此同时,重庆官场也被震动了。那些和黑恶势力有关联的部分官员,动用一切手段要浇灭这团火:已经被抓的想从轻甚至逃避处理,还没被抓的想躲过这一劫。那些黑恶分子也想"变天",他们不惜抛掉他们以黑恶手段劫取的金钱——不少黑恶分子已是身家过亿的富翁——来换取"自由"。当然,更多的黑恶分子希图交代出"保护伞"来救自己或立功赎罪。盘根错节的关系和无所不用其极的手段一度让重庆"打黑除恶"备感压力。除了背后力量的交锋,表面上也有人放话,说重庆"打黑除恶"要影响经济发展,要把重庆经济搞垮;说"打黑除恶"应该见好就收,不要到时候不能收场;还有人说重庆"打黑除恶"是某人要出风头,为自己捞取政治资本;有人说重庆"打黑除恶"是作秀,没有体制保障,一阵风后还是又一拨黑恶势力新"崛起",还不如不打;"打黑除恶""程序出了毛病";"打'黑'是'黑打'";"又在搞运动,搞'左'的一套"……各种腔调,不一而足。

重庆领导人的决心一直坚定不移,薄熙来书记一再公开表态:一定要把重庆的"打黑除恶"进行到底!重庆和全国人民群众坚定支持,网上舆论空前一致地高度评价和支持重庆"打黑除恶"行动。重庆"打黑除恶"第二阶段取得了完全胜利。

2010年6月,国务委员、公安部部长孟建柱在重庆调研时,对重庆"打黑除恶"专项斗争取得的成绩给予了充分肯定,称赞"打得好、打得准、打得狠"。他指出:"重庆公安机关按照中央的统一部署,深入开展了'打黑除恶'专项斗争,依法严厉打击各类违法犯罪活动,狠狠地打击了犯罪分子的嚣张气焰,维护了社会的公平与正义,为人民群众安居乐业创造了良好的社会治安环境,赢得了社会各界和广大人民群众的广泛赞誉。"①

2010年9月25日,中共中央政治局常委、中央政法委书记周永康专门作出批示,高度肯定重庆打黑行动,称"打击、铲除黑恶势力,是让老百姓过上安定日子的'民心工程'。近期在重庆市委、市政府的领导下,政法机关加大工作力度,见到了明显效果,为人民群众办了一件好事、实事"②。中央政法委并在全国部署扫黄打黑行动。

第三阶段:对抓捕的黑恶分子和"保护伞"进行审判。

由于准备充分、侦办准确,特别是人民群众提供了大量线索和证据;涉案分子看到同伙被抓,"保护伞"倒台,证据确凿,纷纷坦白交代,因此,案件审判在量刑定罪层面并不困难。只是集中

处死文强后百姓在
重庆市委门前拉的横幅

① 《公安部长孟建柱称赞重庆打黑好准狠》,公安部网站(网页:http://news.sina.com.cn/c/2010－06－12/205120467175.shtml)。
② 《周永康批示重庆打黑行动,称之为"民心工程"》,2009年10月27日《重庆日报》。

抓捕和审理的黑恶分子及"保护伞"官员数目不小,这些涉案人员犯案历史较长,所犯案件多,审理工作量巨大。

处死文强后百姓在重庆歌乐
山下红岩群塑前拉的横幅

2010 年 4 月 14 日,重庆第五中级法院宣判:重庆市司法局原党委书记、局长文强因犯受贿罪,包庇、纵容黑社会性质组织罪,巨额财产来源不明罪,强奸罪,数罪并罚,被判处死刑、剥夺政治权利终身,并处没收个人全部财产。2010 年 7 月 7 日,文强被执行死刑。当天,在重庆市委门前,有市民拉出"文强死,百姓欢,重庆安"、"判处文强死刑法律万岁"、"党中央'打黑除恶',国泰民安"的横幅。在重庆市检察院门前,有市民再次放起鞭炮以示庆祝。

下面是被惩处的部分"黑老大":

黎强,有期徒刑 20 年,罚金 520 万

邓宇平,无期徒刑,罚金 3190 万元

张涛、张波,有期徒刑 17 年,罚金各 10 万

杨天庆,死刑(二审维持原判)

简少坤,死刑,缓期二年执行

王兴强,有期徒刑 20 年,罚金 220 万元

王兴平,死刑,罚金 54.2 万元

谢才萍,有期徒刑 18 年,罚金 102 万

刘成虎,死刑(二审维持原判)

曾川,死刑,缓期二年执行

陈知益,死刑,罚金 3061 万元

　　冉光国,有期徒刑 20 年,罚金 3 万元

　　罗璇,有期徒刑 4 年 6 个月,罚金 20 万

　　刘钟永,死刑

　　郑新,死刑,缓期二年执行

重庆的"打黑除恶",取得了辉煌战果。薄熙来给重庆人民交账:

　　摧毁了 355 个涉黑涉恶犯罪团伙,抓获 5047 名犯罪嫌疑人,破获了近 10 年来积累的刑事案件 3.9 万起,其中命案 600 多起,还打掉了一批"保护伞"。①

(四)"打黑除恶"向纵深推进

重庆的"打黑除恶"是为了人民群众的安全,为了社会稳定,为了市场经济的发展,绝不是一阵风的运动。"打黑除恶"继续向更深入方向发展。

第一,高调整肃警察队伍。

重庆市公安局宣布,从 2010 年 3 月开始对重庆警务体制进行改革,重庆市公安局系统从副科级到正处级岗位的所有领导干部,全部重新竞聘上岗。这是重庆公安系统一次彻底的"洗牌"。如此巨大的人事变动,在重庆乃至全国公安系统都是史无前例的。重庆警界一度人心惶惶(当然也是有人欢喜有人愁),而重新竞聘上岗过程完成后,一批有志向有能力的人上来,一批不愿担负重责或能力与职位不匹配的人下去,重庆警队的面貌焕然一新。社会上曾有"警匪一家"的流言,不少群众对公安干警表示不满,其实,是对警察队伍之中的那些害群之马不满。重庆"打黑除

---

① 薄熙来:《抓好 10 件大事,切实改善民生》,2010 年 6 月 28 日《重庆日报》。

恶"的主力,仍然是公安干警和武警,重庆警察用自己的实际行动挽回了民心,人民群众支持他们拥护他们。

重庆警方还改革了警察治安模式,创造了交巡警合一的"重庆模式"。2010年2月7日,一个名为"交巡警"的全新警种在重庆市诞生。首批执勤的150个警务平台和4000名昼夜循环的交巡警,配备包括枪支在内的"高精尖"装备,代替过去的交警和巡警,执行交通管理、刑事执法、治安管理、服务群众四大职能,成为一支履行刑事、行政和道路交通管理执法职责的复合型警种。交巡警还承担着派出所50%～70%的职能。重庆警方借鉴欧美发达国家先进经验,实行"五班三运转"或"四班三运转"勤务机制,每班4人以上,划分巡逻防区和确定巡逻车辆衔接点,确保每天800至1000名交巡警24小时在岗,如有警情,这些装备精良的交巡警可在接警后5分钟到达现场。

市公安局指挥中心将借助视频监控系统,对警力进行机动调配,确保巡逻链条无缝对接、昼夜循环,进一步提高与犯罪分子的碰撞率,并促进交通拥堵快速疏导、交通事故快速处置。

交巡警平台为社会治安和服务民众提供了面对面的保障,群众齐声叫好,甚至吸引了西方发达国家的目光。"重庆的警察很现代,也很亲民,民众能很快找到他们寻求帮助。这是个对年轻人很有吸引力的职业!"2010年5月10日,在参观考察了重庆市渝中区公安分局大阳沟派出所和解放碑交巡警警务平台后,首次来渝的瑞士联邦理工学院安全研究中心主任迈克尔·海斯认为,交巡警平台是打击犯罪和服务群众的完美结合,并称想把这种做法带回瑞士去。

新组建的重庆女子交巡警,更是山城一道亮丽的风景线。其全名为"重庆市公安局交巡警总队女子特勤支队",隶属于交巡警总队,现有队员80名,两人一组,配备了40辆重庆本地生产的沃尔沃警车,可现场360度摄像、无线上网、点对点指挥等。80名队员个个都是巾帼英雄,都具备精湛的驾驶技术,都会擒拿格斗,能处置各类刑事、治安案件,还会使用枪械和各种警用器材装备,单兵作战能力丝毫不比男民警逊色,其中还有"打黑除恶"一等功民警、神枪手、国家二级运动员和英语专业八级人才等。

2010年7月,重庆市公安局决定,在全市公安队伍中开展"亲民爱民,建雷锋式警队"主题活动,切实用破案成果抚慰百姓、用真心真诚感动百姓、用阳光作业取信百姓。紧紧围绕"学习雷锋好榜样、弘扬爱民好传统、唱响为民主旋律、恪尽职守保民安、警民同心筑和谐"等主题,打造一支雷锋式警队,让全市公安民警真正成为百姓的贴心人。

第二,"打黑除恶"进一步深化。

重庆"打黑除恶"取得丰硕成果,老百姓的安全感明显增强。重庆坚持黑恶必除、除恶务尽,并进一步持续开展涉枪、涉赌、涉毒、涉黄和命案等突出治安问题专项治理,始终保持对黑恶犯罪的高压态势,加大对入室盗窃、扒窃、街头诈骗等多发性侵财案件的侦破力度。

在"打黑"取得阶段性重大胜利后,重庆继续扩大战果,又挖出了重庆渝西半岛实业有限公司董事长王能、重庆希尔顿中方老板彭治民这些戴着人大代表"红帽子"的黑老大,以及隐藏很深的"保护伞",再次引发民意井喷和轰动效应。2010年9月22日,原重庆市九龙坡政府区长助理、区公安分局局长周穷,因涉嫌包庇、纵容黑社会性质组织罪,被依法逮捕。周穷在2001年至2006年担任重庆市公安局渝北区分局政委、市公安局办公室主任期间,采取给办案民警"打招呼"、直接为黑恶分子通风报信等手段,包庇、纵容黑社会性质组织,并从中收受巨额贿赂,致使两个黑社会性质组织坐大成势,严重危害了社会治安秩序。

第三,启动官员财产申报制度,惩治腐败。

这次"打黑除恶"也打出了不少司法系统的蛀虫。重庆市高级人民法院院长钱锋曾说:"问题法官有两面人生。小圈子外,冠冕堂皇,正人君子;小圈子内,漆黑一团,腐败透顶。八小时内,受人尊敬;八小时外,醉生梦死。"文强、彭长健、乌小青、陈洪刚等,都是公检法重要岗位上的人,犯罪数额巨大。重庆司法系统主动提出整肃司法队伍,启动官员财产申报制度,"打黑除恶",也就同步推进了反腐。

2009年7月,重庆市检察院召开检察委员会进行专题研究,制订下发了《深入开展打黑除恶专项斗争工作意见》和《关于打击黑恶势力"保护伞"的规定》,对全市检察机关"打黑"工作与反腐工作进行了同步部署,要求深挖、彻查与黑恶势力有牵连的职务犯罪案件,以反腐推动"打黑",以"打黑"促进反腐。在"打黑除恶"集中专项整治后,惩治腐败是根除黑恶的一个法宝。2010年"七一"到来之际,重庆市委召开创先争优活动工作座谈会。薄熙来说,要始终坚持反腐倡廉斗争。"物必先腐也,而后虫生之",堡垒都是从内部攻破的。面对诸多软弱涣散的情形乃至腐败现象,我们要有忧患意识,正视存在的问题,在创先争优活动中,始终坚持理想信念教育,始终坚持反腐倡廉斗争,以切实提高每一个党员的政治素质。

第四,加强制度建设,加强党和人民群众的血肉联系,提升精神境界。

薄熙来说,要用制度"打黑除恶"、反腐。重庆公安系统探索建立打、防、控、服工作长效机制,进一步建立完善社会治安防控体系;全市70%以上中小学、幼儿园至少"一校一警",规模小、人数少的学校实行"多校一警"全覆盖;"三进三同"、结穷亲、大下访,实施"三项制度",是为了不断密切和人民群众的联系,开展唱红歌、读经典、讲故事、传箴言,是为了不断改造我们的精神世界。这些活动的开展,将净化社会空气,和谐社会关系,保障社会平安。

2010年12月6—8日,中共中央政治局常委、中央书记处书记、国家副主席习近平来到重庆调研。调研期间,习近平副主席高度评价重庆"打黑除恶"。习近平说:

> 重庆"打黑除恶"斗争惊心动魄,公安政法干警一马当先,经历了生死考验,立下了汗马功劳。当前,人民群众的生命财产安全还面临各种威胁,社会上还有坏人!坏人在有些领域、在某些时候活动还很嚣张,给人民群众带来的灾难还很大。重庆市

委把握住这一点,真正从以民为本出发,开展了"打黑除恶"斗争,取得了阶段性的重大成果、重大胜利,维护了广大人民群众的基本权益,是深得民心、大快人心的。重庆的"打黑除恶"做得好!希望认真总结经验,围绕改善民生、维护民意、便利群众等构建和谐社会,建设"平安重庆","打黑除恶"还要再接再厉地向纵深推进。

三、重庆"打黑除恶"的影响和意义

重庆"打黑除恶"震动海内外,其影响和意义不仅仅限于重庆,也不仅仅限于治安治理这个层面。

(一)巩固了党的执政地位

重庆"打黑除恶"说明,我们共产党完全能够依靠自身的力量清洁自己,赢得民心。

重庆的"打黑"并不是一般意义上的"打黑"。因为一般意义上的"打黑"本身既不姓社,也不姓共。黑社会厉害了,不管是共产党还是国民党,不管是社会主义还是资本主义,甚至封建主义,都要打。它们确实也打过,意大利就打了几十年的黑手党。所以一般性的"打黑"既没有社会属性,也没有意识形态属性。但重庆的"打黑"为什么引起那么大的轰动?因为重庆把"打黑"引向了深层次的肃贪反腐,引向了对中共执政地位的巩固。中国老百姓是真心拥护共产党的,是希望共产党能够"打黑除恶"、肃贪反腐的。重庆的实践,给了他们希望,给了他们信心。

毋庸讳言,相当严重、长期存在的贪污受贿、以权谋私、权钱交易等腐败现象,早就导致了严重的民怨。如果一个执政党连其党员干部在逢年过节时鱼贯而入地向党政主管送上红包然后鞠躬出门的现象都治不住,如何能治住黑社会？如何能在市场经济的条件下，保证无产阶级政党的纯洁性、先进性、战斗力和执政地位不动摇？如何能保证中国特色社会主义制度不被"颜色革命"？

重庆"打黑除恶"、肃贪反腐，用实践令人信服地回答了上述问题。这表明，重庆确实找到了一条解决党内和政府内腐败问题的有效途径。腐败和黑恶势力相结合成了一种新的腐败类型，就是所谓"涉黑的腐败"，给党的执政造成巨大的威胁。薄熙来一语道破："这些黑势力这样猖狂，是因为上边有'保护伞'！"他还指出："贪污腐败是党的'致命伤'"，因此，"无论对'大贪'还是'小腐'，我们都要坚决查处，决不容情"！重庆"打黑除恶"与反腐相结合，不仅打掉了一大批黑恶团伙，尤其铲除了一批"保护伞"。不查处涉黑腐败分子，共产党靠人民群众打下来的天下就会失去人民群众的支持！只有坚决"打黑除恶"，党的执政地位才会真正稳固。重庆"打黑除恶"反腐初步成功的经验说明，中国共产党人能够依靠人民群众和带领人民群众解决问题，人民群众会继续拥护中国共产党，强化党的执政基础。

有人说，当今中国"打黑除恶"反腐，是一个非常高风险的政治作业。试想，积累了那么多年的社会积弊，腐败分子又如此盘根错节，要一一铲除，必然遇到对手鱼死网破般的对抗，需要多大的政治勇气、魄力与政治智慧！有人担心黑恶势力盘根错节，真的"打黑除恶"反腐，会不会天下大乱？重庆的实践证明，恰好相反。把"打黑"和肃贪联系起来，这一招确实是重庆的真招，非常有效。这是"重庆模式"的一个亮点。

（二）促进了经济的发展

重庆打黑引起关注，还涉及一个争论问题，就是一些学者曾经提出：中国的民营企业家都有原罪，需要清算。我们不同意此说法，但我们认为，中国有一些民营企业家不但有原罪，而且现在仍存在这样那样的问题,致使黑煤窑、黑砖厂等事件不断重演。然而,整个中国的民营企业家阶层,是党的改革开放政策的产物,是中国特色社会主义社会结构的组成部分。应该将这整个阶层与其中的"灰色集团"尤其是"黑色集团"区分开来。

确实,重庆打黑,涉及的企业不少,这些企业的员工多达 20 万人。有些人就认为重庆在"清算原罪",打击民营经济。有人特地为此叫好。其实重庆打黑绝不是什么"清算原罪",重庆打掉的黑色民营企业家,是极少数,而扶持的红色民营企业家,是绝大多数。在"黑老大"企业家被打掉后,重庆采取托管的方式,帮助企业继续维持合法经营活动。涉及的企业,没有一个影响到生产经营;涉及的 20 万员工,没有一个下岗失业。不但如此,"打黑除恶"使经济秩序明显改善。重庆市长黄奇帆曾说,"打黑除恶"也同时打击了无赖经济、混混经济、跑马圈地的行为,把这样一批黑色分子打掉,使重庆经济秩序转好,重庆吸引外资和内资的能力进一步增强。在"打黑除恶"行动集中的 2009 年,重庆市外商投资增长了 40%多,内资投资增长了近 80%。2009 年全国利用外资率,重庆第一名。事实证明,"打黑影响经济发展"说完全是谬论。

2009 年,重庆打了两场漂亮的"攻坚战":一是以"唱红打黑"为主线的扶正祛邪战,通过"唱红"扶正、"打黑"祛邪,两者相互辉映,给老百姓营造了一个平安的环境,群众安全感指数达到 94.3%,创历年新高。同时,还进一步激发和凝聚了全市人民的精气神,"五个重庆"建设激情高涨。二是以"五个重庆"建设为主线的止滑促增经济逆境崛起战,在 40个区县小老虎的努力奋斗下,全市经济"后入水,先上岸",率先走出金融危机,实现 GDP 增长 14.9%,居全国前三位。

(三)还人民群众朗朗乾坤

2010 年 3 月,薄熙来问重庆的大学生们:"'打黑除恶'你们赞成不赞成?"全场300多位同学声音响亮有力:"赞成"! 同学们说:"平安重庆是根本,我们希望'打黑除恶'一定要坚持下去!"薄熙来说,一个地方的发展必须有正气。"打黑除恶"就是树正气,让老百姓安居乐业。如果一个地方路霸、肉霸、车霸、矿霸猖獗,那老百姓还怎么过日子? 他们大多数都是小家小户,居家过日子不容易,如果再遇到这样那样的干扰,生活就会更困难。党和政府必须主持公道,为老百姓提供一个安全的、有保障的生活环境。

薄熙来说的话,重庆做到了。有网友说:"如不'打黑除恶',任由钱权黑携手,黑恶势力横行无忌,'黄金荣杜月笙们'成了'成功人士',腰缠亿万,政协人大,辉煌耀眼,平民百姓将水深火热。"这确有道理。"打黑除恶"使人民群众的安全感大大提高,感觉乾坤朗朗。一位网友在其博客中写到:"你是希望每天出门提心吊胆还是可以开着门睡觉? 别说你行得端走得正不怕黑社会,打不打都可以,只怕到时候黑社会找上你你哭都哭不出来! 你可能会说如果找你麻烦你就报警,如果不把这些黑恶势力的'保护伞'也打掉,那你报警又有什么用呢? '打黑除恶'让我可以开着门睡觉了。"有市民对记者表示:"身在重庆,你不得不和这些涉黑犯罪团伙发生联系。过去你要住他拿地建成的房,吃他控制的猪肉,坐他的马仔垄断的公交车。他一不高兴就可以叫你家破人亡,跺一脚就可能导致大面积的肉价上涨。"现在,这一切都成为过去了。重庆大渝网的一个调查很能说明问题。(见下页图)

(四)重庆"打黑除恶"具有样板效应

2009年6月重庆率先"打黑除恶"后,先后有湖北、广东、海南、湖南等地跟进,公安部也部署了全国的"打黑除恶"专项行动。全国"打黑风暴"的掀起,重庆的样板效应功不可没。2010年4月28日,"涉黑性质犯罪与法律控制理论研讨"会在山城重庆圆满落幕。与会专家总结重庆"打黑"五大经验,认为可以借鉴推广:一是"打黑"反腐同步推进,二是严

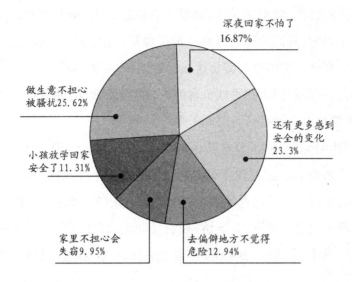

深夜回家不怕了
16.87%

做生意不担心
被骚扰25.62%

还有更多感到
安全的变化
23.3%

小孩放学回家
安全了11.31%

家里不担心会
失窃9.95%

去偏僻地方不觉得
危险12.94%

格依法公正办案,三是广泛发动群众参与,四是注重保护经济发展,五是扶正祛邪齐头并进。

重庆做法中,确实有许多有操作性的经验,例如,"打黑除恶"往往需要绕过一个一个大大小小的"保护伞",才能广开言路,让底下被欺负的人的声音能够传递出来。比如就有很多商人,他被抢占,被黑恶势力欺负的时候,曾经报过110,110来了以后说那你们别抢占了,你们出去吧。110走了以后,这些人又回来了。这一次重庆"打黑除恶"就绕过了这些人,发了20万个信封,信封上写着绝密,然后把地址写好,贴上邮票,送到普通的老百姓手里,如果被黑恶势力欺负了,就在这里面装上一封信,把它投到邮箱里就可以了。这样,底下大大小小的"保护伞"都被安全地绕过了,言路就直接畅通到最上面。

(五)塑造了新型干部队伍

薄熙来曾对参与"打黑除恶"的重庆市公检法系统的同志说:"打黑是有压力的,我很赞赏同志们,包括咱们公安局、检察院、法院一些女同志,像公诉人么宁、贺贝贝等,还很年轻,就敢于直面那些黑恶势力,义正词严地提起公诉,后来立了功,大照片登在报纸上,也不怕报复。这就像鲁迅先生讲的,我们的民族需要一批拼命硬干的人、舍身求法的人,这就是中国的脊梁。中国过去需要这么一批人,现在强盛起来了,仍然需要这么一批人,一批对国家和民族负责的人。""打黑除恶"确实锻炼了干部队伍,重庆涌现出一批有作为的好干部。

"打黑除恶"剔除了警察队伍的害群之马,塑造了新警察队伍;也通过剔除与黑恶牵连的腐败官员,极大地震慑了官员,塑造出新型干部队伍。大公报记者曾经问薄熙来:"2009 年,重庆的干部有点'官不聊生',他们在薄书记的领导下,大下访,和农民同吃、同住、同劳动,满负荷地工作。请问薄书记,您这样做的初衷是什么? 效果怎么样?"薄熙来回答说:

> 中国是世界第一人口大国,真正进入公务员队伍,而且还能有个一官半职,那是十里挑一,甚至百里挑一的事。在其位就要谋其政,拼命干一番事业! 这两年,我眼见重庆干部很出力,但没有谁觉得吃了亏。"官不聊生"之后,反而个个精神饱满,感到很充实、很痛快;真要没活儿干,那才会闲得发慌,闲得难受! 重庆人民很能干。比如,"森林重庆"建设,一年种了十年的树,绿化 800 多万亩,占全国的 1/10。40 个区县比着干,互相促进,去年是牛年,大家使出了牛劲,今年就要变成 40 只"小老虎",把工作做得更好!

薄熙来曾赠送重庆区县一把手们焦裕禄、王进喜铜像,表示希望重庆多出一些焦裕禄、王进喜式的领导干部。

（六）探索出一条将党的领导、人民当家做主和依法治国三者有机结合的有效方式

2010 年 4 月 29 日，涉黑性质犯罪与法律控制理论研讨会在重庆圆满落幕。与会专家们感慨，重庆"打黑除恶"斗争已经远远超出了单纯的社会治安管理，蕴含和揭示了一系列重大法律、经济、政治和社会价值命题，实现了法律效果和社会效果的高度统一，是对社会主义法治理念的有效实践和积极探索。

我们觉得，重庆"打黑除恶"的意义还远不止于此。

在社会主义初级阶段，尤其是在社会主义市场经济条件下，必须将党的领导、人民当家做主和依法治国三者结合起来，如果不能结合，其中任何一条都不可能成功。但是，其结合又殊为不易。而重庆"打黑除恶"，就在实践中将三者成功结合起来了。

首先是党的领导坚强。从这么大、这么难、这么复杂的战役的预判之科学、决策之英明、部署之周密、行动之果断、推进之有序、战果之辉煌等等，就可见一斑。

其次是与人民当家做主结合。重庆"打黑"，尤其是其方式方法，还受到极少数人非议，认为是"搞群众运动"。其实重庆"打黑"与邓小平要求"再也不搞"的"运动"根本就是两回事。重庆"打黑"，充分相信群众，广泛发动了群众，动员全市的老百姓参与。结果老百姓非常踊跃，也非常勇敢。重庆的"打黑除恶"专项斗争，先后接到群众举报线索 4 万余条，其中 80% 以上均为实名举报，成了"人民战争"。在抓捕过程中，在审判过程中，全重庆、全中国，有那么多群众拥护，那么多群众参与，那么多群众支持，这不是人民当家做主的具体体现吗？不动员群众，没有人民当家做主，怎么"打黑"？尤其是在黑社会长期以来在公检法中找了不少"保护伞"，如当年文强这个大贪底下有一批中贪，中贪底下不少干警吃黑钱

的情况下,尤其是在一些利益集团和一些教条分子甚至能够左右一些媒体舆论的情况下,单纯依靠公检法系统,"打黑"根本进行不下去。

再次是与依法治国结合。重庆"打黑",真正做到了依法办事。李庄案发后,北京市律协派出五人小组前来重庆调查,公开表示:"重庆警方是在依法办事"。[①]中央党校校报《学习时报》载文称:"重庆'打黑',很强调依法办事,对触犯法律的'黑老大'也好,'马仔'也好,'保护伞'也好,都强调在法律面前人人平等,并体现程序合法、量刑合法。由于透明度很高,不仅使'打黑'中的'问题人物'很难享有法外特权,而且所有定罪量刑都要接受社会各界的评判。"[②]

当然,依法治国,是一个实践的问题,而不是一个经院哲学问题。很多事,理论与实践的距离大得很。理论上讲问题,要把其他条件排开,在纯粹的条件下作实验或者推理,然后得出一套结论。依法治国这套理论同样如此。把其他条件排开,依法治国似乎很容易了。但是实际上把许多现实情况掺进来以后,就远远不是书本上讲的理论和程序能解决问题了。所以列宁讲"理论是灰色的,而生活之树长青"。而人民群众,是生活之树的根和本。所以,我们看"重庆模式",尤其是"打黑除恶",不应该用灰色的理论(也包括本书的理论)做镜子"反映"着看,那长青的颜色可能让这灰色的镜子给变了颜色了。对理论,我们应该尊重,但更应该尊重的是实践。对实践检验、群众评价那么好的重庆"打黑除恶",还指责为"搞运动"、"不依法办事"的人,其用心何在!

必须指出,在重庆、在中国,总体进步的私营企业主阶层中较落后的"灰色集团",尤其是很落后的"黑色集团",用"糖衣炮弹"向党政权力拥有者的攻击,和中共、中国政府的防守战、反攻战,是相当激烈的。重庆

---

① 《北京律协谈打黑案律师造假:警方系依法办事》,新浪网(网页:http://news.sina.com.cn/c/2009－12－18/034319283876.shtml)。

② 刘益飞:《反腐应学重庆 打黑义无反顾 勇往直前》,2010年1月4日《学习时报》。

"打黑",是率先进行了大规模的反攻战役,取得重大胜利。其历史意义,有些类似于解放战争中的辽沈战役。但是应该看到:滋生黑社会的土壤——被江湖关系扭曲的市场经济关系仍然存在,被扭曲的党内关系和行政关系因"打黑唱红"、党风建设而纠正了许多,但仍然存在。因此,黑社会的"韭菜"割一茬,还会长一茬。所以必须自觉地打持久战,而且一冒头就要早打。更重要的,是要健全、规范社会主义市场经济的体制、机制,健全、规范社会主义民主政治体制、机制,健全规范共产党的党内民主体制、机制,消除被江湖关系扭曲的市场经济关系、党内关系和行政关系,铲除滋生黑社会的土壤。

第三章

"唱读讲传"

——以弘扬"红色文化"为建设社会主义精神文明的抓手

2009 年 6 月,重庆在以大开放促进社会主义市场经济大发展的同时,启动了大规模的"唱读讲传"红色文化活动。薄熙来说:"一个人、一个城市,有了精气神,才有旺盛的生命力","一个城市的发展既要物质文明,也要精神文明。'唱红打黑'扶正了全市人民的精神状态,干什么效率都高"。

以"唱读讲传"为基本形式和内容的红色文化建设,是"重庆模式"的重要内容,是重庆独创的社会主义精神文明建设的有效抓手,是解决社会主义价值观与市场经济价值观的(非对抗性)矛盾的有效途径,是对容易"软"的一手的真正掌握。

本书序论指出:社会主义怎样与市场经济结合好,包括在社会观念层面怎样实现集体主义的价值观、怎样与个人利益驱动的价值观相结合,是仍需深入探讨的一个重大问题。社会主义价值观(集体主义)与市场经济价值观(个人主义)的(非对抗性)矛盾,是社会主义市场经济的一个根本性矛盾。邓小平的"两手抓、两手硬",就是解决这一矛盾的指导思想。

30多年来,容易"硬"的一手,我们已经掌握,但对于容易"软"的一手,我们还没有真正掌握。而个人主义与集体主义的矛盾问题如果得不到解决,我们就不可能真正有效地驾驭社会主义市场经济,甚至有可能让社会主义被市场经济"消融掉"。这不是危言耸听。

一、社会主义市场经济的一个根本性矛盾

(一)解决社会主义价值观(集体主义)与市场经济价值观(个人主义)的矛盾的能力,是党的执政能力中非常重要的能力

提出社会主义可以搞市场经济,提出中国要经过一个很长的社会主义市场经济充分发展阶段,以让每个经济主体自主地争取利益最大化,以使社会主义充满生机与活力,以解决毛主席在《论十大关系》中提出的但未能解决好的如何实现社会主义建设的根本指导方针——调动一切积极因素,还要化消极因素为积极因素,来建设我们伟大的社会主义国家——这一历史性课题,是中国共产党人对科学社会主义理论与实践的历史性贡献。能否既让市场经济使社会主义充满生机与活力,又避免其"消融掉"社会主义,就"关键在党,关键在人"了。

因此,中共十六届四中全会要求增强党的执政能力,第一条就是增强"驾驭社会主义市场经济的能力"。

如何驾驭社会主义市场经济呢?当然是一个社会系统工程:

——经济方面,要在平等竞争的同时坚持公有制经济的主体地位,要在所有生产要素都进入市场的同时坚持按劳分配的主体地位,要在市场对资源起基础性配置作用的同时坚持比资本主义市场经济范畴更广、力度更大、搞得更好的宏观调控。

——政治方面,要在经济利益多元化的基础上坚持共产党领导的一元

化,同时实现党的领导与人民当家做主和依法治国的统一。

——思想方面,要在价值观多元化的同时坚持指导思想和核心价值观的一元化,尤其是要努力实现社会主义价值观与市场经济价值观的矛盾统一。

由此可见,驾驭社会主义市场经济的能力,与发展社会主义民主政治的能力、建设社会主义先进文化的能力,以及构建社会主义和谐社会的能力和应对国际局势和处理国际事务的能力,是内在地联系、不可分割的。尤其是"驾驭社会主义市场经济的能力"与"建设社会主义先进文化的能力"这两大能力,由于是做到邓小平所希望、要求的"两手抓、两手硬"的直接条件,所以具有犹如手心手背一样更紧密的关系。

我们认为,在驾驭社会主义市场经济的上述三个方面中,思想方面的问题尤为重要,解决起来也特别难,其至难过经济、政治方面的问题。之所以如此,是因为我们认为:社会主义价值观(集体主义)与市场经济价值观(个人主义)的(非对抗性)矛盾,是社会主义市场经济的一个根本性矛盾。这一观点,可以从社会主义最激进的反对者,同时也是市场经济最激进的辩护者——哈耶克——的观点中得到反证。哈耶克讲:"'个人主义'这一术语的存在,是为了与'社会主义'这一精心设计出来的名词有所区别,以便表明后者反对个人主义的立场。"[①]哈耶克认为,作为市场经济灵魂的个人主义神圣不可侵犯,而作为社会主义灵魂的集体主义,与个人主义水火不容。他为了捍卫市场经济、捍卫个人主义,不遗余力地坚决反对社会主义。同时,也从"深层次上"论述了社会主义与市场经济水火不容的道理。

我国改革开放、发展社会主义市场经济的初步成功实践,已经有力地驳斥了社会主义不能搞市场经济的说法。然而,无论在理论上还是在实践中,我们都还没有破解社会主义能否解决个人主义与集体主义的矛盾这一难题。

因此,无论在驾驭社会主义市场经济的能力中,还是在建设社会主义先进文化的能力中,解决社会主义价值观(集体主义)与市场经济价值观

---

① 冯·哈耶克:《个人主义与经济秩序》,北京经济学院出版社 1989 年版,第 3 页。

(个人主义)的(非对抗性)矛盾的能力,都是其最重要的内容。

怎样解决社会主义价值观(集体主义)与市场经济价值观(个人主义)的(非对抗性)矛盾呢？要靠在大力发展社会主义市场经济基础上,不断兴起社会主义文化建设的高潮。这是党的十七大作出"兴起文化建设新高潮"战略部署的重要历史原因。继十七大报告要求以后,胡锦涛总书记在纪念十一届三中全会召开30周年大会上的讲话中,再一次作了强调。

怎样兴起社会主义文化建设的新高潮？兴起文化建设高潮要解决什么样的根本问题？重庆的实践,给出了最好的答案。

(二)破解"斯密之谜"

社会主义价值观(集体主义)与市场经济价值观(个人主义)各自的基础是这样的：

社会主义,作为社会的基本制度,要求主要的生产资料公有、主要的消费资料按劳分配;要求国家的一切权力属于人民、社会的政治生活遵循民主集中的原则。也就是说,在共同掌握生产资料与国家政权的前提下,社会主义在历史上第一次要求广大劳动人民成为经济生活、政治生活乃至整个社会的主人翁,要求他们充分展现自觉创造历史的能力,创造出高度发达的物质文明和精神文明;要求使"满足社会与人民群众日益增长的物质文化需要",成为社会生产的基本目的。

市场经济,作为社会的经济体制和经济运行机制,要求一切生产要素都成为商品,都由市场根据供求关系来调配,以使资源配置优化;要求各经济实体都自负盈亏、自由竞争,以使经济与技术不断进步;要求以经营效果和经济效率来进行分配。也就是说,市场经济以各经济主体独立的自身利益为灵魂,以商品交换为纽带,以货币为媒介,以市场调节为主导,以市场竞争为动力。尤其引人注目的是:在市场经济中,货币成为一切商品的价值尺度,成为能够购买一切商品的流通手段,因而成为财富的象征,成为各个经济主体的利益之所在。这就要求每一个经济主体乃至每一个社会成员,都要以生产使用价值为手段,以实现交换价值——取得货币,尽可能多的货币——为目的。

社会主义和市场经济的上述客观要求,反映到意识上,便会形成人们的主观要求,形成人们的价值观念;而这些价值观念又会作为人们的行动指南,指挥人们的行为。

就社会主义价值观而言,无论社会主义思潮由空想到科学的转变是多么剧烈,无论科学社会主义理论自身的发展是多么惊人,有一点是确定不移的,这就是如一条红线般贯穿于其中的一个基本的价值趋向——集体主义,其核心观念,列宁作了概括:"根据马克思主义的基本思想,整个工人运动的利益高于工人个别部分或运动个别阶段的利益。"①

就市场经济价值观而言,西方经济学对其描绘得最为直接:其主流派莫不是以"经济人"——"我"——的欲望和需要为逻辑起点,以商品或劳务的效用(即它们满足"我"的欲望和需要的能力)为承接,再进入边际效用(即最后增加的一单位的商品或劳务满足"我"的欲望和需要的能力)这个"合题",遂生出整个西方经济学的理论基石——边际效用价值论。所以,从西方主流经济学的折射看,即使排除掉资产阶级的自私本性,那"纯粹"市场经济价值观的自我中心倾向——"个人主义",仍然是非常突出的。当然,这种个人主义与损人利己主义有区别,是合理利己主义:个人"所注意的只是他自己的利益,在这种情况下,一只无形的手使他产生了一个他没有注意到的结果——他通过追求自己的利益去促进社会的利益,往往比他真正有意识地去促进社会利益更加有效"。②

我们知道,亚当·斯密在写成《国富论》之前,先写了《道德情操论》,书中开篇就讲:"无论人们会认为某人怎样自私,这个人的天赋中总是明

---

① 《列宁全集》第4卷,人民出版社1984年版第192页。
② 亚当·斯密:《国富论》第6卷,北京经济学院出版社1989年版第423页。

显地存在着这样一些本性,这些本性使他关心别人的命运,把别人的幸福看成是自己的事情。"①即认为人性中既有动物的一面,即利己,又有天使的一面,即利他;人不同于动物,应该,也能够适当抑制自己利己的本性。"道德情操"这个词,讲的就是人克制私利、作出合理判断的能力;"道德情操论",讲的就是具有利己主义本性的个人怎样控制他的感情或行为,尤其是控制他自私的感情或行为,从而在个人基础上建立一个较和谐社会的道理。可见,《道德情操论》是讲利他主义的。可是,亚当·斯密的《国富论》,又是讲利己主义的——在市场经济中,每一个人"所注意的只是他自己的利益",主观为自己,客观为他人。斯密认为,这种情况正如蜜蜂主观上为自己采蜜,但客观上却传播了花粉、使植物能够繁衍一样。

于是这就出现了思想史家们所称的"斯密问题",或称"斯密之谜"②:既然"市场"这只"看不见的手"就可以调和、结合个人利益与社会利益,那么,为什么还需要强调"道德情操"这颗"看得见的心"呢?

斯密自己回避了"斯密问题",他乐观地认为:只要有市场机制,个人利益和社会利益就会自发地结合起来,社会利益就不会受损。然而,恰恰相反,市场经济的发展历史和现实都证明,在它的形成、发育过程中,个人利益和社会利益的冲突是异常剧烈的:从"美洲金银产地的发现,土著居民的被剿灭、被奴役和被埋葬于矿井,对东印度开始进行的征服和掠夺,非洲变成商业性地猎获黑人的场所"③,一直到1929年的"黑色星期五",世界金融、经济危机的大爆发,再到2008年以"雷曼兄弟"倒闭为标志的全球金融危机的再爆发,市场经济几百年的发展,都证明了这一事实。即便"大萧条"后发达资本主义国家一方面用"看得见的手"加强了国家干预,另一方面加强了教化,尽力发挥了伦理道德这个"看得见的心"的作用,仍未能阻止"贪婪"这颗"看不见的心"将"看不见的手"——市场机

---

① 亚当·斯密:《道德情操论》,商务印书馆1987年版第5页。
② 参见苏伟:《"亚当·斯密之谜"的破解》,《毛泽东思想研究》2006年第6期。
③ 《马克思恩格斯全集》第23卷,人民出版社1972年版第819页。

制——伤成残废。

我国的改革开放,是要在社会主义条件下发展市场经济。这一发展的成就是伟大的,30多年时间,就"仿佛用法术从地下呼唤出来"了巨大的生产力,而且,在很多方面还极大地促进了社会精神文化的进步,包括思想道德的进步:人们的主体意识觉醒、增强,许多残余的封建道德和扭曲的空想观念被冲破,自主、自立、自尊、自强的道德观日益深入人心……但是,另一方面,我国社会的伦理道德在一些方面也出现了严重的滑坡:假药、假米、假烟、假酒、假合同、假新闻、假学历、假政绩以及其他各种假货充斥市场、充斥社会;偷税漏税、坑蒙拐骗、敲诈勒索、滥用公款、走私放水,甚至铤而走险、杀人越货,以及黄、赌、毒等社会丑恶现象沉渣泛起,令人发指;以权谋私、腐化堕落、贪污受贿、买官卖官、滥嫖豪赌,甚至官黑勾结、巧取豪夺,等等,令人愤慨。

这就是说,即使是社会主义市场经济,尤其是形成、发育过程中的社会主义市场经济,对社会道德也有着双面影响,既有积极的一面,也有消极的一面。消极一面的实质,是市场经济自发的价值观——个人主义——发展到了极端,变成了拜金主义。社会价值观的这种"癌变",将毁灭一切市场经济,包括社会主义市场经济。

因此,我们不能放任市场经济,即使是社会主义市场经济,由它自发产生的个人主义价值观和伦理道德来支配社会。邓小平和我们党早就洞察了这一点,所以一再要求"两手抓、两手硬",即一方面大力发展社会主义市场经济,另一方面大力发展社会主义精神文明。也就是说,邓小平和我们党其实是破解了"斯密之谜"的。而破解之道,就是否认"斯密之谜"的前提——个人"通过追求自己的利益去促进社会的利益,往往比他真正有意识地去促进社会利益更加有效",也就是否认市场经济的自发的价值观(即个人主义)可以让世界"好起来、善起来";就是强调"马克思主义的基本思想"——"整个工人运动的利益高于工人个别部分或运动个别阶段的利益",也就是强调:只有高于市场经济自发的价值观的价值观

（即集体主义），才能让世界"好起来、善起来"。

那么，与社会主义相结合的市场经济就不会形成集体主义价值观吗？对这个问题应该从两个方面来回答：一方面，社会主义市场经济的现象和局部性运动，只会自发地形成个人主义的价值观；另一方面，社会主义市场经济的本质和整体运动，则会形成集体主义价值观——只是这种价值观不会像个人主义那样，自发地通过群众的日常生活实践形成，而只能通过工人阶级先锋队的先进代表，自觉地从科学实践基础上的科学思维中形成，并再"灌输"到群众中去。

上述两个相互矛盾的价值观，在社会主义市场经济中并存，并支配着人们的行为，所以，它们成为社会主义市场经济的一个根本性矛盾。

我们既要允许甚至在一定程度上鼓励市场经济的个人主义，以激发社会活力，更应该截断个人主义向拜金主义发展的线路。如果我们不能截断个人主义向拜金主义发展的线路，社会价值观的"癌变"就难以避免，我们就不可能驾驭这样的市场经济了。因此，我们必须重视解决个人主义与集体主义的矛盾问题，努力将个人主义价值观引向集体主义价值观。

需要强调的是，社会主义价值观与市场经济价值观的矛盾的解决绝不是一个自发的过程，而只能是一个自觉的社会主义精神文明、社会主义政治文明的建设过程，是一个增强党的先进性的过程。

在上述大背景下来看待重庆市近年来发展社会主义市场经济的全方位实践，来看待"唱读讲传"，的确发人深省。

二、"唱读讲传"是精神文明领域中的"一整套建设方针"

2010 年全国"两会"期间，薄熙来向记者们对"唱读讲传"作了"正式"的宣传：

关于"唱读讲传",跟大家说明一下,"唱"就是唱红歌,"读"就是读经典,"讲"就是讲故事,"传"就是传箴言,"唱读讲传"是精神文明领域中的一整套建设方针,很有必要。

薄熙来强调,"唱读讲传"是精神文明领域中的"一整套建设方针"。这就是说,推出"唱读讲传",并不是心血来潮,而是对社会主义精神文明即社会主义文化建设方略深思熟虑的结果,是一个大手笔。

(一)文化关系到发展模式——"唱读讲传"的宗旨和目的

2009 年 6 月,重庆市委三届五次全会专题研究文化建设问题,制定了《中共重庆市委关于推动文化大发展大繁荣的决定》,吹响了"唱读讲传"、兴起文化建设新高潮的战斗号角,得到了全市人民的热烈响应,也引起了全国的关注。因为,这是党的十七大作出"兴起文化建设新高潮"的战略部署以来,全国首个省级党委在全委会上以实际行动作出的回应。薄熙来在这次全委会上的精彩讲话,实际上讲清楚了"唱读讲传"的宗旨和目的,兹摘录及短评如下[①]:(标题为作者所加)

——"唱读讲传"是为了强化社会前进的主心骨、精气神、发动机

一部中华民族发展史都在说明,先进文化是社会进步的主心骨、精气神、发动机。有先进的思想文化,才有社会的大变革、大发展。

中国共产党成立之初,全国只有 53 名党员,讲"财力",没有任何资本可言,更没有钱去"发奖金"。但党的"一大"13 位

---

① 本目引文均见《唱响主旋律,凝聚精气神——薄熙来书记在市委三届五次全会上的报告(节选)》,2009 年 6 月 23 日《重庆日报》。

代表,个个都是理论家、宣传家,他们掌握真理而且善于宣传真理,使马克思主义在中国广泛传播,将越来越多的先进分子汇集在党的旗帜下,终于"唤起工农千百万",这就是思想文化的力量。

回顾党波澜壮阔的革命史,从无到有、由弱到强,能够最终以"小米加步枪"打败国民党的"飞机加大炮",创建了新中国,靠的就是先进的思想文化,靠的就是中国化的马克思主义——毛泽东思想——这个主心骨。

新中国能在"一穷二白"的基础上战胜困难,恢复经济,不断发展壮大,就是靠万众一心的革命理想,靠愚公移山的精气神。30年前的真理标准大讨论,也为改革开放奠定了思想基础。党中央坚持"四项基本原则"和改革开放不动摇、"两个文明一起抓"的战略决策,是推动中国走向强大的发动机。

这就是说,重庆的"唱读讲传"是对我们党80多年来一以贯之地坚持真理、弘扬先进文化的优良传统的一脉相承和发扬光大。

——"唱读讲传"是为了增强文化"软实力"这个发展的"硬功夫"

在世界的竞争中,思想文化优势是更内在、更持久,也更难替代和模仿的竞争优势。没有正确的思想、先进的文化,社会就会失掉主心骨,就会"丧魂落魄",国家和民族就会失去未来。人们习惯称文化为"软实力",其实,文化的"软实力"是发展的"硬功夫","软实力"硬起来,中国的发展环境就会更好,发展就会更健康、更有后劲,也更可持续。

文化也是城市的"根与魂",是城市发展的"内动力"。"灿烂的思想文化之花,必将结出丰硕的发展之果"……重庆要大发展,既要外练"筋骨皮",也要内练"精气神"。重庆要后来居上,成为长江上游的经济中心和西部的"重要增长极",必须通过先进思想和文化的力量,在全社会激荡起不甘落后的志气、奋起直追的勇气、后来居上的豪气,把全市上下的干劲调动起来,智慧凝聚起来,才可能超越自我、提速发展,完成中央赋予的重任。

这就是说,"唱读讲传"是在增强发展的内在动力和竞争优势。

——"唱读讲传"是为了增强发展的根本动力,端正发展的目的和方向

科学发展观的核心是"以人为本",就是说,发展一定要依靠人、改善人,把人作为一切发展的根本动力和目的。

任何一个地方的发展关键都在人,在于人的文化水准、思想方法和思想境界。思想文化的进步、人的素质的提升,将成为经济领域和其他领域进步的强大动力。要在发展的过程中提高人的素质,就要在精神文化方面下功夫,主动去引导人,提高人。文化关系到发展模式,关系到如何贯彻落实科学发展观。

精神文化生活还关系到发展方向和发展目的。文化对社会的推动和导向,在于它核心的内涵是一种价值观念,是理想、信念和信仰。我们抓文化就是抓方向。

一个国家要大发展,必须有共同的思想基础,如果各干各、各想各,社会就是一盘散沙,前进既没有方向,也会因缺乏合力而减少动力。中国特色社会主义适用于中国,且优于其他国家的其他"主义",其合理性和优越性毋庸置疑。

这就是说,"唱读讲传"是在保证"为了人"这个发展的目的,是在端正中国特色社会主义这个发展的方向。

——"唱读讲传"是为了满足人民群众的文化需求,提高生命的质量

　　要繁荣社会主义文化艺术。一个人如果只干活、作买卖,精神需求得不到满足,迟早要出毛病。一个城市只有少数人享受文化生活也不行,广大市民在心理上将失去平衡。好的文艺作品,不仅能满足百姓的文化需求,也能陶冶情操、催人奋进……要大力繁荣文艺创作,努力育人才、出力作……要搞好社区文化、乡村文化、校园文化、企业文化、机关文化和广场文化,为群众提供丰富、健康的文艺产品,为百姓文化活动提供必要的场地和服务。

　　每一支红歌背后,都有一段厚重的革命史实,其久唱不衰,就因其思想的光辉和艺术的成熟;读经典,可以在有限的时间内,更多地吸收人类文化的精华,提高生命质量,提高读书效果,更有效地滋养生命,有如服用多种维生素,每日一粒亦可养身;故事教化功能强,很多人生的道理往往体现在通俗易懂的情节里;格言、警句往往影响人的一生,一个人的头脑里需要有几十句箴言常常来鞭策自己、规范自己,这也关系到下一代的精神走向。

这就是说,"唱读讲传"是在真实地实现和提升"人的价值"。

——"唱读讲传"是为了改变呆板、教条和枯燥乏味的宣传方式

　　要提高舆论引导能力。现代舆论传播经历了报刊、广播、电视、互联网和手机等几个阶段,每一次升级都对社会带来革命性影响。蒸汽机发明前，马跑多快，新闻有多快；后来火车跑多快，新闻有多快；现在是电波、光波有多快，新闻就有多快。过去是单向传播，现在是双向互动、多方互动，受众也是传播者。从文字，到图文并茂，再到现在的图、文、声、像多维立体传播，新闻舆论已渗透到社会各个角落，对社会稳定和发展、人心向背都起着重要作用。新闻舆论一旦掌握群众，就会形成强大的物质力量。

有人把新闻宣传比作做菜，材料再好、佐料再全，厨艺不好，做出来的东西大家还是不愿吃。勉强吃下去，也会倒胃口，难以消化。主旋律、主流文化决不等于呆板、教条和枯燥乏味，它恰恰要更鲜活、更实在，也更有吸引力。无论是报纸、期刊、广播电视，还是网络，都不要板着面孔、打官腔、说套话。前人曾用泥菩萨来给官僚主义者画像，十分传神：泥菩萨坐在庙里，"一声不响，二目无光，三餐不食，四肢无力，五官不正，六亲不认，七窍不通，八面威风，久坐不动，十分无用"。我们党的干部也可以此为镜，照照自己有没有类似的官僚气。我们的宣传工作者，一定要深入下去，了解大众的需要，针对不同的群体，研究设计生动的传播方式，学会运用百姓喜闻乐见的语言，提高传播艺术。

这就是说，"唱读讲传"是在与时俱进，是在新的形势下继续"反对党八股"。

——"唱读讲传"是为了带动重庆文化建设的系统工程

文化建设要取得实效，领导必须到位。领导干部要树立抓文化就是塑造人、就是抓发展、就是抓未来的理念，将文化建设纳入本地区总体发展规划，统筹考虑，协调推进。

当前要办好九件实事：一是唱红歌、读经典、讲故事、传箴言。使其成为全体市民的文化风尚。二是电影、图书、故事、戏剧、展览"五下乡"。让先进的文化占领农村，走村入户、常年下乡，使百姓舒心满意。三是打造"红岩联线"品牌。整合好红岩文化、抗战文化和南方局等全国独特的历史文化资源，打造有影响的革命传统教育基地。四是建设丰富、健康的网络。五是先进文化进校园。让社会主义核心价值观进教材、进课堂，入脑入心。通过美育培育学生的健康情感，中小学要每月增加1~2节音乐、美术课，让每个学生掌握一项可伴其终生的文艺特长。六是昂起重庆日报、重庆卫视两个新闻"龙头"。七是培育文艺人才和领军人物。文艺工作者要沉下去，努力创作一批"立得住、叫得响、留得下"的文艺精品。要形成一批全国一流的文艺团体。八是发挥哲学社会科学的作用，使哲学社会科学更好地承担为重庆改革发展"探路"的使命。九是建设重大文化建筑和基层公共文化设施。实现乡镇综合文化站、村文化室、自然村广播电视全覆盖。城市街道要有一个文化艺术中心、一个图书馆、一个文化广场和一个标准影剧院。

这就是说，"唱读讲传"是社会主义精神文明建设整体战役的一个突破口，是社会主义先进文化建设系统工程的一个关键点。

(二)唱红歌、读经典、讲故事、传箴言

对"唱读讲传"，薄熙来还有一个概括性的说明：

"唱读讲传"是思想教育的好形式，入脑入心，很有效果。为什么要"唱红歌"？那都是几十年革命斗争千锤百炼留下来的，曾经鼓舞了多少人去冲锋陷阵；为什么要"读经典"？那是

古今中外几百、几千年大浪淘沙留下的精华;我们要"讲故事",就是要讲那些能打动人心、让人有所感悟的事情;"传箴言",也就是传播人类思想的精华。

唱红歌——唱这些红歌,我们理直气壮!

其实"唱红"的真正发源地是江西。2008年北京奥运会前后,江西电视台组织了"红歌大赛"。出乎很多人的意料,这个"红歌大赛"得到了全国上下、社会各界的热捧。一时间江西电视台成为全国的新秀,人气甚至盖过了湖南电视台。薄熙来向重庆人民推荐了27首红色歌曲①,并满怀深情地讲:

> 这些经典歌曲,真实、生动、感人地反映了中国共产党成立80多年来波澜壮阔的革命历程。这些歌曲铿锵有力,在战争年代,犹如铜墙铁壁;在和平时期,势如移山填海;而在任何时候,都体现着中华民族复兴的渴望和万众一心的正义追求。重庆要实现又好又快的发展,不能没有精气神,而这些大浪淘沙后几十年传唱不衰的经典歌曲,就可以为我们英雄的山城提气提神。②

从此,唱红歌在重庆兴盛起来,其影响很快超过了江西。现在,重庆的机关、学校、企业、农村、社区、工地,乃至大街小巷和田间地头,不但大会小会之前大家要唱唱红歌,而且各种各样的红歌队伍如雨后春笋般涌出,各种各样的红歌活动如春潮般此起彼伏。重庆的党政干部也成为红

---

① 目录为:1. 八月桂花遍地开 2. 红星歌 3. 盼红军 4. 共产儿童团歌 5. 五月的鲜花 6. 抗日军政大学校歌 7. 在太行山上 8. 游击队歌 9. 歌唱二小放牛郎 10. 弹起我心爱的土琵琶 11. 保卫黄河 12. 中国人民解放军军歌 13. 歌唱祖国 14. 让我们荡起双桨 15. 我的祖国 16. 打靶归来 17. 我是一个兵 18. 英雄赞歌 19. 绣红旗 20. 我和我的祖国 21. 祖国,慈祥的母亲 22. 妈妈教我一支歌 23. 长江之歌 24. 中国,中国,鲜红的太阳永不落 25. 歌声与微笑 26. 我们是共产主义接班人 27. 同一首歌

② 《薄熙来:唱响经典红色歌曲 激发改革发展豪情》,2008年7月1日《重庆日报》。

歌高手。2009 年国庆长假的最后一天,重庆市领导班子主要成员与 40 个区县的党政一把手开展红歌联欢会,齐刷刷上台,一首又一首地唱起了红歌,一边唱一边有力地挥动着拳头。"同志们唱得很带劲儿,干事创业就要有这个精神头儿!"薄熙来意犹未尽,又开始点将:"55 岁以上的同志,和我一起上台唱一个!"又一阵激昂的歌声,获得阵阵掌声。

除了领导带头、发动群众外,重庆"唱红"的另一个经验,是加强红歌辅导员集中培训,把"唱红"活动作为群众文化工作的重要抓手。市文广局组织专业群众艺术工作者进行授课,帮助全市各社区、区县(自治县)的文艺骨干提高红歌演唱水平,继而辅导基层群众更好地开展红歌传唱活动。重庆有多支机关企事业单位、社区、区县(自治县)的红歌团(队),参加了国际国内演出,扩大了重庆红歌传唱在全国的影响。

2010 年,重庆成功申办"中国红歌会"。文化部正式同意与重庆市政府联合举办"中国红歌会",每两年一届,并永久落户重庆。重庆市文广局正在抓紧相关工作,努力将其打造成在全国具有示范性、带动性、导向性、可持续性的品牌活动,提高"唱红歌"在全国传唱的影响力,为重庆这座"英雄歌城"再添光彩。

唱红歌,其实并不是许多人认为的只唱革命歌曲,而是包括提振人的精气神的所有的"红色"歌曲,例如饱含爱国主义情感的歌曲《我的祖国》,饱含真挚友爱情感的歌曲《歌声与微笑》,等等。还有人认为唱红歌是只唱毛主席时代的歌,那更是一种误解,红歌里面还有 2008 年创作的歌曲,有很多改革开放以来的好歌。健康的歌曲,都叫红歌。薄熙来说:

> 有的人一听"唱红",就觉得"左",就想起了"文革",这种理解事物的方式本身就很形而上学,非常简单化、公式化。重庆所选的首首红歌,都是中华民族公认的好歌曲。既有中国共产党领导中国人民推翻三座大山的压迫、建立新中国的故事,亦有改革开放进程中的新歌曲,中国走向富强的历史是光荣的,唱这

些歌,我们理直气壮!如《我们在太行山上》,歌唱抗日你能反对吗?又如《让我们荡起双桨》,多甜美、纯情的歌曲,谁不爱唱?

读经典——"对知识结构来一个革命性的改造"

薄熙来到重庆后,曾进行了多次调研,"发现干部的素质参差不齐,在思想文化、知识积累等方面都需要提升"。因此,他倡导干部要加强学习,"对知识结构来一个革命性的改造",并且指出,重要途径就是读点经典。由干部而及群众,薄熙来要求所有的重庆人,都要读点经典。

因此,薄熙来亲自策划了"读点经典丛书"编辑出版。按照薄熙来最初的设想,《读点经典》是面向厅级以上党政干部的。每月一期,装在口袋里,随时可翻,旨在"鼓劲提神"。薄熙来指定重庆市委宣传部来抓这个事。作为中国古代文学的专家,西南大学文学院院长刘明华顺理成章成为丛书的主编。但薄熙来对《读点经典》的指导"罕见的细致"。第一册书出版,编委会足足筹备了三个月。从书名、版式到版块调整、文章篇目,甚至字号都是薄熙来亲自定下的。薄熙来还亲自为"读点经典丛书"撰写了相当经典的序言,兹摘录两段:

> 经典,应是古今中外的文化精华、传世之作,而引领中国走向独立、富强的共产党人,也在他们书写英雄史诗之时,留下了许多催人奋进、感人至深的文化经典。
>
> 生命有限,知识无限……为提高生命的知识含量和学习效率,就一定要读经典、看精品,以便在有限的时间里获取更有价值的知识。

薄熙来还巧妙地把《读点经典》比作"维生素片",称"虽每日一粒,亦可养身"。

《读点经典》的小册子,包含古今的经典语录、诗词佳作和散文精粹。由于内容经典,且开本小巧,方便携带,价格便宜(每本 6 元),这本起初专为党员干部设计的读物,现在不光党员干部在读,普通老百姓也在读,不光重庆人在读,越来越多的外地人也在读。自 2008 年年底第 1 辑出版至今,《读点经典》已出版了 21 辑,发行量近千万册。重庆市外的销量,也正与日俱增。

有北京读者撰文称:"《读点经典》收录的内容可谓囊集了中华文化五千年来的著作精华,对于无力从浩浩书海中撷取核心内容的读者来说,这种微阅读形式走的是捷径……在图书产品越做越厚、越做越豪华的时候,《读点经典》是反其道而行的。朴素的装帧、厚实的内容、便利的携带,使得阅读变成一种随身行为,翻书和看手机短信一样容易。这就是微阅读的魅力所在……当人们的阅读观念发生颠覆性变化的时候,经典名著也会发生相应变化以适应读者。"①

讲故事——小故事蕴涵大智慧

重庆是一个有着丰富故事资源的地方,远古的巴人故事、三国的托孤故事、宋朝的"重庆"故事、晚清近代的袍哥故事、革命的红岩故事、抗战的"陪都"故事,等等,源远流长。重庆人有讲故事和听故事的传统。"说书"这个职业曾经在全国都很流行,但现代媒体和娱乐的发展,使得这个行当风光不再。然而在重庆,茶楼说书和"坝坝故事会"一直顽强地存在着。薄熙来到重庆后,发现重庆人喜欢讲故事,也喜欢听故事,遂在重庆大力推广新型的讲故事活动。

2009 年 3 月 31 日,重庆讲故事活动首场故事会在人民大礼堂隆重举行。王刚、姜昆等一大批艺术家来到山城重庆为首场故事会助阵,并上台开讲红色故事。故事会在著名表演艺术家王刚的《夜幕下的哈尔滨》中

---

① 韩浩月:《经典阅读也要步入微时代?》2010 年 6 月 17 日《北京日报》。

拉开序幕。重庆还邀请刘兰芳、田连元、牛群、鞠萍、董浩等全国曲艺界明星"大腕"组成的讲故事队来重庆市巡讲。2009年4月14日至16日,重庆市首届故事员培训班在重庆航天职大举办。上海著名的《故事会》总编辑何承伟和重庆市厉华、徐勍、肖化等故事名家走上讲坛,为100多名学员讲授有关故事创作、讲述的知识和技巧。

2009年4月1日晚,江北区"古树屏风,故事江北"广场故事会在观音桥步行街率先启动,拉开了区县首场故事会的帷幕,"讲故事"活动在全市各区县铺展开来。从此红色故事讲遍山城。小故事蕴涵大智慧,古今中外的故事浓缩了千百年来人类改造主观世界和客观世界的知识成果。一个个催人向上的故事在全市开讲,不但丰富了市民的精神文化生活,也成了重庆新的城市文化名片。

重庆的讲故事活动所讲的当然是红色故事,但并不局限于革命故事,而是古今中外,上下五千年,只要是积极向上的故事,就会被积极传讲。例如,重庆组织"恒丰银行杯·聆听重庆——'五个重庆'建设者风采"讲故事活动,宣讲的就是人们眼前发生的故事。

传箴言——用现代手段传播经典格言

重庆人很幽默,喜欢说、喜欢听有弦外之音的"言子",即"段子"。但和全国一样,一度"黄段子"流行,被称为"库区(谐音)文学"。薄熙来反其道而行之,创造了"传箴言"——用现代传播手段传播经典格言——这种精神文明建设的好形式。在"传箴言"活动的启动仪式上,薄熙来亲自发送了第一条箴言:

> 我很喜欢毛主席的几句话,"世界是我们的,做事要大家来"、"世界上怕就怕认真二字,共产党就最讲认真"、"人是要有精神的!"这些话很精干,很实在,也很提气。

短短半月时间,薄熙来的红"言"短信转发量达 1600 万次。

传箴言最开始只是利用手机短信。2009 年 4 月 28 日,重庆"全市健康有益的手机短信创作传播活动"正式启动。手机自从问世以来,一直是现代人手中须臾不可离开的至宝,它为信息沟通传播、促进人们生活质量的改善提供了很大的方便,但也正是由于其信息传播的方便性、快捷性和隐蔽性,使得手机这个平台空间上侵入了"黄、灰、黑"的阴霾。如何用先进文化占领手机短信阵地成为一项紧迫任务。重庆开展"传箴言"活动,目的是利用手机短信传播社会主义核心价值体系,创新宣传思想工作的方式手段。

群众性的"传箴言",既活跃、充实了广大干部群众的业余文化生活,又升华了他们的思想情操,而且还会使他们的背景阅读范围更大、层次更高,真可谓一举多得。当今宣传思想工作的一个重要任务,就是要采取多种方式,利用好飞速发展的信息技术,讲究宣传艺术,改进和完善宣传思想工作,而利用手机编写和传送短信,显然是一种生动活泼的、颇具现代气息的传输方式,比起那种正襟危坐、干瘪说教的方式,吸引力、向心力自然不可同日而语,肯定会取得事半功倍的作用。因此,这是党的宣传思想工作的创新,也是群众自我教育的一种新方式。

重庆传箴言活动自开展以来,不断探索,积极创新。目前已实现了从单一的手机到互联网、文化墙、板报、对联等"多媒介"的延伸;实现了从"数量多"到"质量高"的转变;实现了从"纯短信"到"短信彩信彩铃并重"的突破。重庆大渝网开展了"QQ 天天传箴言"活动,华龙网在每日手机报加入箴言广泛传播的基础上,开通"红色微博",涪陵区建起了全长2.5 公里的"红色箴言一条街"。

重庆在传箴言活动中不仅传发了大量已有经典格言,也原创出不少新"箴言",如以下四例:

● 人,要以自爱之心珍惜自己的生命,善待一切,奉献社会;以谦虚的自省之心承认自己的缺点和不足,发挥优势,走向完善;树立自强之心,以战胜自己的勇气、必胜的信念,不断超越自我,把握未来的命运。

● 人生有远见,有追求;谋事有智慧,有方法。工作有激情,有耐力;执法有章法,有尺度。讲话有依据,有分寸;为人有真诚,有气度。

● 山以青为贵,水以秀为贵,树以绿为贵,花以洁为贵,穷以志为贵,富以劳为贵,政以民为贵,官以廉为贵。

● 善良可以化解人世间喧嚣不止的纷争,它是一味良药,可以为灵魂止痛;它是一支画笔,可以泼墨挥毫,勾描世界的和谐之美。

尽管开展还不久,但"唱读讲传"已使重庆人民形成积极、健康、向上的精神风貌,使整个山城充满活力。重庆一项调查显示,83.3%的被调查者认为"唱读讲传"提振了重庆人的"精气神",86.46%的人认为唱红歌能给人以精神力量,86.36%的认为读经典能给人以思想力量,84.99%的认为讲故事能给人以榜样力量,81.22%的认为传箴言能给人以思想启迪。重庆群众也用"重庆言子"对"唱读讲传"的效果作了高度概括的总结:

红歌一唱,神采飞扬;经典一读,智慧十足;故事一听,明理舒心;箴言一传,百读不厌。

中共重庆市委常委、宣传部长何事忠曾在《人民日报》撰文《唱读讲传的启示》,系统总结了重庆"唱读讲传"的六条启示:

启示之一:我们的根本任务是让人振作起来

启示之二：关键在于尊重人民主体地位

启示之三：创新方法手段要向厨师学习

启示之四：整合宣传文化资源大有可为

启示之五：教育者必先受教育

启示之六：领导既动嘴又动手是最大的推动力①

这六条，可是这位重庆"唱读讲传"活动"前敌总指挥"的经验之谈！六条经验中，最后一条最重要。何事忠介绍道："中央政治局委员、重庆市委书记薄熙来同志大力倡导并担当总策划、总导演，不但出主意、出思路、交任务，还亲自审改每次大型主题活动的方案、节目构成，更重要的是带领所有市级领导参加到活动之中，很多时候还在活动结束时发表即席讲话，使全市人民深受鼓舞。市委三届五次全会专题研究文化建设，把开展'唱读讲传'活动列为宣传思想文化工作要办好的九件实事之首。可以说，推进'唱读讲传'活动，真正形成了'党委统一领导、宣传文化部门高度负责、党政各部门同心协力、社会各方面共同参与'的大宣传格局。"

三、"唱读讲传"的重大意义

前面所列重庆"唱读讲传"的六条宗旨和目的，其实也就是它们的六大意义。除此之外，"唱读讲传"还有三条特殊意义。

（一）"唱读讲传"可能是从根本上解决"一手硬，一手软"问题的破题之举

重庆把"打黑"与"唱红"合称"唱红打黑"。"唱红"的轰动效应不如

---

① 何事忠：《"唱读讲传"的启示》，2009年9月25日《人民日报》。

"打黑",但我们认为它的意义要比"打黑"大很多。为什么呢? 邓小平讲"两手抓,两手都要硬",这个思想非常伟大,但实践中要做到又最难。邓小平1989年讲"十年最大教训是'一手硬,一手软'",其实,30年最大的教训又何尝不是它呢! 更严重的是,后20年来我们不是不重视精神文明建设,而是这样抓那样抓,出了无数招数,但效果都不尽如人意。这历史背景,就是前面讲的,搞了社会主义市场经济后,遇到了新矛盾。市场经济应该坚持搞,但古今中外,搞市场经济初期,都是经济上坡,道德滑坡。中国共产党人能不能解决这个问题? 搞了市场经济后,人性自私,又要把它控制在一定范围内,这个矛盾怎么解决呢。西方人有宗教,最终在上帝那个"终极价值"面前解决。而我们中国怎么办呢? 我们的基本价值观在哪里呢? 新中国成立后,我们讲的是毛泽东思想、社会主义、集体主义,它们本来是真理,但后来我们脱离实际,既把真理讲偏了,又在实践中走了弯路,于是出现信仰危机,大家不怎么信社会主义、集体主义了。改革开放后,我们讲的是中国特色社会主义,它们本来也是真理,我们靠它们指导获得经济大发展,但在一些方面没有照这个理论去做,或者是没有找到有效途径去实现这些理论,于是出现严重的两极分化、道德滑坡、贪污腐败等现象,于是信仰危机继续发展。

值得重视的是,建党近90年来,党的指导思想形成了毛泽东思想和中国特色社会主义理论体系这两大理论成果,但是,这两大成果并未被很好地统一起来,整合成我们党、我们中国人统一、完整的基本价值观。一些年来,一些人还有意地无意在割裂、在分立这两大理论,阻挠我们党、我们国家统一、完整的基本价值观的形成。这也是中国人的基本价值观出现真空的一个原因。

怎样把毛泽东思想的强项——道德和政治感召力及其"价值理性",与中国特色社会主义理论的强项——建设方式及其"工具理性",统一起来,形成我们党和国家统一的基本价值观,使我们党既能发展市场经济,又能驾驭市场经济呢? 这是我们党和国家面临的一个历史性课题。而重庆的"唱读讲传",可能就是破解这一历史性课题、将毛泽东思想和中国特色社会主义理论体系"强强联合"、形成中国共产党人和中国人统一的基本价值观的有效方式、有效途径。

思想道德建设这一"手"怎么"硬"起来,这个30年的难题,从根本上讲,有待中国共产党人和中国人统一的基本价值观的形成,并被广大党员、群众自觉接受。只有这样,才能使广大群众在市场经济环境中自发形成的价值观不被引导到拜金主义的邪路,而是被升华到集体主义的层次。只有这样,思想道德建设这一"手"才能"硬"起来。重庆的"唱读讲传"活动,可能是使思想道德建设"这一手"硬起来,从而从根本上解决"一手硬,一手软"问题的破题之举。因此,"唱读讲传",也就成为增强中国共产党人驾驭社会主义市场经济能力和建设社会主义先进文化能力的重要途径。

(二)"唱传讲读"是行之有效的、人民群众喜闻乐见的社会主义精神文明建设方式

社会主义精神文明建设,无论是推进马克思主义大众化,还是构建社会主义核心价值体系,都是须举全党和全国人民之力对社会价值观念进行引导与整合的系统工程。要实现之,就要找到切实可行的途径和方式。马克思主义不是书斋里的思辨之学,而是面向生活、面向大众的真理。马克思主义要在群众中广泛传播和普及,就要融入群众,采用通俗易懂的语言与喜闻乐见的表达形式。毛主席说:"任何思想,如果不和客观的实际的事物相联系,如果没有客观存在的需要,如果不为人民群众所掌握,即使是最好的东西,即使是马克思列宁主义,也是不起作用的。"[①]评价宣传文化活动的诸多指标体系中,最重要的、最根本的应该是人民群众是否关

---

① 《毛泽东选集》第4卷,人民出版社1991年版第1515页。

注、是否欢迎、是否热情参与。社会主义精神文明建设只有贴近人民大众的兴趣所在、情感所需、利益所求,才能深入人心、获得认同、形成共鸣。

"唱读讲传"活动寓教于乐,寓理于情,老少皆宜,雅俗共赏,普及程度高。人民群众唱、读、讲、传,便于参与,乐于参与,由观众变为演员,由被动接受变为主动上阵。无论是在校学生还是普通市民,无论是机关干部还是军营官兵,无论是农民还是工人,对"唱读讲传"都喜闻乐见,认为这是一项有益身心的文化活动。

"唱读讲传"尊重了人民主体地位,由人民群众自己来展开,始终坚持贴近实际、贴近生活、贴近群众,使人民群众真正成为活动参与的主体,这样就赢得了群众,能达到宣传群众、动员群众、教育群众、引导群众的目的。

"唱读讲传"使单向灌输转化成为双向互动,把停留在文件、报告与经典中的马克思主义,转化为易被人们理解和接受的、生动活泼的当代中国马克思主义,避免了生硬呆板和居高临下的说教口吻,避免了口号化与命令式的弊病,贴近了生活,使群众发自内心地接受马克思主义。"唱读讲传"活动找到了社会主义核心价值体系建设的关键所在,找到了人民群众的共鸣点。

"唱读讲传"的过程,就是理论武装群众、掌握群众,为群众所接受并转化为巨大物质力量的过程。马克思主义要掌握群众,为群众所接受,就必须大众化,使群众看得懂、用得上。"唱读讲传"以马克思主义大众化为根本,以建设社会主义核心价值体系为重点,自觉把中国化的马克思主义与社会主义核心价值体系融入其中,为马克思主义大众化与社会主义核心价值体系走向群众、走向生活、走向实践提供了一个十分有效的路径选择。"唱读讲传"为全国推进马克思主义大众化、构建社会主义核心价值体系提供了很好的示范作用,开创了马克思主义大众化的长效机制,探索出马克思主义大众化的有效途径。

2010 年 8 月 26 日至 29 日,中共中央政治局常委李长春来到重庆考察调研。李长春说，重庆市委、市政府推出的"唱读讲传"活动，找到了一个实现群众自我教育的好方式，也是推动社会主义精神文明建设、构建社会主义核心价值体系的好载体。李长春还给重庆交了一个课题，要进一步深入开展"唱读讲传"活动，把它引向深入，建立长效机制。

(三)"唱传讲读"是党的意识形态工作的重大创新

"唱读讲传"是我们党占领意识形态领域主阵地的迫切需要，是同落后、低俗文化的一场旷日持久的博弈。"唱读讲传"是党加强宣传文化工作领导的具体实践，是宣传文化领域不断改进思想政治工作、不断提高驾驭意识形态大局本领和能力的一次创举。"唱读讲传"活动有效实现了由说教到渗透、由封闭到开放、由单向到互动的可喜创新，弘扬主旋律与提倡多样性都得到了充分体现。根据时代的变化和人民群众的欣赏特点，重庆积极探索宣传文化活动形式创新，提高传播艺术，善于运用先进技术手段和现代传播技巧，特别是互联网和多媒体新技术，改造传统文化生产经营传播模式，实现题材体裁、风格流派和表现手法的多样化，使宣传思想文化工作更具表现力、吸引力和感染力，让人民群众在参与活动中受到熏陶、启迪人生、陶冶情操、塑造品德、净化心灵。其创新价值主要体现在三点：

一是以通俗化构建思想共识。社会主义核心价值体系的建立，除了政府的大力倡导，还必须实现广大群众的认同和接受。而凡是能够走向大众化的，一定是易学、易懂、易记、易传的。因此，推动社会主义核心价值体系大众化首先要做到通俗化。但是，很多宣传干部是科班出身，是阳春白雪，与作为下里巴人的群众格格不入，难于要把理论成果转化为广大人民群众喜闻乐见的生动形式，难于用通俗易懂的语言进行阐释，无法通过寻求社会思想共识来凝聚社会发展的合力。在开展"唱读讲传"四项活动的过程中，注重各类作品的通俗性,如通过编写群众喜爱的快板、顺口溜、押韵句等方式传诵箴言,收集身边人物事迹创作故事等方式,在挑选传唱的经典篇目、红色歌曲方面均注重通俗易记、易于流传,使上至耄耋老人,下至稚子学童,都能朗朗上口,在不知不觉中深受感染,树立起正确的思想观念。

二是用渗透法实现大众认同。社会主义核心价值体系的全面建立,需要改变传统灌输方式,增强艺术性,淡化说教痕迹,用群众喜闻乐见的形式润物无声地开展宣传教育。例如,网络和手机成了现代人的必备生活工具之一,实现了由被动的"说教"变为自主的学习领会,内容也由传统的单一枯燥的文件变为图文并茂、声影兼备的材料,对人们思想、行为影响极大,需要及时占领新兴媒体,为人民群众解心结、调心态、增心智。通过网络和手机传箴言,广泛传播古今中外的名人名言,切实达到抵制"歪、荤、邪、低"不良短信、增长知识、启迪智慧、陶冶情操的功效。又如,通过唱红歌、读经典、听红色故事,群众在耳濡目染中得到熏陶,主流价值观得到群众认同。

三是传播手段的创新。"唱读讲传"活动的实践启示我们,创新传播手段、发展新兴媒体,才能更好地传播党的纲领路线、方针政策,才能更好地体现党的宗旨、宣传党的思想,使党的纲领路线、方针政策、工作任务和工作方法"最迅速""最广泛"地同群众见面,在这方面,新的传播手段已走在传统媒体的前面。要广泛利用各种传播手段和新兴媒体,凝聚力量,鼓舞斗志,引领风尚,更好地推进社会主义文化大发展大繁荣,巩固全党全国各族人民团结奋斗的共同思想基础。

网络、手机短信等新兴媒体开放性、广泛性、互动性强,使得人们可以自由发表意见和评论,聚合某种愿望或诉求,因而更容易影响受众,抢占舆论先机,形成舆论强势,并在内容传播上形成优势。但新兴媒体上的很多观点泥沙俱下,良莠不齐,对社会舆论带来重大影响。如何加强新兴媒体上的社会主义核心价值体系建设,增强社会主义意识形态的吸引力、凝聚力和影响力,这看似有关传播手段的技术问题,其实却是重大的政治课题。重庆经验说明,用群众的方式占领群众常去的新媒体思想文化阵地,可以取得良好效果。

中共中央政治局常委、中央书记处书记、国家副主席习近平来到重庆调研时,参观了"唱读讲传"活动成果展,他语气坚定地说:

> "唱读讲传"活动,是对广大党员干部进行理想信念教育的良好载体,也是生动的群众工作。这项活动使群众自我教育,在潜移默化中传承了党的光荣传统和中华民族的优秀文化。我们要在全社会树立高尚的理想信念,树立社会主义核心价值观,就必须旗帜鲜明地加强教育引导,形成风清气正的社会氛围。这个阵地,先进的思想文化不去占领,缺乏主旋律、正气的声音,落后、腐朽的思想,黄、赌、毒的东西就会乘虚而入。重庆"唱读讲传"深入人心,值得称赞。今后要进一步挖掘中华民族优秀的文化内涵,丰富活动内容,创新活动形式,增强活动的吸引力和感染力。

第四章

"三大洋战略"

—— 以建设内陆大开放战略高地为最大动力

重庆是西部内陆山区城市，没有大海相邻，也无边线相依，缺少开放的天然条件。其地形重峦叠嶂，谷溪间错，修路架桥代价高昂，所以交通一直不发达。这样的地理条件，宜成为陪都，成为三线建设基地，但难于在现代开放经济时代获得良好发展。

曾任商务部长的薄熙来主政重庆后，就提出要把重庆这个内陆城市、这个不具备沿海沿边开放条件且交通不便的山城，建设成内陆大开放战略高地。这是一项创举，打破了内陆地区开放难题，为中国和世界其他内陆地区提供了开放创新的榜样。

一、不开放是最大问题，扩大开放是最大动力——内陆大开放的指导思想

邓小平在党的十一届三中全会之前就强调："关起门来，故步自封、夜郎自大，是发达不起来的。"之后，他不断强调开放问题，并指出："经验

教训告诉我们,关起门来搞建设是不行的,发展不起来。关起门有两种,一种是对国外,还有一种是对国内,就是一个地区对另外一个地区,一个部门对另外一个部门。两种关门都不行。"中国改革开放30年,促进社会主义现代化建设取得辉煌成绩。从某种意义上说,改革就是开放,开放就是改革——邓小平同志曾指出:"我们的经济改革,概括一点说,就是对内搞活,对外开放。对内搞活,也是对内开放,通过开放调动全国人民的积极性。"①党的十七大强调:"改革开放是建设中国特色社会主义的强大动力。"

(一)确立大开放战略思想

2008年3月26日,在重庆市管领导干部现代经济知识培训班上,薄熙来作了题为《解放思想、扩大开放,把"314"总体部署落到实处》的专题报告。报告指出,重庆要取得更大发展,关键在解放思想,核心是扩大开放。薄熙来说,中央几代领导人都旗帜鲜明地推动对外开放,认为改革开放是强国之路,是国家发展进步的活力源泉。这说明,开放不仅是工作的方向,而且是经济发展的动力,真正搞好开放,动力就来了,这个地区就可以加快发展。回顾中国改革开放30年的发展历程,这已成为不争的事实。重庆要实现跨越式发展,核心就在扩大开放,这是实现重庆振兴的必由之路,这有三方面的原因:

一是在开放的情况下,才能有效汇聚全国乃至全世界的资金、技术、人才、市场等种种经济要素,为我所用;才能实现各种经济要素的最佳组合,实现"1+1>2"的效应。不搞对外开放,各种要素和资源进不来,产品出不去,经济就肯定发展不起来。在经济全球化和中国市场日益成熟的大背景下,任何一个地区孤立地发展,闭门造车,都不会有大出息。重

---

① 《邓小平文选》第3卷,北京:人民出版社,1993年版,第105页。

庆要发展,必须走大开放之路。

二是只有在开放的格局中,我们才能在更高的平台上参与竞争,才能结识高手、良师,激活创造的渴望和发展创新的智慧,才能在迎击挑战中进步,在世界上取得一席之地。这就好比打乒乓球,如果只在家里和老婆、孩子打,也会赢得挺开心,但难有长进。敢于和强手交锋,就是输了,也会进步。

三是中国的机会很多,世界的机会更多,只有开放才能分享。机会就像黄金,到处都有,但没有开放的环境,就无缘获得。

薄熙来指出,需要正视的是,重庆地处内陆,目前在对外开放方面还存在不少问题,利用外资的总量和质量还不够高,对外开放的意识还不够强,亲商活商的质量也不尽如人意。下一步,尤其要做好利用外资和搞活民营企业这两篇大文章,要让外资企业、民营企业这两支生力军在对外开放的大环境中迅速成长起来,形成气候。①

(二)确定"内陆大开放战略高地"战略

2008 年 7 月 21 日,重庆三届三次全会制定了《重庆市关于进一步扩大开放的决定》,作出了把重庆建设成为"内陆开放高地"战略决策。

薄熙来强调,闯出内陆开放型经济发展的新路,必须加快建设完善交通、市场、园区、行政管理四大体系,形成对外开放的坚实基础和强大支撑。他指出,交通体系的重点是实现直通周边六大市和三大出海口的目标。要加快高速公路、铁路、航道、港口、机场建设,打通连接周边省会城市的大通道和出海大通道,最终形成承东启西、贯通南北,广泛聚集周边生产要素之势。市场体系方面,要建成西南重要的商品、土地、金融、技术、人才市场。以市场体系建设为依托,加快建设长江上游商贸物流中心

---

① 《薄熙来:解放思想、扩大开放,把"314"总体部署落到实处》,2008 年 3 月 28 日《重庆日报》。

和金融中心。园区发展体系方面,要依托北部新区、特色工业园、区县工业园形成分层次、布局合理的产业基地。要建成高效、开明的行政管理体系。要建立透明、公正、务实、高效的行政管理体系,让各类市场主体平等参与竞争、公平享受政策和服务,大幅度降低人际关系成本,使重庆成为内陆审批少、服务好的城市,让投资者安心、顺心。

薄熙来还指出,扩大开放,搞好软硬环境是基本功,要以"五个重庆"建设为抓手,精心塑造重庆,开发重庆的内涵,营造以人为本、安商助商的综合环境。薄熙来最后说,能不能扩大开放,关键在领导,核心在干部,要营造清正和谐、积极创业的行风、民风和党风。①

二、建立内陆大开放平台

内陆大开放落实在经济上,需要发展的平台。重庆先后建立起高新技术园区、西永微电子园区、长寿化工园区、重庆保税港区、两江新区。特别是两江新区的建立,为重庆经济发展构建起飞跃的平台。

(一)两江新区——航母平台

有人说,中国改革发展是一本大书,这本书的目录,30 年前是广东深圳,20 年前是上海浦东,10 年前是天津滨海,现在是重庆两江。2010 年 6 月 18 日,重庆"两江新区"正式挂牌成立。这一天,正逢重庆直辖 13 周年的日子。

两江新区位于重庆市主城区长江以北、嘉陵江以东,包括江北区、渝北区、北碚区三个行政区部分区域和国家级经济技术开发区、高新技术开发区和两路寸滩内陆保税港区,整合了原重庆国家级经济技术开发区、原

---

① 《闯出内陆开放型经济的新路》,2008 年 7 月 21 日《重庆晨报》。

重庆高新技术开发区和两路寸滩内陆保税港区。新区总规划面积1200平方公里,其中可开发建设面积550平方公里,分为5大核心板块:江北嘴金融总部聚集区,基本形成长江上游金融中心核心区;悦来会展城,建成西部一流的国际会展中心;寸滩保税港区,建成内陆标志性开放口岸;江北机场,建成西部国际复合型枢纽机场;北部新区,建成宜居城市示范区、现代都市风貌展示区和高新技术产业集聚区;鱼石片区万亿工业基地,建成轨道交通设备制造基地和汽车制造基地。两江新区立足重庆市、服务大西南、依托长江经济带、面向国内外,形成"一门户两中心三基地",即:西部内陆地区对外开放的重要门户、长江上游地区现代商贸物流中心、长江上游地区金融中心、国家重要的现代制造业和国家高新技术产业基地、内陆国际贸易大通道和出口商品加工基地、长江上游的科技创新和科研成果产业化基地。

"我们要举全市之力、汇全球之智、聚四海之财,以创新之策、非常之举,努力推动两江新区实现跨越发展。"重庆市市长黄奇帆说,"关键是在高起点上推动发展方式转变,走出一条科学发展新路,为西部乃至全国提供新的示范和借鉴。"专家认为,此轮发展方式转变可以说是继从计划经济到市场经济的转变之后的"二次经济改革",将确定中国现代化的正确路径。①

两江新区注定是中国改革发展的一个更高的标地:规划到2020年,两江新区GDP将从目前的800亿元提高到6000亿元,工业销售值将超过1万亿元,常住人口约400万人,实现10年"再造一个重庆"目标。两江新区挂牌成立100天时,就已吸引国内外投资超过1000亿元,平均每天吸引投资达10亿元。2010年9月3日,两江新区内的重庆两路寸滩保税港区首票出口货物——重庆国际复合材料公司的20吨玻璃纤维短切纱,于上海洋山港转海船出口法国。这意味着重庆乃至整个西部有了自

---

① 王建新:《竖立科学发展新标杆》,2010年9月25日《人民日报》。

己的"出海口",实现了与世界的"无缝"对接。两路寸滩保税港区是我国第一个内陆保税港区,也是第一个"水港＋空港"双功能保税港区。按政策,国外货物入区保税,国内货物入区视同出口,实行退税,这等于把边境直接"挪"到了重庆。重庆及周边出口企业再也不用往上海、深圳等口岸跑,在重庆海关就能办结出口手续。

(二)西永微电子产业园——信息产业的传奇

西永微电子产业园于 2005 年 8 月成立,是中西部地区首家通过国家发改委审核的微电子产业专业园区。园区总规划面积约 37 平方公里,拥有"一区五园",即西永综合保税区、软件及服务外包产业园、集成电路产业园、基础电子产业园、创新创业产业园和企业服务园。

经过五年多的发展,现在已有惠普、富士康、广达、英业达、思科、微软、IBM、NTT DATA、AP、辛克、凸版、兵装集团摩托车事业总部、北大方正、中科院软件所、茂德等国内外知名企业落户园区。尤值一提的是,惠普(重庆)笔记本电脑出口制造基地的建设,将成为带动重庆经济结构调整合经济发展方式转变的强大引擎。据预测,到 2012 年,惠普(重庆)笔记本电脑出口制造基地"整机＋配套"的产值将超过 2000 亿元,相当于目前"1/3 重庆工业",加上其他电子工业,重庆的电子信息产业预计总规模达到 6000 亿元,将取代汽车摩托车产业而成为重庆国民经济第一支柱产业,占工业比重超过 20％。2010 年上半年,园区成功与 35 家笔记本配套企业签订正式协议。

西永园区将加快西永综合保税区建设、外部物流通道建设、配套企业引进建设、内部人才供给体系建设、生活配套设施建设,将园区打造成为推动重庆新一轮产业发展的增长极和创新核、重庆内陆经济中心城市对外开放的实验区和创新区,力争到 2012 年实现 2000 亿元总产值,到 2015 年实现年产 8000 万台笔记本电脑。预计到 2015 年,园区将形成 8000 万台笔记本电脑的年产能,成为全球最大的笔记本电脑生产基地。园区产值将达到 7000 亿元,进出口额将达到 800 亿美元,就业人数将达到 40 万人,成为中国自主知识产权芯片研发制造基地、中国自主知识产权嵌入式软件研发基地、国家集成电路产业基地、国家软件与服务外包基地、西部地区区域经济协调发展的促进平台和对外开放的窗口。

2010 年 4 月 9 日,国务委员刘延东视察西永微电子产业园区。她说:"西永微电园短时间内初步形成一个信息产业高地,还创新加工贸易模式,经验值得总结。贯彻落实科学发展观,转变经济发展方式,就要培育新的战略性经济增长点。西永信息产业也有了一个好的开端,要再接再厉,不断增强核心竞争力,力争成为重庆新一轮产业发展的增长极和创新核。"①

2010 年 7 月 9 日上午,中共中央政治局委员、国务院副总理王岐山来西永微电子产业园区进行调研。王岐山强调,重庆的加工贸易发展的方式非常好,引进惠普后,好多的供应链、代工企业都进来了,把产业链向内地转移,实现配套本地化,同时还把很多要素都集合了起来,大大降低了物流成本。②

(三)长寿工业园区——新式工业园

重庆(长寿)化工园区作为重庆市政府批准成立的省(市)级产业园区,是重庆第一批化工园区,也是长江沿线仅有的两个化工园区之一,聚集了世界五百强企业 15 家、国内外上市公司 19 家,协议投资总额超过 800 亿元人民币,将在 2011 年底前全部建成投产。有"晏家速度"和"钢城奇迹"之称的晏家工业园区,在 7 年之内从一个规划面积只有 3 平方公里的工业集中加工区快速崛起为规划面积达 66.37 平方公里的现代化工

---

① 《刘延东视察西永微电子产业园区》,2010 年 4 月 11 日《重庆晚报》。
② 《王岐山:重庆模式值得研究 是了不起的城市》,2010 年 7 月 10 日《重庆商报》。

业园区,是中国循环经济示范园区、中国钢产业示范基地、重庆市规划培养的千亿级产业园区之一、重庆首批知识产权试点园区之一。

园区内的天然气化工、石油化工、生物化工、化工新材料四大产业通过市场化运作模式,生产过程中产生的副产品和废弃物能够进行充分的再利用,促使四大产业的耦合发展,减少资源的浪费,也减少污染的产生。这家的废料成为那家的宝,一是避免浪费,二也减少污染,三还节约了买材料的运费。除了对园区各企业产生的废弃物和污水集中治理,园区内有多达 42 个化工危险源视频实时监控点,各排污口还有传感器,24 小时监控园内污染状况。

在建"森林中的工厂"指导思想下,两园被大面积的植被环绕,与居民区间被"两山一带"城市肺叶隔开,进一步消除污染。园内的绿化覆盖也相当可观,目前森林工程实施面积已达 10 万平方米。园内路畅灯辉、碧水清流、绿荫掩蔽,显示着"厂在森林中"的长寿园区风貌。新重庆钢铁厂迁建入驻长寿工业园区晏家片区,新中国石化四川维尼纶厂入驻长寿工业园区化工园,还有天勤化纺材料公司,等等,似乎都是污染大户,但长寿新式工业园却看不到污染。

应用科技力量改造传统产业,实现产业升级换代。长寿晏家工业园区的重庆天勤材料有限公司,是一座几乎没什么人的"纺织"工厂,只有 360 名员工。整个公司实现了高度的机械化生产,一个人能同时看管 3 ~ 4 台织机作业。该厂有约 400 台织机,一年能生产 7600 万米玻璃布,产品供给富士康等企业,惠普、IBM、方正等品牌电脑里面都有天勤的玻璃布。每年,天勤产出的玻璃布还有 30% 供应到日、韩、欧美国家市场。这样的玻璃布不但出现在 3C 产品内,甚至是防弹衣的重要材料。

三、畅通周边、畅通全国、畅通"三洋"——内陆大开放通道

重庆市建设内陆开放高地目前已经取得重要进展的事实说明:内陆

地区并非与大开放无缘,虽不具备沿海沿边自然区位优势,也可以发展战略枢纽优势;在交通基础设施已经从"动脉交通"进入"立体交通"时代,内陆地区可以突破发展立体交通;在软环境日益重要的今天,硬件缺陷可以通过提高软环境优势来弥补。

(一)建设大交通

内陆大开放是全面的多层次的开放,便利的交通是开放的基础。重庆提出,要坚持铁运、陆运、水运、空运并举,打造立体交通,满足大开放战略的需要。2008 年 11 月《重庆市委、重庆市人民政府关于建设畅通重庆的决定》确立的目标是:

2012 年实现高速公路主城内半小时通达,市内 4 小时通达,周边省会城市 8 小时通达。高速公路到 2020 年,形成"三环十射三联线"的高速公路网,建成后,高速公路通车里程将达到 3600 公里,实现"4 小时重庆、6 小时周边"的对外交通目标。

铁路建设 2015 年实现周边省会城市铁路 4 小时通达,长三角、珠三角及东南亚 8 小时铁路通达;到 2020 年,形成"一枢纽十五干线二支线"的铁路网,境内铁路运营里程将达到 3200 公里,"一江两翼"国际贸易铁路大通道基本形成,实现"4 小时周边、8 小时出海"的目标。

长江黄金水道成为西部内陆出海主通道。

将江北机场建成国际性空港。江北机场致力于两个中心的建设:一是中国西部地区的航空运输经济中心;二是打造中国西部最大的现代立体式综合交通运输中心,拥有西部最大的立体交通换乘中心和功能最强、方式最多的综合交通运输网络。在重庆机场的远景规划中,按照立体综合交通枢纽的要求对机场内部及周边运输方式进行了科学设计,在重庆机场周边规划了"三横四纵"的交通路网,其中包括 4 条高速公路,并借鉴国外的铁路进机场的成功运作模式,规划 3 条铁路进入机场,分别是轻轨 3 号线、轻轨 9 号线、高速铁路;在机场候机楼前规划建设了集铁路、公路、轻轨、公交为一体的立体式综合换乘枢纽。这一系列超前的规划全面落实"畅通重庆"理念,同时也体现了"客运零距离换乘,货运无缝衔接"的现代交通设计理念。

(二)发展大物流

重庆提出,2020 年物流业将成为重庆市国民经济的支柱产业之一,建成中国西部地区物流中心,实现大开放的物畅其流。重庆将建设铁路物流、航空物流、公路物流三基地和寸滩港区、果园港区、东港港区、黄港港区四港区。还规划建设了万州、长寿、合川等 10 个区域性物流基地以及化工物流基地、汽车物流基地以及一批物流配送中心。

重庆还将实施"一江两翼三洋"国际物流大通道战略,即把长江与最重要的两个通道相连接通向三大洋:伸向西北的"一翼"是沿兰渝铁路、兰新铁路、欧亚铁路桥,直通欧洲,抵达大西洋沿岸;伸向西南的一翼是通过渝昆铁路到昆明,经滇缅铁路连接缅甸,直抵缅甸南部的印度洋港口;长江水道直接连通太平洋,届时,行驶在大西洋、印度洋的远洋海轮卸下货物,通过公路、铁路运输,经由"两翼"物流通道抵达重庆,之后通过长江黄金水道转运直抵东海入海口,可驶向太平洋沿岸各地。重庆的货物也可通过"一江两翼三洋"通达世界。

四、一头在外一头在内——内陆大开放产业模式

中国 20 世纪 80 年代以来的传统开放模式是沿海沿边地区利用区位优势和政策优惠进行"三来一补"的加工贸易,这种模式现在正面临危机:依靠低成本赚取微薄的加工费,付出高昂的资源环境成本和人工成本,缺少核心竞争力而在经济危机中风雨飘摇。重庆内陆大开放走的是

一条新道路。

（一）创新招商引资方式，参与国际分工合作

开放的成果最终要体现在经济的发展上。因此，通过招商引资参与国际分工合作以发展经济是开放的重要目的。但重庆地处内陆，传统的沿海沿边地区招商引资的套路对重庆并不适用。"重庆地处内陆，想大力发展出口贸易，不可能采取与沿海一样的模式。"①重庆市长黄奇帆说。联合国国际贸易中心（ITC）执行主任帕特丽夏·佛朗西斯为重庆提出了两条建议：一是大力发展交通，二是转向发展知识经济。佛朗西斯说，重庆想大力发展出口，交通条件和经济转型非常重要。她表示，有人曾经将重庆比喻为美国的芝加哥，认为两座城市都是内陆城市、经济中心。不过，与芝加哥相比，重庆的交通条件还需进一步改善。芝加哥与美国各个城市之间的交通非常方便，通过航空、水路等，编织形成便捷的交通枢纽网络。"第二件重要的事，就是重庆的经济要实现转型。"佛朗西斯认为，重庆一直以来主要发展的是以制造业为主的技术经济，应当转向发展知识经济并加大推动高新技术产业发展的力度，摆脱地域和交通的束缚。从目前的条件来看，重庆完全可以支撑这样的转型。②

然而，重庆模式走出了一条全新的招商引资路线。重庆市长黄奇帆在接受《21世纪经济报道》记者采访时说：③

我们感觉如果重庆作为一个增长极，那就必须补上经济开放的这一课。按照薄书记的思路，建设内陆开放高地就成了一个重要的抓手。但是和沿海比起来，我们至少落后二三十年。

---

① 《内陆开放面向世界 重庆模式提供样本》，2010年9月10日《重庆商报》。
② 《内陆开放面向世界 重庆模式提供样本》，2010年9月10日《重庆商报》。
③ 吴红缨：《黄奇帆：模式的胜利才是根本的胜利》，2010年3月10日《21世纪经济报道》。

而且如果按照沿海走过的路去照办照抄,实际上这件事是做不起来的。2008 年当年,我们利用外资从 10 亿美元增长到了 20 多亿美元,2009 年又涨了 50%,这个增长率也是连续两年全国第一。这一块,我们主要采取了一些措施:第一是"全方位",以前西部主要跟香港多一点联系,导致过去十年利用外资,每年仅几亿美元,主要是港资。从 2008、2009 年开始从港澳台、美国、欧洲、东南亚、日本、韩国全方位引资。第二叫"宽领域",一产、二产、三产,我们全方位利用外资。第三叫"多渠道",就是不管是外资投资搞新项目,还是存量的资本转让、重组、购并,还是重庆的企业海外上市,不同渠道都是利用外资。我们预计今年重庆利用外资绝对可以到 60 亿美元,只会超过,不会低于 60 亿美元。

第二,开放不光引进外资,还有进出口贸易。对我们来说,如果过去的十年积累的成果也就是利用进出口贸易一年 100 亿美元,到 2012 年能够有 300 亿、400 亿甚至更多的话,代表我们进出口也上去了。我们不是一般意义上搞进出口,而是一般贸易、加工贸易、服务贸易"三管齐下"。但在西部搞加工贸易,如果照抄沿海的话,还是搞不起来。因此,我们按照科学发展观的要求动了脑筋,核心就是转变加工贸易的发展方式,变"两头在外"的加工贸易模式为"一头在内,一头在外"的垂直一体化模式。

这个最好的案例就是,引进了惠普笔记本电脑生产和富士康等配套厂家。

黄奇帆市长说的案例就是西永微电园引进惠普等 IT 巨头形成产业集群的成功范例。在全球金融危机刚发生的 2008 年 7 月,薄熙来到重庆后召开的第一个全委会上就坚定提出,解决好"重庆问题",必须扩大开放,走出一条内陆开放的新路子。近几年,随劳动力、运输等成本的推升,沿海发达地区原本"两头在外(原材料和产品销售)、大进大出"的出口加工贸易模式遇到重重挑战。国际金融危机的爆发则加剧了这一进程。国外大厂商开始多方寻求成本相对低廉的加工贸易地,国内众多中西部地区则看到了曙光,纷纷提出要做沿海出口加工贸易转移承接地。而实际情况却是,东南亚国家借位居沿海、物流成本较低的便利,抢走了越来越多的承接机会。位于中国大西南地区的重庆,距沿海一两千公里,与东部沿海地区相比,单是每一集装标箱的运费就要增加4000多元的成本。因为内陆比沿海多出的运输距离,由此形成的物流成本,会抵消任何劳动力、土地、煤电油低成本的优势。这也是20多年来,我国已形成的上万亿元加工贸易规模有99%集中在东部沿海地区,很少向内陆成功转移的制约因素所在。

"内陆地区不管你有什么优势,你如果不解决加工贸易'两头在外'中的物流问题,任何善良的出发点都是痴心妄想。"黄奇帆说。因此,实现配套物流成本最小化,改"两头在外"为"一头(原材料)在内,一头(销售)在外",对产业分工进行垂直整合,是内陆地区招商引资的不二法门。黄奇帆介绍,所谓垂直整合,即一方面通过整机销售企业带动零部件生产企业的进入,或者零部件生产企业延伸生产整机;另一方面切实发展本地物流产业,形成协同效应,强化地区竞争优势。具体来讲,就是做到80%的原材料零部件在本地生产、供应,实现"一头在内"的目标,进而最大限度降低进项物流成本。

重庆决策层注意到 IT 业界提供的一个信息:在国际金融危机中,全球笔记本电脑市场不仅没有萎缩,反而年均增长30%,2008年全球销量达1.6亿台,预计到2013年销量会翻一番达到3.2亿台。他们从中看到了新技术产业增长的曙光。此时的惠普公司正在多方进行新增产能的选址工作,他们先后考察了印度、马来西亚及我国的多个城市。2009年初,黄奇帆率重庆市政府代表团与惠普公司展开协商谈判。重庆拿出了产业链一体化的"垂直整合"方案,指出随着国际原油价格不断攀升,"大进大出"、"水平分工"模式所带来的能源浪费及物流成本增长正愈发明显,"在未来的IT制造业中,谁是零部件加整机的一体化基地,谁就将成为世界供应高地。""惠普一下就意识到重庆方案的巨大价值。"黄奇帆说,按照这个模式,把项目放在重庆,其物流成本比"水平分工"模式下的上海、广东都要低,重庆的劳动力、土地等要素成本的优势,自然会更加充分地显现出来。机遇降临到了重庆:惠普决定将新增4000万台产能的项目放在重庆。

与惠普谈判后,2009年2月9日,黄奇帆马不停蹄赶赴台湾,与IT代工巨头富士康老板郭台铭会谈。富士康是全球笔记本电脑最大的零部件制造商,但没有造一台整机。惠普有意在重庆投放巨大产能,是富士康造整机的机会,双方一拍即合。到8月份,重庆一边与惠普签约,一边就与富士康签约了。2009年底、2010年初,又分别与另外两家代工巨头英业达、广达签约。接着,重庆方面便轻松了:几家有竞争关系的代工巨头一边争先恐后开工,一边你追我赶主动去拓展零部件供应链;液晶显示器、硬盘驱动器、电源、键盘、鼠标等近百家配套企业则迅速跟进落渝。

未来三四年内,这个信息产业集群将形成近1000亿美元的进出口总额、年均5000亿元到6000亿元的销售值,占重庆工业经济的比重超过四分之一,进而成为重庆的第一支柱产业。至"十二五"末,重庆的笔记本电脑产能可达到8000万台,并成为亚洲乃至世界最大的电脑制造基地。

"一头在内"还带来一个"附加值"。到重庆调研的中国社科院财贸所所长裴长洪说,出口加工贸易是我国面临外贸摩擦的一个原因,传统的"两头在外"模式,原材料大多来自海外,国家出口退税实际上相当部分补贴到了海外来料上,等于是为国外企业补贴。而像重庆"一头在内"的模式,出口加工产品中大部分是国内企业生产的,国家出口退税的大头就补贴到自己身上,进而使创汇模式也发生了一个转变。

(二)建设长江上游金融中心

开放中心一定要有发达的金融服务。重庆正在打造长江上游地区金融中心,需要量的积累和资金聚集效应。要成为一个地区金融中心,银行贷款总量应是 GDP 的两倍甚至三倍以上。贷款规模快速增长,能体现区域中心城市金融资源的集聚和辐射带动能力。2001 年上半年,重庆信贷规模首超万亿元,成功晋级"万亿俱乐部"。重庆贷款余额增长,说明重庆正在向金融中心加速靠拢。对此,专家认为,重庆市金融交易非常活跃,资金"洼地效应"愈加明显。直辖以来,重庆金融业已经实现跨越式发展。直辖前,重庆各项贷款余额仅 1000 亿元,不良贷款达 30% 以上。10 年后的 2007 年,重庆各项贷款余额达到 5000 亿元。不到 3 年,2010 年上半年,重庆贷款余额突破 1 万亿元,不良贷款率降到 1.25%。特别是 2010 年,重庆本外币贷款余额已连续跨越两个"门槛",从 2009 年底的 8000 多亿元,连续跨越 9000 亿元和 1 万亿元关口。2009 年,重庆每月就有一家金融机构入驻。2010 年以来成都银行、汉口银行、湛江银行已经在重庆设分行,澳新银行已批准在重庆设分行,惠普结算中心也将落户重庆。

五、"世界是可以重组的"——内陆大开放方法论

重庆似乎不具备开放的条件,地理位置不在海边也不在边境线,而是深处西南内陆;环境条件是多山少路,交通不便;外部企业不愿来落后、闭塞、交通代价高的西部山城,民众也习惯了相对隔离的区域生活。但是,重庆突破常规,打通出山通道,修铁路、高速公路,扩机场,建码头,实施"两翼三大洋"战略,将重庆与世界相通;再建信息高速路,使重庆融入地球村;提出"世界是可以重组的",改变世界产业布局,引来多家世界五百

强企业,使大开放格局开始形成。

(一)"世界是可以重组的"是创新的方法论

黄奇帆说,全球资源面临重新整合的机遇,各个领域,包括政治、经济领域,也包括社会、文化等领域,都可以涉及重组,"世界是可以重组的"主要指经济领域的重组,就是管理模式、资源配置、企业结构、股权结构、资产结构等方面的企业运作,包括管理重组、权利重组、资源重组、要素重组,等等。很多重组即是改革,许多改革就是重组。经济领域的创新,很多都是和重组有关的。经济领域的重组有四种类型:第一种,为了超常规发展而重组;第二种,为了摆脱困境而重组;第三种,企业之间为了优势互补、资源优化配置而重组;第四种,为了转变体制机制而重组。重组的要义是"多赢"。不仅仅是重组方与被重组方,还有其他有关方,都要利益兼顾。最合理的重组是两种:企业之间资源优化配置和系统内部体制机制变革。因为资源优化配置本身是一种双赢的重组,实现了重组的放大效应。而体制机制改革的重组,则是一种内在的消化和挖掘,对外部影响也不会很大。外地外国企业来重庆,是企业资源优化配置的重组,而重庆自己正在进行体制机制改革的重组是适应和促进企业资源优化配置的重组。[①]

资源优化配置重组和体制机制改革重组是重庆经济发展的直接动力之一,也是其他地区可以学习的创新发展的方法。

(二)提升重庆软环境

发展经济和对外开放不仅仅取决于硬件,城市的软环境也很重要。

[①] 何力,马国川:《黄奇帆:世界是可以重组的》,2009 年 12 月 23 日《财经》。

重庆建设宜居、畅通、森林、平安、健康城市,不仅是硬件的提升,也是软环境的改善;唱红打黑、提升市民素质则直接是软环境的改善。而发展创新力是重庆建设内陆大开放高地战略的最大软环境建设。因为内陆开放本身就是一个创新,没有创新力,就没有重庆的内陆大开放。

构建重庆内陆大开放战略高地一个重要课题就是探索内陆开放模式。重庆市集大城市、大农村、大库区、大山区和民族地区于一体,特殊的市情决定了重庆不能照搬和模仿国内外现有开放模式,只有创新探索内陆开放"重庆模式"。按照"内陆开放经济高地"的内在要求,创新产业、新兴产业应居于主导地位,内陆开放必须围绕促进创新产业、新兴产业发展而展开,积极发展创新型经济,把提高创新力作为内陆开放的着力点。特别是后危机时代,重庆更应该把发展创新型经济作为拓展内陆开放广度和深度的重要抓手,深化区域通关改革,建立电子口岸,搭建对外开放服务平台,优化政务环境、法制环境和人文环境,走出一条内陆开放的新路子。

(三)向世界推销重庆

重庆要走向世界,首先要让世界了解重庆。在近 20 年来,虽然重庆发展非常迅速,但国际贸易界更加熟悉的中国城市,还是上海、广州等沿海城市,对重庆的情况没有直观的了解。想发展外向型经济,重庆应在全球范围内建立自己的形象,举办各种世界性会议、论坛、赛事,邀请国际商贸人士访问重庆,扩大重庆在国际网络和报纸等媒体的宣传,对实现这个目标有巨大作用。各国企业和外贸组织的精英都聚焦重庆,他们将会把世界的目光带到重庆,重庆的形象会通过媒体展现在世界面前。

《重庆市促进开放条例》第三十六条指出,(重庆)市人民政府应当拓展并利用国际友好城市、国际机构、外国政府领事机构、海外侨胞、港澳同胞等资源,推动与其他国家和地区政府与民间交流。在此思想指导下,

2010 年,重庆与世界的交流十分频繁,先后举办了国际美容美发展、国际医疗器械展、重庆国际汽车工业展、亚太兰花大会、重庆高交会、全球华人保险大会、国际摩托车博览会、重庆国际投资暨全球采购会、三峡国际红叶节、中国西部国际农产品交易会、国际妇幼婴童产业博览会,等等,接受了英国 BBC、法国路透社等国际传媒的宣传报道,还开通了网络信息高速路。重庆在世界的知名度正越来越高。

(四)推进区域合作,建设国家中心城市

面对全球化格局下的中国大陆经济板块走势,经过改革开放 30 多年的锤炼,东部经济发展格局和模式已经基本形成。以上海为中心的长江三角洲城市群和以广州、深圳为中心的珠江三角洲城市群作为领头羊,与其他地区遥相呼应,形成不同城市的发展阶梯。同时,北方以北京为首的京津塘和以山东、辽宁等为代表的环渤海湾,形成中国经济城市群。放眼当今的重庆,好比当年广东的深圳和上海的浦东,顺势应命,已经被历史推上了中国新一轮改革开放的最前沿。重庆将会成为国家中心城市,带动周边城市的产业集群,成为"中国第五增长极"。

2008 年,重庆提出"西三角经济区"的概念,重庆、西安、成都三地合作密切,将携手构建"西三角"。目前,成都、西安、重庆三市已经形成了空中一小时经济圈。成渝之间已建成成渝铁路、遂渝铁路、成渝高速、遂渝高速等快捷通道,基本构建起较发达的快速交通网络骨架。随着成都—西安、重庆—西安的快速铁路、高速公路等纳入规划建设,特别是成都—西安快速铁路开工建设,成都、重庆到西安可实现 3 小时通达。修通重庆万州至陕西安康的高速公路后,利用重庆及其域内的万州港的水运优势,西三角的西部出海走廊便初步形成。加上西安国际港务区、寸滩保税港区的优势,"西三角"的水路运输将迈上新台阶。从区位来看,"西三角"经济区的三大中心城市均处于本区域的核心位置,成都位于四川中

部平原,是四川经济的核心;重庆位于长江的中上游,可承接本区域与长江经济圈的联系;西安位于陕西关中平原中部,与西北地区经济联系紧密,因此,这一区位优势,有利于将域内城市连接成为城市群,从而实现区域经济的整合和提升。而且,"西三角经济区"承东启西,连南接北。经重庆沿长江可促进川陕共同与"长三角"、太平洋地区互动;经成渝可促进陕西共同与"珠三角"经济区、印度洋地区共振;经西安向东北延伸可实现川渝共同与西亚地区、环渤海地区呼应,三地互为通道,共同构筑西部地区对外开放的窗口及面向沿海东部地区联动开发开放的第一梯队。成都、重庆和西安各自具备了"西三角"城市经济圈中独特的竞争优势,三者优势的互补,将会使"西三角"经济区综合实力得以加强。从产业共性看,三地均是我国三线军工企业较集中的地区,产业之间有着历史性的紧密联系,如飞机制造业、机械制造业等产业实力雄厚,建成"西三角"经济区的产业链即进行新的产业整合与分工已具备了基础条件。从产业互补性看,西安科研和研发力量较强,特别是航空航天技术处于较高水平,但受产业基础限制,科研成果转化能力偏弱;成都消费能力强,航空、电子商业和信息产业相对发达;重庆作为西南地区制造基地,汽摩、装备、制造业很强大,能够承接成都、西安的研发成果,将其迅速转化为生产力。此外,重庆、成都、西安三个大城市间正在建设一批中小城市,可使三个城市的辐射范围形成交集,有效延伸产业链和实现产业分工、配套,使生产、科研和销售在区域内形成最佳的配置。从资源状况看,陕西的能源、矿产资源丰富,四川水电资源丰富,重庆可以接纳和消化四川的水电产能,渝铝输川陕、陕煤入渝都是各方期待的。此外,三座城市还云集了众多国家和部属高等院校和科研机构,人力资源相对充足,是西部高新技术产业力量最集中地区。

区域合作的扩大,将有利于重庆成为名副其实的国家中心城市。所谓中心城市,是指在一定区域内和全国经济社会活动中处于重要地位、具有综合功能或多种主导功能、起着枢纽作用的大城市和特大城市。所谓国家中心城市,就是在全国具备引领、辐射、集散功能的城市。这种功能表现在政治、经济、文化诸方面。2009 年 2 月,在城乡建设部编制的《全国城镇体系规划》中,重庆跻身国家五大中心城市。在五个中心城市中,上海是东部的中心,北京、天津是北方地区和环渤海地区的中心,广州是"珠三角"地区的中心,重庆则是中西部唯一的中心。重庆内陆大开放战略高地的大手笔使其和世界相连与全国相通,带动西部地区发展,实现国家中心城市的目标。

六、内陆大开放是突破性创新

重庆建设内陆大开放战略高地的实践突破了只有沿海沿边地区才能大开放的旧认识,开辟了内陆地区开放发展的新道路。

(一)内陆开放对接全球,"重庆模式"提供样本

2010 年 9 月 9 日,世界出口发展论坛在重庆开幕,这是该论坛首次在瑞士以外的国家举行。为何会择地重庆?联合国国际贸易中心执行主任弗朗西斯在接受记者采访时表示,金融危机后,中国出口贸易跃居世界第二,而在中国并无地理优势的重庆发展势头迅猛,因此,选择来重庆办论坛也是一次"取经之旅"。联合国欲将"重庆模式"作为后金融危机时代的范例推向全球,为破解后金融危机时代的贸易提供帮助。弗朗西斯称,作为一个内陆城市,重庆并无发展外向型经济的地理优势,但近年来却在对外开放上取得了巨大成就,其间的经验特别值得深入剖析。她说,非洲、亚洲等地区不少发展中国家的发展中城市,身处和重庆相似的环境,"这些城市的代表,对重庆如何把地理上的不利条件转化为有利条件很感兴趣,希望从此次论坛中获得可以借鉴的经验"。重庆的试验,正可以破解所有国家和地区内陆城市都最头疼的事:远离大海,如何分享全球

资源要素,缩小与发达地区的差距。联合国贸发会秘书长素帕猜说:"重庆的模式有建设性,我们也开展了很多讨论和磋商。"老挝一家贸易促进协会负责人表示,"重庆模式"对发展中国家的发展中城市具有借鉴意义,他此次参加论坛的重要目的之一,就是把"重庆模式"和具体做法弄清楚,然后将很多适合当地发展的经验带回去。

(二)建设内陆大开放战略高地是重庆经济发展的最大动力

近三年来,地处中国腹地的重庆经济保持年均15%左右的增长,2010年前7个月经济增速超过17%。全方位、宽领域、多渠道的招商引资,使重庆近三年的实际利用外资年均增长50%,有效拉动了加工贸易、服务贸易和一般贸易的发展。同时,重庆还积极支持重钢集团、粮油集团、机电集团等本土企业到海外投资,这些投资累计将超过40亿美元。几年之后,这些投资将为中国创造数十亿美元的外贸进口额,加强重庆乃至中国与世界各国的经济联系。重庆何以取得如此辉煌的业绩? 正是建设内陆大开放战略高地为重庆的发展提供了巨大动力。

2010年"两会"期间,薄熙来在回答中央电视台记者提问时说:重庆有个目标,就是建设内陆开放高地。在中国的四个直辖市中,只有重庆处于中西部,底子比较薄,发展困难大,赶不上京津沪,但重庆也有自身的特点。中国发展到今天,不仅要发展东部,也要发展中部和西部。科学发展观要求统筹兼顾、全面协调和可持续,这就要尽快把西部发展起来。2010年是西部大开发10周年,有心人会发现,过去10年西部有很大发展,自己和自己比,确实是高歌猛进,但和东部比,差距不是在缩小,而是在拉大,中央对此高度关切。江泽民同志曾提出,要努力把重庆建成长江上游的经济中心。三年前,锦涛总书记又对重庆作出"314"总体部署,要求重庆加快建成长江上游地区的经济中心。长江是中国经济的黄金水道,上海是长江下游的经济中心,现在中央要把重庆建成长江上游的经济中心,

这在很大程度上要靠对外开放的拉动。因为一般来讲,经济中心又都是
"开放中心"。

在同样的场合,黄奇帆回答新华社记者提问时也说道:重庆提出建设
内陆开放高地的目标两年来,已初见成效。2007 年,重庆利用外资仅 10
亿美元,2008 年达 27 亿美元,2009 年 40 亿美元,增速连续两年居全国第
一。2010 年计划利用外资 50 亿美元,对此,我们有信心,因为重庆利用
外资的方式转变了,是全方位、宽领域、多渠道利用外资。进出口也将有
个大的跃升,通过加工贸易、服务贸易、一般贸易齐头并进,可由现在的
100 亿美元,到 2015 年发展到 1000 亿美元以上。总之,如果我们只是闭
门造车,不考虑开放高地建设,就成不了长江上游的经济中心。

(三)重庆大开放:新鲜空气进来,苍蝇蚊子消灭!

邓小平曾说,我们打开窗户,苍蝇蚊子都要飞进来。中国的改革开放
一方面让中国融入世界,另一方面,一些腐朽的东西也进入中国。所以,
改革开放以来,经济发展迅速,但是道德滑坡、信仰遗失,腐败黑恶等现象
也出现了。重庆的大开放和全国的开放一样,西方国家的企业、人员、思
想都进来了。在新鲜空气开窗入内的同时,苍蝇蚊子也进来,而且房间早
已有苍蝇蚊子。但是,重庆的"唱读讲传"与"打黑除恶"反腐,把苍蝇蚊
子都消灭了。重庆在大开放促进经济发展的同时,社会也同时发展,突破
了"打开窗户,苍蝇蚊子都要飞进来"的结论,是继承邓小平理论的同时
对其理论的发展。重庆实践以事实说明,开放、发展市场经济与同时发展
社会和精神是可以同步的,"两手都可以硬"。有人说,邓小平的改革开
放推动经济发展超越了毛泽东,但是对社会和精神世界的调控不如毛泽
东。"重庆模式"用邓小平的改革开放发展经济,用毛泽东式的方法发展
社会和思想,既是对毛泽东思想和邓小平理论的继承又是对他们的创新
和发展。

第五章

"五个重庆"

——以打造国家中心城市为战略目标

在薄熙来主政重庆之前,重庆就先后提出了平安重庆建设、文明重庆建设的目标和口号,表达了重庆人民对重庆建设的期盼,也说明重庆在这些方面需要努力。薄熙来来重庆后,也认识到重庆在这些方面的差距和这些方面的建设对重庆的巨大意义。

2008 年 7 月 20 日,"五个重庆"的发展新目标首次在重庆市委三届三次全委会上提出,成为重庆的战略决策。"五个重庆"建设,就是重庆市委确定的建设"宜居重庆、畅通重庆、森林重庆、平安重庆、健康重庆"。薄熙来曾通俗地解释:"宜居重庆"是要让百姓住得较宽、较好,还买得起;"森林重庆",就是要多种树,让老百姓多吸氧;"畅通重庆"要求主城不塞车,乡村有油路;"平安重庆"是让百姓出门不担心;"健康重庆"要让孩子长得壮,老人活得长,全民活得健康。"五个重庆"建设目的是要实现重庆的科学发展,打造中国西部地区唯一的国家中心城市。①

---

① 薄熙来:《改善民生不只是吃红烧肉穿漂亮衣服》,2010 年 6 月 28 日《重庆日报》。

一、"宜居重庆"

古希腊哲学家亚里士多德说:"人们为了活着,聚集于城市;为了活得更好,而居留于城市。"宜居城市,成为古今中外热爱生活的人们的共同向往。

在"五个重庆"的理念中,"宜居重庆"居首位。

"宜居城市"理念的提出,反映了人们对良好城市生态环境和人文环境的关注与向往,是城市居民追求生活质量和环境宜居度的必然诉求。宜居城市有广义和狭义之分。广义的宜居城市是一个全方位的概念,强调城市在经济、社会、文化、环境等各个方面都能协调发展,人们在此工作、生活和居住都感到满意,并愿意长期继续居住下去。狭义的宜居城市是指气候条件宜人、生态景观和谐,适宜人们居住的城市。重庆要建设的正是广义的宜居城市。这不仅有助于增强重庆市的向心力、吸引力,而且更有助于提升重庆的整体形象。

"宜居重庆"的建设目标是,使重庆在 2012 年成为西部地区最宜居的城市之一,到 2017 年成为全国最宜居的城市之一。2009 年 3 月 21 日,重庆市委、市政府召开全市动员大会,部署"宜居重庆"的建设工作。

(一)让老百姓住有所居,还住得较宽、较好

薄熙来认为,住房是人类生存的基本条件,人无定所,社会难安。汉字里的"安"字,上面是个宝盖,代表"房子",下面是个"女"字,表示"妻室",这说明,一个人有了房子和媳妇,就可以"安"心了。

薄熙来强调,建设"宜居重庆",要特别关注中低收入群众的居住需求,让广大老百姓都有房子住,而且质量较好,能买得起。要调控房价,使收入与房价比趋于合理。物业费要适当,让老百姓住得起。这方面,重庆

主要措施有三：

第一，大规模兴建公租房，解决占总人口 1/3 的低收入群众住房难问题。重庆决定：从 2010 年到 2012 年三年间，每年开工建设 1000 万平方米，共建设 3000 万平方米公租房。2010 年，实际开工建设了约 1200 万平方米。到 2010 年，共要建设 4000 万平方米公租房，可以解决 200 多万人的居住问题。

第二，调控房价。重庆的房价与全国五个中心城市的房价相比，确实低许多，因此，许多投机客来重庆炒房。重庆提出，将通过建设公租房、扩大商品房屋供应、使用税收与银贷等方面的政策遏制炒房、放开高端房市场，使低收入群众有房住，普通民众买得起商品房，高收入者有高端住房，投资资金有去处。

第三，危旧房改造，让百姓住上新居。2007 年，重庆还有 20 万人居住在狭窄拥挤甚至没有厨房和厕所的危旧房内。为改善他们的居住条件，重庆市明确提出，要用 3～5 年时间，投入 1000 亿元改造危旧房，既要让老百姓增加住房面积，又要加大绿地占有率，要争取多为群众创造一些整洁宜人的活动、休闲场所。到 2010 年上半年，重庆主城共启动了 228 个危旧房改造片区，拆迁面积 917 万平方米，惠及 40.39 万人。他们告别了破旧的房屋，搬进了新居，户均居住面积增长 50%。

在大规模的危旧房改造中，重庆借鉴了原本属于规划范畴的"三维角度"理念，即旧城改造和危旧房改造必须从建设宜居城市、改善人居环境、提升城市核心竞争力的"三维角度"出发。危旧房改造不是单纯的原地改建，而是要留出空地尽量植绿，增加城区的绿地面积和公共设施。通过危旧房改造，一向以"水泥森林"形象出现的重庆，正在成为入眼皆绿、有着更多休闲空间的宜居城市。

(二) 改善居住环境，实现宜居目标

首先是改造"城中村"，将其变为公园和小区。"城中村"改造于 2009

年启动,当年启动 8 个城中村征地拆迁工作,拆迁房屋 190 万平方米,惠及 3812 人。2010 年计划拆迁房屋约 420 万平方米。重庆有名的鸿恩寺森林公园就是"城中村"改造的成果,刚建成对外开放就受到市民的追捧。

第二,种树和建公园,使重庆城区空气质量进一步好转。从 2008 年到 2010 年 5 月,全市新建城市公园 43 个,新建社区公园 174 个,共在主城栽种了约 7464 万棵各类植物。目前全市主城人均公园绿地面积 11.69 平方米,是 60 年前的数十倍。以重庆主城区常住人口 694 万计,这两年半时间种植的 7464 万棵树,相当于人均 10 棵。正是由于公园、绿地、大树的增多,主城区的空气质量进一步好转。环保局的数据显示,2009 年主城区市民共享受到 303 天"蓝天",创下新高。

薄熙来说:重庆山城的一大特点,就是"山头"多,城里城外山连山。如果不治理,不改造,山头就是荒山,既影响出行,看着又"顶眼",影响市容,是城建的障碍和"包袱"。如能做好山头的文章,就能变"包袱"为财富,形成重庆的一大特色。2009 年好多区县组织群众上山种树,美化山头、一个个"攻占山头",真是鼓舞人心!设想,如果这些昔日荒山都能密密麻麻地种上树,就相当于城市多了好多大氧吧、大肺叶。再修好上山的步道,老百姓就可爬山、健身。城市里有一个个绿油油的山头,人们居住就会感觉宽敞、舒适,"满目青山",这又体现了"宜居重庆"。美化山头,做好山头的文章对重庆实在很有意义。①

第三,环境美化。2009 年启动广场建设,当年已建成 12 个,总面积 26.6 万平方米。2010 年计划建成广场 13 个,新增面积 30 万平方米。薄熙来认为,对城市广场要具体分析,常到广场去的,多是普通老百姓,是中低收入的群众。他们住得窄,城里有个广场,别管大小,可以去透透气、散散步、跳跳舞、聊聊天。街坊邻居也可以增添些亲切感,否则"鸡犬之声

---

① 《薄熙来引经典诠释"宜居" 要让市民买得起住得起房》,2009 年 4 月 22 日《重庆日报》。

相闻,老死不相往来",怎么营造和谐社会呢？遇上火灾、地震,总得有个疏散人的地方,那时候,广场可就派上大用场,那就不仅是民生工程,还是生命工程了！2010年重庆又启动主干道环境综合改造。重庆城市正美起来,亮起来。

第四,便利设施建设。各种商业设施的布局和建设正在加速,市民购物越来越便利了。2009年全市新增社区商业网点20个。2012年,居民出家门步行5分钟可到便利店,10分钟可到超市和餐饮店。下一步将为疏解密集的人口,全力推进主城"扩城"。在内环和外环之间,规划布局20个人口规模在20万~25万左右的聚居区,使居民出行便利通畅而不拥堵。

截至2009年12月底,"宜居重庆"建设全年共投入资金1906.12亿元;2010年计划投入资金2800亿元,比2009年增加900亿。

(三)把重庆30个区县城建成30个宜居的小城市

薄熙来对重庆的干部讲,重庆是大城市加大农村、大山区,京、津、沪三市的农村面积拢一块儿也赶不上咱一半,所以区县建设对重庆格外重要。如果能用十年八年将重庆主城以外的30个区县城都改造成宜居的小城市,那就是为当地百姓做了一件大好事。不要小看小城市,如果改造得好,住在小城市会比住在大都市还舒服、还方便,也更有效率。在特大都市,同学、朋友搞个聚会,参加个商务活动,一抬腿就得在路上消耗四五十分钟。如果工作单位离家远,每天上下班也要消耗很多时间,无形中就是在"浪费生命"！①

过去很多人向往大城市,认为在大城市生活方便——高楼大厦、花花绿绿、车水马龙……好不热闹！现在就不同了,许多人希望静下心来想点

---

① 《薄熙来引经典诠释"宜居"要让市民买得起住得起房》,2009年4月22日《重庆日报》。

事儿,办点事儿——在田园风光中还容易出思想成果。欧美国家已经形成了这种趋势,人们住在新城或卫星城,需要时通过高速公路或快轨交通到主城,也很方便。实际上,搞得好的中小城市,要比大城市更适合人类居住和工作。

　　2010 世博会"重庆周"期间,重庆于 8 月 12 日举行中美 CEO 招待酒会,在酒会上,"宜居重庆"成为推介重点。重庆适不适合"老外们"居住,这是他们很关心的。"宜居重庆"的建设对招商引资非常具有影响力,"老外们"除了关心重庆的市场空间、产业发展,同时也关心投资环境和生活环境。很多"老外"都很好奇重庆到底适不适合他们居住,他们需要一种宾至如归,有"家"的感觉。这样才能将他们既引进来,还留得住。

二、"畅通重庆"

　　2008 年 11 月 19 日,重庆召开"畅通重庆"建设动员大会,全面启动"畅通重庆"建设,提出要以解决主城拥堵为重点,以构建骨干交通网络为基础,铁运、陆运、水运、空运并举,规划、建设、管理并重,努力把重庆建设成全国最畅通的城市之一。

　　薄熙来说,"畅通重庆"有广义与狭义之分,有大交通、小交通两个概念。[①] 根据薄熙来的设想,狭义的"畅通重庆"实现的小交通,是指重庆市内的畅通,包括主城畅通(即实现"半小时主城"的目标)和全重庆畅通(即实现"四小时重庆"目标);广义的"畅通重庆"不仅包含狭义的畅通重庆所实现的重庆市内畅通,还包括重庆与外界畅通的大交通概念,即实现重庆与国内其他地区的畅通(具体是实现"八小时周边"的目标)和重庆与国际城市的畅通(具体是实现"两翼三洋"目标)。

---

① 《"畅通重庆":4 小时重庆 8 小时周边 半小时主城》,2008 年 11 月 20 日《重庆晚报》。

(一)建成"半小时主城"

重庆的"半小时主城"目标是:到 2012 年,主城核心区(内环高速以内)任意两点间的平均通行时间控制在半小时以内,主城拓展区(绕城高速与内环高速围合区域)任意一点到核心区的平均通行时间控制在半小时以内。保持主城干道车速 30 公里/小时以上。实现交通管理"为民、畅通、安全、文明"目标。按照国家交通管理的有关规范,到 2012 年,主城区全面达到大城市一等管理水平,六大区域性中心城市达到二等管理水平,其余各区县(自治县)达到三等管理水平。

薄熙来说,我们提出建设"半小时主城",看似简单,其实并不容易,这是多数大城市都未能解决的难题。

首先,这是一个综合性的工程。薄熙来说,如果能够在几年内实现"半小时主城"目标,将是一个很了不起的成绩。目前城市的塞车已成公害,广大市民深感其苦。塞车降低效率、消耗能源、污染环境,造成很大的经济损失,还影响人们的情绪和身心健康。重庆要发展经济、改善民生,一定要解决好主城塞车的问题。他说,治理塞车要综合施治,绝不是说交警能干、指挥得当就不塞车了;也不是多修几条路就能解决问题的。治理都市塞车,一要提升路面水平,在相同的路面上通过更大的车流;二要实现交通组织科学化、智能化,设计必要的单行道;三要建设转换便利、现代舒适的换乘枢纽;四要加强占道施工管理;五要拓展地下空间,提供更多的停车位;六要提倡全民文明行车,使市民遵章过街;七要搞好规划,拉开城市的大格局;八要大力提倡轨道交通。

重庆建设"半小时主城"的思路主要有两条:

第一,科学规划,确保城市畅通。薄熙来说,重庆主城正处在大扩展的时期,未来 10 年主城面积将拓展到 1000 平方公里,这在重庆的历史上是从未有过的发展机遇。城市建设都是有大周期的,这一次"扩城"搞完了,重庆的大格局就定了,今后几十年也不会有更大的变化了。如果目光短浅,规划不当,那就只能"一辈子后悔了"。所以一定要有大规划的前瞻性。薄熙来指出,大城市的发展一般有两种模式:一是"摊大饼",建二环、三环、四环,依次不断摊开;二是"章鱼式",一个大头八条腿,一个主城,多个卫星城,向四周发展,中间用快轨连接起来,快轨两侧又是绿化带。"章鱼式"的城市规划适合重庆,一定要拉开城市的布局,不要挤在一团。如果能在扩大主城的过程中,把 1/4 的人口和 1/3 的企业迁到卫星城,降低主城的容量,改变过于拥堵的状况,就有条件建设更多的道路、广场和商业设施,城市就会变得宽敞、舒适,主城就有条件成为更高层次的国际商务中心。①

第二,控制机动车总量,大力发展轨道交通。薄熙来强调,一定要发展以轨道交通为重点的公共交通。轨道交通的运量大,而且安全、正点,是输运人流最有效的方式。重庆是山城,高低错落,过去发展轻轨交通是适宜的。直辖 10 年,重庆轻轨有了可喜的进步,但目前轨道交通输运旅客的比重还不大,要逐渐使其成为城市交通的"主动脉"。薄熙来说,今后 5~10 年,随着经济发展和人民生活的改善,重庆机动车,包括私家车,都会与日俱增,城市交通的压力会不断加大,而重庆山城路窄,回旋余地较小,必须控制机动车的总量。任何一个国际化都市都有这个问题,政府一定要引导更多的市民坐公交、坐地铁和轻轨,以确保交通顺畅。目前,轨道交通的建设正快马加鞭。据介绍,2010 年,一号线朝天门至沙坪坝段、三号线二塘至江北机场段可开通试运营。届时,从沙坪坝到朝天门 26 分钟即可到达,从南岸二塘至江北机场,也不过半个小时。

(二)实现"四小时重庆"

"四小时重庆"是指建设重庆市内高速公路网络,从主城到达重庆区

---

① 《"畅通重庆":4 小时重庆 8 小时周边 半小时主城》,2008 年 11 月 20 日《重庆晚报》。

县城在4小时内实现通达。2009年,全市已有32个区县被高速路覆盖,高速路通车总里程达到了1577公里。2010年,计划投资150亿元,建成渝湘高速公路黔江至秀山段,渝宜高速云阳至巫山段,实现两条高速公路在重庆境内全线通车。届时,主城到巫山,主城到秀山,高速路的距离都在400多公里。市民驱车4小时左右,就可到秀山看花灯,或去巫山观红叶。2010年底,全市高速公路通车里程将接近2000公里,基本形成"二环八射",覆盖除巫溪、丰都和城口外的所有区县,4小时重庆基本建成。2012年,全市高速公路将通车2100公里,密度达到2.55公里/百平方公里,位居西部第一,"四小时重庆"完全建成。

(三)建设"八小时周边"

重庆的"八小时周边"工程是使2012年后重庆至周边省会城市的车程均不超过8小时。"八小时周边"涵盖了重庆周边的成都、贵阳、昆明、西安、长沙、武汉6个省会城市。目前重庆的出省高速公路通道只有4条,其中3条到四川,1条到贵州,到湖北武汉、湖南长沙、陕西西安等其他省会的都要绕行,交通并不便捷。为此,重庆将积极与周边省份协调,加快高速公路和铁路干线建设。

重庆的"八小时周边"工程已经启动,争取在2012年前将重庆至昆明、长沙、武汉、西安等地的通道打通,完成"八小时周边"目标。此外,重庆还将打造向东连接"长三角"、向南至广西北海连接北部湾、向东南至深港连接"珠三角"的三大快速出海通道,完成"八小时出海"工程。

2009年9月26日,重庆首列"和谐号"动车组正式启动,标志着西南铁路正式迈入了高速时代;2009年10月,襄渝铁路二线建成通车;2009年12月19日,沪渝高速公路全线贯通。此外,还有渝湘、渝宜、江合高速公路,渝怀铁路二线、宜万铁路、遂渝二线等出境大通道正在建设中。据统计,2009年,全市高速路建设投资183.5亿元,通车里程达到1577公里;铁路投资 80 亿元,运营里程达 1209 公里。

2010 年重庆已成功增加至湖北宜昌、湖南长沙、四川合江 3 个周边出口,到周边省的高速对外通道也将增加至 10 个,与周边接壤的主要城市全部实现高速公路连接。到四川方向,有成渝、渝遂、渝邻、渝武、渝泸、垫忠高速;到贵州云南方向,有渝黔高速;到湖北陕西方向,有渝宜高速、沪渝高速;到湖南,有渝湘高速。2015 年,高速公路将达到 3000 公里,密度达到 3.64 公里/百平方公里,到周边省的出口增至 15 个。

2020 年,重庆将建成高速公路 3600 公里,形成"三环十射三联线"高速公路网,到周边省的出口增加至 19 个,基本建成以高速公路为主骨架的现代综合运输体系。届时,重庆将成为西部地区重要的交通枢纽,"畅通重庆"将成为现实。"长江上游地区综合交通枢纽是什么?就是以重庆为核心,打造一个全面覆盖云贵川及西藏东部、青海南部、甘肃南部、陕西南部及湖北西部等长江上游地区的运输大通道。"重庆市交通委员会主任、教授级高级工程师滕宏伟说,重庆将于 2020 年完成运输大通道建设。

(四)连通"两翼三洋",实现国际畅通

重庆市发改委主任杨庆育称,建设"畅通重庆"的一个重要内容,就是打通对外大通道。[①] 2009 年 9 月 14 日,重庆市正式推出了一个"一江两翼三洋"战略。"一江"是指通过长江通达太平洋;"两翼"中的"西北翼"是指通过渝兰铁路,由新疆阿拉山口出境,经哈萨克斯坦—俄罗斯—白俄罗斯—波兰—德国—鹿特丹港通达大西洋;"西南翼"是指通过渝黔铁路,由贵阳—昆明—大理—瑞丽出境,经缅甸中部城市曼德烈—石兑港通达印度洋和中东地区。

---

① 《"五个重庆"在行动 "宜居重庆"投入 2800 亿》,2010 年 01 月 14 日《重庆晨报》。

(五)"畅通重庆"是动力,也有压力

只有畅通,才能加快都市生活的节奏,充分体现都市的价值。薄熙来说,交通建设历来是兴邦利民、行善积德的大事,重庆人也有修路的光荣传统。抗战时期,20万人苦战9个月建成滇缅公路,被誉为"手指抠出来的公路",抗战物资得以源源不断地运抵。重庆人曾为此付出了鲜血和汗水。新中国成立初期,邓小平同志提出修建成渝铁路,亲自调集15万筑路大军,用灯笼、火把照明,用钢钎、大锤、十字镐开凿,重庆和四川人民还捐献了129万根枕木,建成了新中国第一条铁路。

薄熙来说,改革开放30年,特别是直辖10年,重庆交通有了突飞猛进的发展,高速公路通车里程从直辖初的"零公里"干到1000多公里,现在还在加快建设;主城区修桥打洞,疏通了城市交通经脉;城市轻轨也给人留下深刻印象。这些年,重庆的交通管理也取得很大成绩,交通事故总量、死亡人数、万车死亡率均大幅下降,尤其在山区公路上,普遍修建了护栏,被誉为"生命工程",挽救了很多人的生命,充分体现了以人为本的精神。能够在山高沟深的农村、坡大路弯的主城,搞了这么多交通建设,很了不起。现在,我们是站在过去30年改革开放的基础上,以直辖市的标准,要建设一个符合直辖市身份的"畅通重庆",要在新的起点上有更高的追求。薄熙来说,重庆人民是勤奋、上进、不甘落后的,我们正处在经济发展、城市扩展的关键时期,一定要看长远,要按直辖市的标准来设计和实施,决不留历史的遗憾。①

但是,"重庆要建长江上游综合交通枢纽,也还有短板",重庆市交通委员会主任滕宏伟坦言,除了经验欠缺外,重庆地形决定了交通设施造价高等问题。高的造价和高的运营维护成本如果没有相应的效益支撑,就

---

① 《"畅通重庆":4小时重庆8小时周边 半小时主城》,2008年11月20日《重庆晚报》。

会给重庆经济形成巨大的包袱。在交通超前发展后,重庆的经济也要超速发展!

三、"森林重庆"

2008 年初,薄熙来在全市考察调研时,要求把发展林业作为全市的重要战略,加快实施森林工程和森林城市建设,充分挖掘山地资源,努力变"荒山、穷山"为"秀山、宝山"。[①] 同年 7 月召开的市委三届三次全委会正式把建设"森林重庆"作为重庆市品牌建设目标之一。8 月 19 日,重庆市召开森林工程大会,提出用 10 年左右时间,把重庆建设成为人居环境优美、生态系统稳定的"森林重庆"。2008 年 8 月 21 日,《森林重庆主城区建设规划》通过审批,同时出台的《重庆森林工程总体规划大纲》则进一步将实施指标细化,预计整个森林工程规划总投资为 480 亿元。9 月 5 日公布的《重庆市委市政府关于实施森林工程的决定》提出:到 2012 年,全市森林覆盖率达到 38%,城市建成区绿地率达到 37%,都市区基本建成国家森林城市;到 2017 年,全市森林覆盖率达到 45%,城市建成区绿地率达到 39%,林业总产值、农民人均林产年收入比 2012 年翻一番,分别达到 500 亿元和 1000 元。为实现上述目标,重庆市将重点实施"五大森林工程"—— 城市森林工程、农村森林工程、通道森林工程、水系森林工程、苗木森林工程。

(一)植树造林

森林是"地球的肺",湿地是"地球的肾",荒漠化是"地球的癌症",生物多样性是"地球的免疫系统",这"三大生态系统"和"一个生物多样

---

① 《薄熙来在涪陵丰都长寿调研:重视"三农",创新发展》,2008 年 5 月 12 日《重庆日报》。

性",决定着地球的生态环境,决定着地球的健康状况,也决定着人类能不能永远在地球上繁衍生息。

薄熙来指出:"种树,是不会犯错误的。"他曾论证了个中关系:古今中外,种树都是积德行善、造福子孙的事。当今世界搞工程、上项目等,都可能犯错误,但种树不会错,而且种得越多越好,多多益善。毛泽东主席曾大声疾呼:同志们! 可不要小看林业,林业是一个很了不起的事业! 邓小平也说,绿化祖国要坚持二十年、一百年、一千年,一代一代干下去!

重庆的森林工程建设一是着重抓好长江两岸森林工程建设。在继续推进涪陵、丰都、云阳、奉节4个区县示范段建设的基础上,启动长寿、万州、忠县、巫山4个区县的长江两岸森林工程示范段建设。二是突出"两环八射",建高速公路景观林带以及区县城周边森林屏障。完成城市森林工程58万亩,其中城周森林屏障50万亩、新增城市绿地4万亩、城周矿山植被恢复4万亩。搞好城市公园、绿色广场、单位绿化、居住区绿化,推进城区节点森林景观提质上档。三是继续推进创建国家森林城市。

据介绍,2009年重庆完成森林工程建设投资178亿元,造林798万亩,植树9.1亿株,森林覆盖率达35%,在西部由第7位上升到第四位。林业改革取得了阶段性成果。共确权发证面积达5110万亩,538万户领取林权证,占应发证的95%以上。2010年继续保持500万亩的建设任务,其中新造林300万亩,改造低效林200万亩,投资120亿元。

2010年9月,重庆开展"绿化长江,重庆行动"活动,全市人民开展捐资和植树造林绿化长江的活动。

2009年12月7日,在哥本哈根世界气候大会上,国务院总理温家宝庄重承诺,中国将会把"减排目标将作为约束性指标纳入国民经济和社会发展的中长期规划,并持续大规模开展退耕还林和植树造林"。"重庆森林工程建设,对改善全球环境也有积极的意义。"2009年下半年,来渝参加"森林重庆"论坛的森林生态学家、中国科学院院士李文华如是说。

(二)发展林下经济,切实搞好"两翼"林农增收致富工程

重庆城乡二元结构突出,农村处在大山之间。要发展农村经济就一定要盘活大山。鼓励老百姓植树造林,并让老百姓栽的树成为摇钱树,成为林农增收的关键。2010 年,重庆市林业局全面启动"百万林农增收致富工程":发展林下经济 200 万亩,壮大特色产业,建好速丰林、森林食品、中药材、油茶、干果等基地 110 万亩;开展森林经营,尤其是"两翼"地区,重点开展 1000 万亩商品林的抚育,改造低效林,增加蓄积量,提高森林质量;发展好森林旅游,包括森林公园建设;在"两翼"建立 10 个重点示范基地,每个基地拿出 300 万元,用于种苗补助、培训和配套设施建设;组织10 个工作组,深入基地进行蹲点指导帮扶。中国林科院首席科学家、研究员侯元兆说:"森林重庆"提出了一个森林富国论。

(三)搞好环保工作,创建国家环境保护模范城市

重庆市长黄奇帆指出,2010 年重庆要重点做好 6 个方面的环保工作:一是加强总量减排工作,完成减排任务;二是确保现在存在的问题,本届政府必须解决;三是必须确保库区水质,三级污水管网建设的相关问题今年必须解决;四是将今年蓝天目标定为 305 天,持续改善主城空气质量;五是全力保障环境安全;六是正式启动国家环保模范城市和节能减排示范区创建工作。[①]

2010 年 5 月 13 日,重庆市长黄奇帆主持召开市政府第 70 次常务会,审议并通过了《重庆市创建国家环境保护模范城市规划》。他说重庆创模工作是贯彻落实科学发展观和构建和谐社会的重要载体,是生态文明

---

① 《重庆市长黄奇帆强调 务必解决现存环境问题》,2010 年 3 月 16 日《中国环境报》。

建设和转变发展方式的重要抓手和建设资源节约型和环境友好型社会的重要平台,是推进"五个重庆"建设和构建内陆开放高地、提速建设长江上游生态文明示范区的需要。2010—2011 年开展创模攻坚并实现指标基本达标,2012 年所有指标全面达标,2013 年力争通过环保部考核和验收。

四、"平安重庆"

薄熙来主政重庆后不久,就遇到出租车罢运、7 字头公交改制遇阻等黑恶势力操纵影响经济社会正常发展的事件。经调查发现,重庆犯罪率不低,安全事故发生率也不低,影响了人民生活和社会秩序。薄熙来决定重拳根治黑恶,抓好生产安全、交通安全、民住安全、食品药品安全和社会安全,建设"平安重庆"。

2009 年 3 月 29 日至 30 日,重庆召开"平安重庆"建设动员部署大会。会议提出,到 2012 年,"平安重庆"建设主要指标要达到西部领先、全国一流水平,把重庆建设成为治安秩序良好、人民安居乐业、投资者安全放心的城市,为落实"314"总体部署,推进统筹城乡改革发展,提供坚实的社会安全保障。为实现这一目标,重庆将着眼于满足人民群众最直接、最基本的平安需求,重点抓好社会、生产、食品药品、居住、交通"五大安全"和法制环境、执法队伍"两大建设"。

(一)"打黑除恶"提升百姓安全感

建设"平安重庆"、维护重庆的社会稳定、促进重庆经济社会和谐发展,不仅是政府部门的工作目标,也是广大人民群众的期盼。薄熙来说,今后 10 年是重庆大发展的新时期,越是大开放、大改革、大发展,越会有突破、创新,越需要面对矛盾、迎接挑战、化解风险。这一切,都需要筑牢

"平安重庆"的坚实"地基"。百姓是我们的"衣食父母",他们有事着急,写信上访,我们当然要认真对待。今天,人民当家做主,一定要让群众打得起官司,有理就打得赢官司。执法人员要管得住自己,震得住坏人,帮得了百姓。重庆市长黄奇帆说,"打黑除恶"不仅清除了一批欺行霸市黑恶势力,清除了公务员队伍中的"蛀虫",还净化了重庆的投资环境,吸引了众多外来投资者。①

2009 年重庆掀起的"打黑除恶"风暴取得完全胜利。截至 2010 年 10 月,共摧毁杨天庆、龚刚模、谢才萍等 10 多个重大黑社会性质组织,立案侦办 300 多个黑恶犯罪团伙,抓获涉案人员 4800 余人,破获刑事案件 4200 起。与此同时,警方集合约 95% 的处室和 148 名破案能手,对近 10 年来的积案和逃犯实施联动打击。仅 2009 年一年就破获 2.8 万余起积案,同比增长 46.7%,抓获上网逃犯 9827 人,破获的命案积案数超过前 5 年总和,弥补了对人民群众的"历史欠账"。2010 年以来,全市刑事案件破案数、打击处理数同比大幅上升,再创历史新高。另外,2009 年,全市政法系统共查处 252 名违法违纪人员,纯洁了政法队伍。"除恶务尽,重庆做到了这一点,除掉了黑社会,我们才会享受到真正的安乐生活。"一位外地来渝经商的商人感慨不已。国家统计局第九次全国群众安全感入户抽样调查结果显示:2009 年重庆群众安全感指数达 96.62%,居全国第九,居 4 个直辖市之首。

(二)社会安全管理到位,实现"平安重庆"目标

从 2010 年 2 月 7 日起,重庆在全市启动警务体制改革,交巡警合一,全市 300 个交巡警平台中,布置交巡警警力 8300 名,实行"五班三运转",每天任何时段,都有 1600 余名交巡警囤于街面,直接对社会实施管控,实

---

① 《周永康参加重庆代表团审议 肯定"打黑除恶"行动》,2010 年 03 月 14 日《重庆日报》。

现"猫鼠同步"。6个月来,全市街面犯罪大幅下降;110报警率下降四成。对于社会治安环境的改善,出租车驾驶员最有发言权。"以前开夜班整天提心吊胆,现在遇到可疑的人,直接开到附近的交巡警平台,请求民警盘查登记,心里感觉踏实多了。""的哥"们说。许多临街商铺的老板也尝到甜头,"不远就有一个交巡警平台,24小时都有警察巡逻,连请保安守夜的钱都省了。"

派驻校警筑牢安全防线。2010年4月以来,国内接连发生的校园凶案在全国掀起不小的波澜。一个全新的警种——"校园民警"——在重庆应运而生,重庆6000多名校警披挂上阵进驻校园,为孩子们保驾护航。

及时发现化解矛盾。全市基层23万多人的群防群治队伍负责调解、治安等稳定工作,2009年全市累计调解民间纠纷37.73万件,调解成功率达到98%。此外,全市2009年共投入48.4亿元,解决信访问题8.5万余件,近200万市民因此受益。

加强法律援助。2009年,重庆办理法律援助案件3.13万余件,为农民工等困难群体挽回经济损失近4亿元;此外,全市还加快了便民诉讼网络建设,困难群体、边远村民也能免费或少花钱并且顺利地行使自己的法律权利。

(三)全面建设"平安重庆"

"平安重庆"不仅仅是社会治安良好,还包括食品安全、生产安全、交通安全等方面。

食品安全不仅关系群众的切身利益,也关系国家和社会的稳定。建设平安重庆,需要把好群众"入口关"。重庆的卫生、质检、食品监管、环保、农业等部门共同参与,有效划分职责范围,做到食品从生产到摆上百姓餐桌的全过程的监控,做到各环节紧紧相扣、相互补充,实现各监督检查环节的"无缝链接",把问题食品真正堵截在市场之外,真正让群众不仅吃得饱,更吃得好、吃得健康、吃得安全、吃得放心。药品安全更是"人命关天"。重庆提出,推进药品安全源头监管,加强药品注册、生产、流通、使用环节的监管,重庆市食品药品监督管理局要进一步加强药品安全监管工作,确保人民群众用药安全。

建设"平安重庆",需要重视交通运输安全问题。交通运输安全的一个重要方面就是客运交通安全。从发生在重庆的"10·1"案件、"4·23"案件来看,无一不是忽视交通运输安全导致的惨重后果。市委市政府要求,交通运输部门要对运输工具本身的硬件设施进行安全检查和例行保养,也要对驾乘人员和乘客进行必要的交通安全知识教育和适当的事故救援要领传授。同时,相关交通、建设部门要加强对一些危险路段和事故多发路段的整治和修整工作,对经常发生滑坡、泥石流、封冻的路段进行改道,逐步消除这些公路的"定时炸弹",切实维护交通运输安全,减少不必要的人员伤亡和财产损失。

重庆还提出保障生产安全的目标。2012年,煤矿、非煤矿山、危险化学品、交通运输、建筑施工等各类高危行业100%达到国家安全生产标准,消防安全重点单位100%达到标准化管理水平。持续开展安全生产的宣传教育和专项整治,对群众投诉实现100%查处,重大安全隐患限期整治率达到100%。

"平安重庆"的另一个亮点是居住安全。重庆提出,实施居住建筑抗防灾安全工程、建筑消防安全工程、建筑材料环保安全工程、装修成品住宅安全工程、房屋住用安全和地质安全工程,加强城市智能化管理,家庭、小区电子报警系统到2012年安装率达100%。

"平安重庆"的保障在于抓好法制环境、执法队伍"两大建设"。重庆司法系统提出了"法制重庆"建设,并整肃司法队伍。此部分内容详见第二章"打黑除恶"。

五、"健康重庆"

世界各国普遍认为,健康不仅是经济社会发展的目的,也是人类追求的重要目标之一,已经处于人类发展的突出位置。《世界人权公约》《经济、社会和文化权利国际公约》均将健康作为基本人权。党的十七大报告明确提出"健康是人全面发展的基础,关系千家万户幸福"。薄熙来在一次会议上说:"重庆火锅很有名……有的男同志吃火锅,光着膀子大汗淋漓,很豪爽,可你定睛一看,身上一堆虚肉,不结实! 重庆的烟民不少……不仅抽烟,还要喝酒,去年我市喝的酒比 2004 年多了 33 万吨! 还有不少人'黑白颠倒',打扑克、'斗地主'斗到大半夜……据说'斗地主'的书还成了畅销书! 这些生活习惯都不利于健康,要注意精神健康……要大力提倡红歌和'坝坝舞',聚在一块,又唱又跳,多提神啊! 只有从体质健康、饮食健康、行为健康、生育健康和精神健康五个方面综合着手,才有健康之风,才算'健康重庆'。"[①]2008 年 12 月 17 日,重庆市建设"健康重庆"动员大会召开。根据重庆市委市政府关于开展健康重庆建设的文件,健康重庆的主要措施和目标有:

(一)增进群众体质健康

重庆提出,到 2012 年,市民健康素质超过全国平均水平,经常参加体育锻炼的人口比例达 40%,人均期望寿命从 76 岁提高到 77 岁,青少年平均身高增高 1~2 厘米,市民体质抽样合格率达到 88%。

第一,广泛开展群众健身。全面落实《全民健身计划纲要》,广泛开展群众性体育活动。在机关、企事业单位、社会团体推广工间操,在社区

---

① 朱文强,刘彦昆:《再塑重庆》,《小康》2009 年第 11 期。

推广太极拳,普及健身操。组织群众性登山、竞走、长跑、万人马拉松等体育项目,倡导市民终生锻炼。发挥各行业和体育协会的作用,组织开展多层次、多项目的群众性比赛活动。完善覆盖全市的市民体质监测体系,低收入群体每两年享受一次免费体检,中小学生、机关事业单位职工每两年一次体检。在城市居民住房建设中,要配套建设必要的体育活动设施。鼓励机关、企事业单位的体育设施向社会开放,提高设施利用率。

第二,切实加强学校体育。积极开展"阳光体育运动",坚持做好课间操,保证学生在校期间每天锻炼 1 小时,在高中毕业前掌握 1~2 项终生受益的体育运动技能,养成日常锻炼的良好习惯。中小学体育课由每周 2 节增加到 4 节。根据体育课时总量配齐配足体育教师,加强学校体育设施建设和体育器材配置。每年至少举办一次校运会,到 2012 年创建80 个国家级青少年体育俱乐部。

第三,积极发展竞技体育。到 2012 年市和区县业余体校在训运动员规模分别达到 1000 人和 2000 人。每两年举行一届全市运动会。

第四,实施体育行动计划。到 2012 年,投入 73 亿元,重点推进区县公共体育设施建设,在学校建成 1000 条 400 米塑胶跑道,每个区县(自治县)至少建成 1 个标准体育场、1 个体育馆、1 个游泳池,建成 2 条登山步道或沿江步道;加快建成市竞技体育训练中心、奥体中心综合馆、武隆仙女山国家级青少年户外运动营地(亚高原训练基地)、射击射箭基地等一批市级体育赛事和训练设施;2010 年前基本建成大田湾全民健身活动中心;推进"农民体育健身工程",每个村建 1 个篮球场、配备 2 副以上乒乓球台;完善以健身路径为主要内容的"社区体育健身"工程。大力推进体育健身服务、体育设施经营、体育用品生产等体育产业的发展。

(二)市民健康保障水平处于西部前列

到 2012 年,每千人拥有执业医师和注册护士数分别达到 1.5 人和 1

人,每千人拥有住院病床数增至3张,乡镇卫生院和社区卫生服务中心实现标准化。城乡居民医疗保险全覆盖。

首先,普及大众健康知识。

开展群众性健康教育活动,加强传染病防治知识、良好生活方式和卫生习惯的宣传引导。到2012年,全市所有区县(自治县)建立健康教育平台。

第二,深化爱国卫生运动,营造健康环境。

开展城乡卫生创建活动。实施"城乡清洁工程",逐步实现垃圾定点堆放、家禽家畜圈养、农舍内外整洁,养成良好卫生习惯。

加快农村改水改厕。建立水源性疾病评估预测体系,建设农村饮用水水质卫生常规监测体系及数据信息系统。大力开展农村改厕工作,抓好粪便无害化处理。

加强"四害"预防控制。坚持每年开展春秋季统一灭鼠和夏季灭蚊、灭蝇、灭蟑螂活动。重点整治农贸市场、食品加工业、建筑工地、垃圾站等"四害"孳生部位。建立全市和区县级四害密度监测、危害评估网络和直报系统,提高专业化防治水平。

第三,加强食品、药口安全监督。

加强食品安全监管。加强生产环节监管,完善市、区(县)两级农产品质量安全检验检测体系,到2012年,畜产品和水产品中违禁化学物质抽样检测合格率保持100%。加强食品准入、交易和退市的全程监督,确保市民食用"放心食品"。大力推进学校标准化食堂建设,加强校园周边食品安全监管。完善食品安全责任追究制度,防止群体性食品安全事件发生。保障市民饮水安全。全面开展主要饮用水水源地水质常规监测,加强饮用水传染病监测预警。

加强药品安全监管。完善药品安全监管体制机制,加强对药品研制、生产、流通、使用等各个环节的监管,特别要加大对农村药品安全和高风险品种等薄弱环节和重点领域的监管力度。

第四,提高卫生服务水平。

实施卫生行动计划。重点推进公共卫生设施和基本医疗服务体系建设。健全县、乡、村三级农村卫生服务网络,健全城市社区卫生服务网络。

提升医疗卫生水平。加快实施市级 10 大公共医疗卫生建设项目,新建一批高水平的现代化医院,加强市级中医龙头机构建设,提升公共医疗救治水平。

强化公共卫生服务。在乡镇和社区建立公共卫生管理中心,建立完善区县疾病预防控制和卫生监督工作人员驻乡、驻社区制度,逐步实现公共卫生服务县乡村一体化。逐步实现基本公共卫生服务均等化。

健全基本医疗保障体系。完善职工基本医疗保险和新农合制度,全面推进城乡居民合作医疗保险制度。

(三)市民健康行为基本养成

第一,促进市民养成健康生活习惯。开展全民控烟活动,推行公共场所禁烟。引导成年人饮酒适度,禁止未成年人饮酒。制订下发市民健康行为指导方案,倡导健康作息、充足睡眠。提倡健康高尚的娱乐活动。引导市民养成良好个人卫生习惯。推行"日行一万步、吃动两平衡、健康一辈子"的"健康一二一"行动。

第二,关注重点人群行为健康。学校设置健康教育课程,开展学生近视防控和营养状况改善行动,促进学生养成健康行为。对重点行业、重点人群开展《职业病防治法》宣传和职业卫生安全培训,降低职业环境危害因素。

第三,引导市民形成科学饮食习惯。倡导市民形成科学的营养意识,形成良好饮食习惯。印发《健康饮食指南》,推广膳食指导方案,引导家庭合理改善饮食结构。对机关、学校和企事业单位食堂进行科学配餐指导。切实保障学生饮食健康。

（四）重视精神健康

创造文明健康的社会环境。广泛开展群众性精神文明创建活动和道德实践活动,抓好理想信念、道德观念和健康心理教育。丰富群众文化生活,广泛开展唱红歌等群众性文化活动。净化网络环境,优化文化环境,打击"黄、赌、毒"。强化社会志愿服务。

加强心理健康服务。普及大众精神卫生知识,组织群众性精神卫生宣传活动。加强对学校师生、公务员、企业管理人员、农民工等重点人群的心理问题干预和心理矫正。健全精神卫生服务网络,建立市民心理健康咨询中心,开通心理援助免费热线电话。设立心理辅导室,所有高等院校配备专职心理教师。开展精神疾病患者救治救助。

六、建设"五个重庆",打造国家中心城市

"五个重庆"是重庆开放的基础,也是重庆这个我国中西部唯一一个国家中心城市的基础;"五个重庆"既是目标,也是手段。薄熙来说,重庆市委三届三次全会提出建设"宜居、畅通、健康、平安和森林重庆",是市委、市政府今后几年全力推进的工作。这些都是为了改善重庆人民的生活质量和工作环境,虽各有侧重,但都体现了"以人为本"这一科学发展观的核心理念。"森林重庆"侧重环境,"畅通重庆"侧重效率,"宜居重庆"侧重舒适,"平安重庆"注重百姓的人身和财产安全,而"健康重庆"就是讲人本身。① 薄熙来的话说明了"五个重庆"是建设的目标,但同时,"五个重庆"还是打造国家中心城市的途径。宜居的、平安的、森林的、畅通的、健康的国家中心城市成就重庆的大发展和重庆人民的幸福。

---

① 《"畅通重庆"全面启动 建大西南综合交通枢纽》,2008 年 11 月 20 日《重庆日报》。

国家中心城市既需要有完善的城市服务体系,即"五个重庆"建设的完成,也要求市民的素质与国家中心城市相适应。市民素质、城市人文形象直接影响到国家中心城市的管理及城市的整体形象。因此,在全体市民中普及终身学习理念,营造全民学习的风气,从"麻将"、茶文化等休闲文化中提升到高层次的学习文化中,提升市民的整体素质,以提高重庆市的文化力和聚集力,建设"文化重庆"。

薄熙来也指出,对一个城市来说,脱胎换骨的大发展,是50年一遇甚至百年一遇。对于重庆更应该树立"文明重庆"的意识,我们这些人正当其时,要不负重庆的发展史,将重庆这块山川美玉精雕细刻,为子孙留下一个好作品。①

七、"五个重庆"建设——科学发展观的重庆实践

"五个重庆"是看得见摸得着的科学发展观。"五个重庆"建设,是中共重庆市委、市政府全面贯彻落实科学发展观的"重庆范本",是重庆版的科学发展观。科学发展观的第一要义是发展,核心是以人为本,基本要求是全面、协调、可持续,根本方法是统筹兼顾,"五个重庆"建设是对科学发展观的实践诠释。薄熙来说:"五个重庆"就是科学发展观的本地化。②

(一)"五个重庆"建设推动重庆发展

"五个重庆"建设紧紧抓住发展这个第一要务,以居住状况、交通条件、生态环境、安全程度、市民健康水平五个方面为核心内容,制定了重庆经济社会发展和人的全面发展的长远规划和实现步骤,是把重庆从区域

---

① 《薄熙来引经典诠释"宜居"要让市民买得起住得起房》,2009年4月22日《重庆日报》。
② 《薄熙来:"五个重庆"需科技支撑》,2009年9月9日《重庆商报》。

性中心城市推向国家中心城市、国际大都市的战略举措,开创了推进城市科学发展的新路径、新模式。

首先,"五个重庆"建设优化了重庆发展的环境。2008 年 7 月 20 日,重庆市委召开三届三次全会,薄熙来在会上说,扩大开放,搞好软硬环境是基本功,要精心塑造重庆,开发重庆的内涵,营造以人为本、安商助商的综合环境。就在这次会上,"五个重庆"建设确定为重庆的战略行动。"五个重庆"建设就是以居住环境、生态环境、交通条件、安全程度、市民健康水平等五个方面的内容为核心,整体推进重庆的环境改善,"五个重庆"正日益使重庆成为"聚人、聚财",活力迸发的一方热土。

第二,"五个重庆"建设也是直接推动重庆经济社会发展的发动机。"五个重庆"战略提出后的未来三年,"宜居重庆"建设将投资 8761 亿元,极大地改善人居环境;"畅通重庆"建设将投资 3000 亿元,重点抓好交通基础设施建设和综合管理;"森林重庆"建设将投资 500 亿元,大力加强生态建设和环境保护;"平安重庆"建设将投资 150 亿元,打造投资者和广大居民的"平安区"、"放心区";"健康重庆"建设将投资 350 亿元,改善卫生服务、医疗保健和社会保障。未来 5 年,"五个重庆"建设将投资 12000 亿元,其拉动效应将大于直接的产业投入,具有持续牵引作用。

(二)"五个重庆"建设的民生导向是以人为本的体现

经济建设与民生建设,目前从全国来看是一条腿长、一条腿短,而在欠发达地区则是一条腿短、另一条腿更短。在这种情况下,类似重庆这样的欠发达地区,究竟如何落实科学发展观,能否实现经济社会跨越式的转轨发展? 薄熙来认为,"五个重庆"是全面推进重庆科学发展的重要载体,既是经济建设,也是重要的民生建设,相辅相成,相互促进。改善民生,既是我们的政治理想和奋斗目标,也是我们发展经济的始源和归宿。①

"五个重庆"建设首要的目的在于改善民生。"宜居重庆"正确处理了人与自然环境和社会环境的关系,着力于改善百姓的居住条件和环境;"畅通重庆"正确处理了人、车、路的关系,着力于交通条件的改善,落脚于"主城不塞车,乡村有油路";"森林重庆"正确处理了人与自然环境的关系,着力于自然环境的改善,落脚于"让老百姓多吸氧";"平安重庆"正确处理了人与人的关系,着力于治安环境的改善,落脚于增强老百姓的安全感;"健康重庆"正确处理了人与自身的关系,着力于提高市民健康水平,落脚于让孩子长得壮、老人活得长、全民活得健康。为张打造内陆开放高地之"目"的"宜居重庆"建设,突出社会文明度、经济富裕度、环境优美度、资源承载度、生活便宜度和公共安全度等综合环境建设,必将带来重庆社会、环境和空间质量的明显改善。作为经济发展"先行官"、城市文明程度直接反映的"畅通重庆"建设,必将进一步强化重庆交通枢纽地位,带来交通阻塞率明显下降、机动车和行人遵章率上升、交通秩序明显改观的效果,使重庆成为一个"不塞车的城市"。"让森林走进城市,让城市拥抱森林"的"森林重庆"建设,是重庆推进生态文明建设的代名词、打造宜居之城的同义词,必将实现重庆由"大火炉"向"大氧吧"转变,森林,将成为重庆最亮的"绿色名片"。

发展民生,就是以人为本,是科学发展观的具体体现。

(三)"五个重庆"建设是全面、协调、可持续发展的得力措施

"五个重庆"建设对经济、政治、文化、社会等方面作出全面规划,推进重庆全面发展。"宜居重庆"和"畅通重庆"提升重庆发展的基础设施

---

① 《薄熙来:"五个重庆"需科技支撑》,2009 年 9 月 9 日《重庆商报》。

环境;"平安重庆"优化重庆发展的社会环境;"森林重庆"改善重庆发展的生态环境;特别是"健康重庆"建设,重庆双管齐下:在身体健康方面,发展体育卫生事业,强健人体体质;在精神健康方面,"唱读讲传"提振精气神。

"五个重庆"建设协调发展。"畅通重庆"疏堵架桥修路,为"宜居重庆"和"森林重庆"建设提供条件。"平安重庆"为重庆建设和居民生活提供安全的社会环境。"畅通重庆"、"宜居重庆"、"森林重庆"、"平安重庆"共同促进"健康重庆"。"五个重庆"建设齐头并进,共奏和谐乐章。

"五个重庆"建设体现了人的发展与自然和社会发展的持续性。"五个重庆"建设始终把重庆人民发展的需要同重庆经济社会发展与自然环境发展相统一。重庆是长江上游的重要生态屏障和全国水资源战略储备库,是全国生态建设与环境保护的重点地区。"五个重庆"建设,高度重视资源节约和环境保护问题,特别注重抓好三峡库区、渝东南山区生态功能区规划和建设,坚持发展环境友好型、资源节约型经济,建设森林宜居家园,做到经济发展和人口资源环境相协调、经济效益与生态效益和社会效益相统一,实现人居环境优良、生态系统稳定、生态文化丰富,保障长江流域生态安全,促进人与自然和谐相处,不断增强重庆可持续发展能力。

(四)"五个重庆"建设体现了统筹兼顾、标本兼治的方法论

"五个重庆"建设坚持统筹兼顾的根本方法,正确处理重庆改革发展的各种复杂问题。重庆地处西部欠发达地区,是大城市、大农村、大库区并存,移民地区、民族地区和环境脆弱地区等特征集于一体的特殊直辖市。区域发展不平衡,城乡发展不协调,曾经经济社会发展不和谐,生态环境遭到破坏。"五个重庆"建设在统筹城乡发展上,按照形成城乡经济社会发展一体化新格局的要求,科学规划城乡经济社会发展、基础设施建设、资源配置和生态环境保护等,推动生产力合理布局,有针对性地改变

城乡二元结构,努力实现城乡共同繁荣。例如"宜居重庆"建设在城市搞环境建设,在农村同时建设巴渝民居;又如"森林重庆"和"畅通重庆"也是兼顾城乡,同时在城乡种树修路;"平安重庆"和"健康重庆"更是把资源向农村倾斜。在统筹区域发展上,坚持主城区和区县全面推进、中心区和"两翼"同发展的发展理念,加强主城区与区县、乡镇之间的联系与交流,以区域协调发展为总体战略。在统筹经济社会发展上,以"宜居"、"平安"、"健康"等为重要目标,更加注重社会事业的发展,实现经济发展与社会进步的相互促进。在统筹人与自然和谐发展上,高度重视资源和环境问题,保护和建设生态,培育城市的可持续发展能力。在统筹市内发展和对外开放上,以长江上游地区综合交通枢纽、国际贸易大通道和内陆开放高地建设为抓手,充分利用国际国内两个市场、两种资源,以大开放促进大发展。正如中国社会科学院常务副院长王伟光所评价的:"五个重庆"建设是科学发展观内涵的生动体现。①

---

① 王伟光:《"五个重庆"建设:科学发展观内涵的生动体现》,2010 年 4 月 29 日《人民日报》。

第六章

解"二元方程"

——以统筹城乡综合配套改革与发展为主线

　　2007 年 3 月 8 日,胡锦涛总书记在对重庆的"314"总体部署中,要求重庆加快建设城乡统筹发展的直辖市;6 月 7 日,国务院同意重庆成为全国统筹城乡综合配套改革试验区;6 月 27 日,国务院原则通过全国第一个"城乡总体规划"——《二○○七至二○二○年重庆市城乡总体规划》(以前全国各地都只有"城市"总体规划)。这一系列的举措,不但是中央对重庆的"定向导航",而且是正确把握我国经济社会发展的新趋势、新矛盾、新挑战,促进全国协调发展的重大举措,是深刻体现社会主义市场经济体制本质,把改革开放向内陆和纵深推进的重大举措。所以,胡锦涛要求重庆"努力做好统筹城乡经济社会发展这篇大文章"。[①] 薄熙来对此牢记在心。来渝不久,他就在全市干部大会上郑重表示:"搞好城乡统筹对于重庆发展至关重要,这也是未来五年、十年市委、市政府带领全市人民必须做好的一篇大文章。这篇文章难度很大,但做好了,则有全国性的示

---

① 胡锦涛:《参加重庆代表团审议时的讲话》,2007 年 3 月 9 日《重庆日报》。

范意义。"①两年后,薄熙来充满信心地宣告:"重庆城乡统筹找到一条通途。"②那么重庆找到的通途是什么? 重应是怎样做统筹城乡发展这篇破解城乡"二元结构"难题的大文章的?

一、统筹城乡发展是实现科学发展的关键

(一)统筹城乡发展是中国共产党的一贯追求

早在抗日战争胜利前夕的 1945 年,毛泽东就在党的七大上指出:"如果中国需要建设强大的民族工业,建设很多的近代的大城市,就要有一个变农村人口为城市人口的长过程。"③这可以说是我们党统筹城乡发展思想的最早萌芽。在新中国建立前夕的 1949 年,毛泽东又在七届二中全会上指出:"城乡必须兼顾,必须使城市工作和乡村工作,使工人和农民,使工业和农业,紧密地联系起来。决不可以丢掉乡村,仅顾城市,如果这样想,那是完全错误的。"④这,可以说是对我们党统筹城乡发展思想最早的明确表述。

改革开放以后,邓小平指出:"对内经济搞活,首先从农村着手。中国有80%的人口在农村。中国社会是不是安定,中国经济能不能发展,首先要看农村能不能发展,农民生活是不是好起来。翻两番,很重要的是这80%的人口能不能达到。"⑤

江泽民在 1993 年的中央农村工作会议上的讲话中,在论述社会主义市场经济条件下的"三农"问题时讲道:

"建立社会主义市场经济体制,为农村经济的发展带来了前所未有

① 《重庆市召开电视电话会议传达学习全国"两会"精神》,2008 年 3 月 23 日《重庆日报》。
② 《薄熙来:重庆城乡统筹找到一条通途》,2010 年 8 月 3 日《重庆日报》。
③ 《毛泽东选集》第 3 卷,人民出版社 1991 年版第 1077 页。
④ 《毛泽东选集》第 4 卷,人民出版社 1991 年版第 1472 页。
⑤ 《邓小平文选》第 3 卷,人民出版社 1993 年版第 77 页。

的机遇。同时也应看到,农业不同于工业,既受市场风险制约,又受自然风险制约,是国民经济中社会效益高而自身效益低的产业,无论在商品市场的竞争中,还是在经济资源的竞争中,常常处于比较软弱和不利的地位。因此,农业在国家的宏观调控中是需要加以保护的产业。"

"近几年来我国工业高速增长,农业却明显滞后,工农业发展不协调的情况比较突出……用于农业的补贴减少,不少地方在粮食购销放开后,原来的粮价补贴,有的并未用于补贴农业,而用于搞工业,搞开发区、房地产。农业信贷资金也大量地流向工业、流向城市。所有这些,给农业和农村经济的发展带来明显的不利后果:农业比较利益下降,农民种粮种棉的积极性受到挫伤,有的地方甚至发生撂荒现象;农民收入增长缓慢,农民人均纯收入与城镇居民人均生活费收入之比,已基本上回复到农村改革前的状况;农业投入减少,农业已成为国民经济中最薄弱的环节。这些情况说明,在发展社会主义市场经济的过程中,如果没有强有力的宏观调控,单纯靠市场调节,工业和农业发展速度的差距、城乡居民收入的差距、发达地区与欠发达地区经济发展的差距将会日益拉大。如果这样发展下去,不但工业和整个经济的发展会失去支撑,而且经济和社会生活中的矛盾会更加突出,还可能引发一些新的矛盾和问题,那就会严重影响政权的巩固和社会的安定。对此,我们切不可掉以轻心。"

科学发展观针对我国积累起来的五大矛盾,尤其是首当其冲的城乡矛盾,旗帜鲜明地提出"五统筹",其中,居于首位的也正是"城乡统筹"。胡锦涛总书记在对重庆的"314"总体部署中,更具体地指出:"重庆大城市大农村并存,城乡二元结构突出,必须坚持把解决好'三农'问题作为工作的重中之重,以发展农业和农村经济为重点目标,以增加农民收入为中心任务,认真落实好各项支农惠农政策,全面深化农村综合改革,积极建立以工促农、以城带乡的长效机制,努力做好统筹城乡经济社会发展这篇大文章。"①

重庆如此,城乡二元结构同样突出的整个中国,何尝不是如此呢? 统筹城乡发展,实质就是在社会主义市场经济条件下解决好"三农"问题、促进城乡二元结构转变为现代化社会的一元结构,因此,它是实现科学发展、实现全面小康和社会主义现代化的关键,是中国共产党一贯的孜孜追求。

(二)统筹城乡发展,是中央对重庆的特殊定位,也是重庆发展的特殊规律

中国的四大直辖市,中央早已对京、津、沪各有定位,对重庆这个新直辖市,则是要求它成为统筹城乡的直辖市。中央的这个定位,符合重庆的具体市情,符合重庆的发展规律。

早在1983年,重庆成为我国第一个综合配套改革的大城市和计划单列市,因此将"老老重庆"市与原四川省永川地区合并,成立"老重庆"市时,中央就要求重庆走出一条"市带县"、大城市与大农村共同发展的路子。重庆为此作了不少有益的探索。1997年重庆直辖后,中央进一步要求重庆探索一条大城市带大农村的新路子,这实际上是科学发展观"统筹城乡发展"思想的发端。胡锦涛"314"总体部署更明确地将重庆定位于"城乡统筹发展的直辖市",之后国务院又确定重庆与成都为"统筹城乡发展综合配套改革试验区",更突出地表明了中央对重庆在做好统筹城乡发展这篇大文章上率先"破题"的殷切希望。

在上海世博会重庆馆中,一进门墙上就是一个大触摸屏,主页上重庆的版图,被一只神奇的"火凤凰"全部覆盖,重庆的40个区县都在其重要节点上。游客点击每一个节点,该区县的风貌就会出现。

---

① 胡锦涛:《参加重庆代表团审议时的讲话》,2007年3月9日《重庆日报》。

　　这只火凤凰的原型,是考古时在重庆的一个县里发掘出来一只青铜鸟,叫太阳鸟。重庆的艺术家蔡跃宏慧眼独具,把鸟形艺术化,并做成一个通透图,正好与重庆的版图重合,40个区县,一个不落,全被覆盖。神鸟的心脏正好就是重庆的主城区,它的血液系统正好就是流经重庆的长江、乌江、嘉陵江水系,我们只是以它来说明:重庆主城区不过只是一颗"心"而已,离开神鸟的身体,单独去飞,扑腾不了几下,所以必须统筹城乡发展,即只能作为一只神鸟,展开双翼,整体腾飞。

重庆版图被"火凤凰"全部覆盖

　　重庆"统筹城乡发展",确实是与重庆大城市、大农村、大山区、大库区及少数民族聚居区的特殊市情连在一起的。虽然重庆是一个直辖市的体制,但是它的幅员面积是82000平方公里,其他三个直辖市的面积,加起来才只是它的一半,所以重庆是中国一个非常特殊的直辖市。直辖当年,有一个说法:北京是"首都直辖市",上海是"经济直辖市",天津是"工业直辖市",而重庆是一个"农民直辖市"。重庆的市树,叫黄葛树,有人说是老农民的形象;重庆的市花,叫川茶花,有人说是一个美丽的村姑的形象。所以一说到重庆,就容易与农民联系起来。事实上,直到今天,重庆有户籍的城镇人口也只占3200万总人口的大约1/3,所以也仍然可以说是"农民直辖市"。

当然,重庆也远不止只是个"农民直辖市",它同时也是个"工商直辖市",是我国六大老工业基地之一。从抗日战争时期起直到现在,重庆一直就是我国西部最大的工商业重镇,工业门类一直是非常齐全的,有能够带动周边的大农村,甚至带动长江上游地区乃至西部地区发展的基础与能量。可是,直辖之前,重庆的能量还远远没有发挥出来。重庆设直辖市,为什么没有设一个"重庆省"或者"三峡省"呢?不设"重庆省"的原因是,如果设一个省,重庆还是一个省辖市,体制劣势会制约其发展,所以中央让重庆成为直辖市确为英明的决定。这样,既可发挥中国西部最大一个老工业基地的作用,而且还可以实验一下将来中国省级行政区划与管理的创新——重庆以直辖市的行政单位,直接管理 40 个区县,这可能也是未来中国的行政管理模式①。这是重庆直辖的一个原因,但可能还不是最主要的原因。

农村这么大、农民这么多的重庆,当时的经济总量并不大,为什么要直辖?其主要的原因之一是为了三峡工程。三峡工程是世界上最大的水利工程。它的资金问题、技术难度都比较大,但还不是最大的问题。真正难的问题就是库区 100 多万移民问题——这 100 多万移民能不能移出来、能不能稳得住?国内外很多人都怀疑我们是不是能够把移民的事做好。曾有外国首相感叹:"世界上百万人口以下的国家有 20 几个,百万移民,相当于搬迁一个国家。"②不但如此,而且这次世界最大规模的移民还是在中国长江流域唯一一块连片贫困区中进行的,所以,三峡库区移民被称为"世界级难题",被称为"三峡工程成败的关键"③。为什么重庆直辖与此有直接的关系?最初的行政区划方案与重庆无关,是准备成立"三

---

① 20 世纪 80 年代邓小平说过"要研究四川太大、管理困难的问题;要研究发挥重庆中心城市带动作用的问题。必要的时候可以考虑把四川分成两个部分,一个以重庆为中心,一个以成都为中心。"20 世纪八九十年代,我国学者亦提出过一些将我国省级行政区设立为 50~60 个的设想。参见代伟:《20 世纪中国省制问题的回顾与展望》,《中国方域:行政区划与地名》1998 年第 6 期。

② 张乃玉:《三峡移民工程破解"世界级难题"》,《今日重庆》2008 年第 5 期。

③ 李鹏:《建设好三峡二期工程,做好移民工作》,中国水利信息网,(网页:http://www. chinawater. net. cn/CWSNews/2000/0111-1. html)。

峡省"的,由湖北省的宜昌和四川省的万县、涪陵三个地区组成。当时已经成立了一个筹备组,后来又放弃了。为什么放弃了?成立一个"三峡省",把总长度达662公里的三峡水库的库头、库尾都管住,对统一组织移民来讲不是更好?但是,三峡大移民不但是要让这100多万人搬家出来,而且更重要的是,要让他们搬出来之后能致富,这样才能稳定。而100多万人要致富,就得有一个大经济中心、大工业基地来带动,那就只有重庆了,所以中央最后决定让重庆直辖。这就是说,重庆直辖的一个重要原因,就是要以它的经济重镇、工业基地的能量,来带动三峡库区的农村发展。

三峡移民,重庆做得很好,十几年来,累计移民120万,三峡大坝蓄水已经到了175米,确实创造了一个世界奇迹。重庆广大移民干部跋山涉水、走村串户,不知道走了多少路、烂了多少鞋,不知道流了多少汗、掉了多少肉,不知道有多少人积劳成疾,有的甚至牺牲了宝贵的生命!移民不仅是移农村、县城、乡镇,还有众多的文化古迹。下面这幅张照片是著名的云阳张飞庙,很多的这一类古迹,都是把每一匹砖、每一匹瓦、每一块木料都编上号码,然后运到一个新的地址,重新给它装上去。三峡移民,本身就可以说是一种特殊的统筹城乡发展。

三峡大移民,振兴重庆这个老工业基地,是我们考察"重庆模式"的一个很重要背景。很多"模式",不单是领导人想出来的,更是现实的国情、省情、市情等实际情况"逼"出来的。既然重庆是一个"农村直辖市"和"老工业基地直辖市",那么,现在"重庆模式"的很重要内容,

云阳张飞庙

尤其是其"统筹城乡发展"的大文章,就是从这个特殊市情出发而得

来的。

城乡差别最大的重庆,如果能够走出一条统筹城乡发展的新路,就可为在全中国解决这个中国现代化进程中的最大难题提供借鉴。因此,其意义无论怎样强调都不过分。

二、城乡统筹综合配套改革试验"对重庆绝对是一个挑战"

在胡锦涛作出"314"总体部署后,国务院迅即确定重庆为统筹城乡综合配套改革试验区,媒体称之为"新特区"。我们认为,"新特区"的改革新试验,不仅使命重大,而且任务特殊,与沿海的"老特区"和"老试验"相比,有了明显的新阶段、新阶梯特征——老特区、老试验的主要着眼点,是"效率优先,先发展起来再说",即让一部分人、一部分地区先富起来;重庆新特区、新试验的主要着眼点,则是"更加公平,亦更有效率",即城乡共同发展、共同富裕,探索科学发展、社会和谐的路子。所以,德国之声(Deutsche Welle)就评论说,重庆"新特区""将成为中国改革开放过程中的第三个关键台阶"。

由于基本要求、基本目标、基本情况都不同,如何统筹城乡发展,搞好综合配套改革试验,就不能照抄照搬"老特区"、"老试验"的老经验(当然要学习、要借鉴,尤其要继承、发扬其"杀出一条血路"的基本精神),而要闯出一条新路必将面临很大的困难。

更深层的矛盾在于,即使是社会主义市场经济,也必然存在着的"马太效应",而"马太效应"又集中地体现在城乡两极分化上,本书之前已多次讲到。资本主义市场经济更严重的"两极分化"效应,使工业化、城市化的历史,成为一部充满着血腥的资本主义原始积累史——对农村和农民"血"与"火"的剥夺。改革开放以来,因为"马太效应"的存在,尽管党中央一直强调"三农"问题,将它作为"全党工作的重中之重",但城乡二元结构矛盾仍然没有得到解决,城乡、区域差距还被拉大。重庆"新特区"的"新试验",要对抗、遏制这种"马太效应",其难度可想而知。

所以,在薄熙来到重庆的三个月前,时任市委书记汪洋在"重庆市建设全国统筹城乡综合配套改革试验区电视电话会议"上的讲话中,就冷静、客观地描述了重庆建设统筹城乡发展的直辖市的态势和面临的困难:

> 必须认识到,重庆在全国处于相对滞后地位、与东部沿海地区差距拉大、在西部地区优势不明显的基本态势没有根本扭转;城乡二元结构矛盾突出、区域发展不平衡、"小马拉大车"的基本市情没有根本改变;经济增长方式较为粗放、社会事业发展滞后、基础设施体系不完善、生态环境脆弱、移民安稳致富难度大等突出矛盾没有根本消除;党的建设中存在的少数基层党组织软弱涣散、一些领导干部作风不实和落实科学发展观的能力不强、某些领域的腐败现象仍然严重等突出问题没有根本解决。而且随着改革的深入,我们还会面临利益格局调整的挑战、改革失误的挑战、改革受阻的挑战、改革被批评非议的挑战等,这些将会对各级党委政府带来更大的考验,我们必须作好准备,积极应对。

而薄熙来主政重庆四个月,在作了初步的调查研究之后,更深深感叹了建设统筹城乡发展直辖市的艰难:

> 拿城乡规模来说,我市城镇建成区810平方公里,农村面积占全市总面积99%,达8万多平方公里,就是咱们需要拉动的、带动的、改善的农村面积,比京、津、沪绑一块儿乘以二,还多。
>
> 讲到城镇化率,2007年我市城镇化率是48.9%,农村的人口京津沪三市加一块儿乘以二也赶不上咱。所以不论是面积还是农村的人口,对重庆完成统筹城乡这样一个任务都是非常艰

巨的。

再从居民收入来看，重庆在城乡居民收入之比，直辖之初是3.1∶1，去年是3.9∶1，在扩大。北京是2.3∶1，天津1.9∶1，上海2.3∶1，四川是3.1∶1。所以重庆的城乡差距比三个直辖市甚至比四川都要大，这个矛盾也很难办。

如果重庆的主城不加快发展，我们更落后，拉动力就小。但是你加快发展，和农村的差距会进一步拉大，所以重庆实际上面临的是一个很大的、两难的选择。

再有一个财政的拉动力，我们毕竟是一个老工业基地脱胎出来的城市，大家克服了很多困难，财政这几年有了突飞猛进的发展。这一点我觉得重庆人做得很精彩，但是我们现在的地方财政收入，去年是788亿，按照国家另一个口径，一般预算内财政收入也就是443个亿……重庆现在以400多亿的财力要统筹1500万农民，或者说2300多万户籍农民，或者说8万平方公里的农村，大家可以看这个城乡统筹的任务是多么艰巨。如何缩小城乡差距、完成城乡统筹试点的任务，对我们绝对是一个挑战。①

为使读者对薄熙来的概括有更深的理解，我们再介绍一些重庆农村的实情。

重庆直辖时，40个区县中，就有20个贫困县，其中17个是货真价实的国家级贫困县，绝对贫困人口达360万。尽管经过十几年大力扶贫，但是重庆目前仍然有30来万的绝对贫困人口。什么是绝对贫困？那就是温饱还成问题。重庆的贫困地区有两大块：一个是三峡库区，再一个就是武陵山区。三峡地区本来就包括号称"天下险"的夔门的大巴山区，又经

---

① 摘自薄熙来在重庆市管领导干部现代经济知识培训班上的讲话，中国当红网，网页：http://www.luckup.net/show.aspx? id=49739&cid=90。

几十年"不上不下"（三峡工程曾搁置几十年，不能在库区投资）、"不三不四"（中央决定修三峡水库后，动议中"三峡省"不可能投资，四川省也不愿投资），故穷上加穷。直辖的时候，三峡库区还有十几万住山洞的农民。武陵山区，是红四方面军的一个重要根据地。大家知道，凡是红军的根据地，都是比较贫困的。20世纪90年代，笔者曾经到武陵山区一个贫困县调查，汽车到了公路的最高处，然后翻山2个多小时，到了一个村庄，老百姓来欢迎我们，喊的口号居然还是"毛主席万岁"。因为青壮年早就出去打工了，那地方又没有报纸，没有广播，信息甚至于不如"文革"时期了，因为那时候还有高音喇叭，有手摇电话，现在这些都没有了，所以思想还停留在那个时期。我们问一个小孩：什么时候最高兴？原以为会是"过年"，结果回答是"下雨"——下雨时地里的洋芋会被冲下山沟（都是陡坡地），他们就能烤着吃了。因此我们对县委县政府的建议只有两个字——移民。

再用数据说说重庆"大农村"的窘境。其一，农业生产条件差：山高坡陡，水土流失面积占幅员面积的52.8%，耕地仅2000万亩出头（其中水田1140万亩），中低产田面积又占了73%，劳动力人均已不足1亩。其二，农业基础设施弱：有效灌溉面积仅占耕地的38.36%（全国为52%），水利设施老化，70%以上"带病作业"，没有摆脱靠天吃饭的境地；农村路网密度小，公路等级低、路况差，交通不畅，信息闭塞；农业机械化水平更是低下。其三，农民文化水平低：劳动力中，小学文化的近50%，文盲超过10%，高中以上的仅为5%，多数还出外打工摆摊了。因此，农民不但接受科技知识难，而且市场观念、风险和竞争意识都很弱。其四，农业生产方式落后：全市91%的农户经营着94%的耕地，户均仅3.3亩，传统粮猪型小农经济结构特征仍然十分明显，专业化程度低、手段粗放，农业生产率、农产品商品率低，产业化发展基础脆弱。这样落后的极广大农村与一个特大城市相并存，就形成全国最为突出经济社会二元结构，要想根本改变，需要克服很多困难。

除了自然条件差以外,重庆以及全国的一些社会条件,也制约着统筹城乡发展。重庆前任市委书记汪洋曾列举过以下五条:

其一,传统观念束缚大。农耕文化下土地对生存的保障作用,导致恋土情结成为一些农民进城落户的思想障碍;长期存在的城乡差距又导致一些城里人瞧不起农民,对农民进城有排斥心理。

其二,传统体制影响深。以行业、产业管理为基础的行政体制造成对城乡管理的割裂,农业作为弱势产业,也影响到主管部门的话语权,城乡统筹难以落实。

其三,各方利益调整难。农民希望在统筹中得到更多的利益,城市居民担心统筹减少现有社会福利,一些地方和部门不愿意因为统筹放弃相关既得利益,一些行业和领域对城乡统筹造成的利益调整也有很大的抵触情绪。

其四,经济支撑能力弱。城乡统筹新制度的建立,需要一定的经济实力作支撑,经济实力不强,就难以承受建设新制度的改革成本。

其五,制度创新能力不够。建立一个城乡统筹的制度体系,需要有解放的思想、改革的胆略,需要有创新的勇气、创新的思维、创新的举措,在这样的要求面前,没有充分的思想准备,改革常常会浅尝辄止、半途而废。

此外,基本认识上的偏差,也会加大统筹城乡发展的难度。对统筹城乡发展已有深入思考的汪洋就曾指出:

> 如果以为改革试验只要给线、给物、给政策就万事大吉,那改革注定会浅尝辄止;如果以为统筹城乡就是让农民进城,就是扩大城市规模,或就是搞新农村建设,那就无异于让改革走向失败。

上述一个个难点,使我们清楚地看到,建设统筹城乡发展的直辖市,"绝对是一个挑战"。但好在对有志者而言,挑战越大,动力就越强。誓要"后来居上"的重庆,迎难而上,攻坚克难,已经开辟了一条统筹城乡发展的道路,为"重庆模式"绘出了浓墨重彩。

三、"重庆城乡统筹找到一条通途"

重庆统筹城乡发展,引起了海内外广泛关注,全国各地来学习、考察、研究的队伍络绎不绝,总结的经验,不外乎各种"一体化",如城乡规划一体化、基础设施一体化、经济发展一体化、劳动就业一体化、基本公共服务一体化、户籍管理一体化等。这些,都是对的,亦可以推而广之,成为"套路",但是,它们仍然是"战术"层面的总结,属于岳飞所说的"阵而后战,兵家之常"的东西。而重庆市委、市政府做的,实际上达到了"运用之妙,存乎一心"的境界,是从实际出发,而又"天马行空"的大手笔、大战略。兹不揣肤浅,试概括如下。

(一)以胡锦涛"314"总体部署为总纲,以建设统筹城乡发展的直辖市为重庆的重要发展目标

具体内容已在第一章论述,从略。

(二)以"一圈两翼"为统筹城乡发展的战略格局

"一圈两翼",即以重庆主城为核心、以约 1 小时通勤距离为半径的"一小时经济圈"和三峡重庆库区、渝东南少数民族聚集区这"两翼"。

"1 小时经济圈"并非新概念、新实践,百舸争流的珠江三角洲经济圈、千帆竞发的长江三角洲经济圈、气势如虹的环渤海湾经济圈等,实际上都是"1 小时经济圈"。全国正式打造"1 小时经济圈"的大中城市,已达 20 余个,而且很多(包括作为近邻的"大成都"、"大武汉"等)都已经宣

布"建成"。"1 小时经济圈"这么多,说明它是经济、交通与科技发展到一定阶段的必然产物。而重庆的"1 小时经济圈",并非临摹与"克隆",既有共性,更有依据特殊市情、把握特殊规律的实践创新——既是对三峡库区"二律背反"矛盾的解决结果,又是内陆大开放高地的"主峰",更是"五个重庆"建设的主战场。

本处着重讲讲三峡库区"二律背反"矛盾,下面再讲内陆大开放高地和"五个重庆"对统筹城乡发展的意义。

所谓三峡库区"二律背反"矛盾,指库区经济发展与生态保护的矛盾。三峡水库最大库容近 400 亿立方米,一旦被污染,将不可能消除,会是中国乃至人类的一大灾难。而贫瘠的三峡重庆库区却有它承载不了的一千多万人口。他们要致富,势必污染水库,但也不能让他们永远受穷。怎么办呢?重庆请示中央,并得到中央高度认可和大力支持的一个方案,就是继大规模的搬迁移民之后,进行更大规模的(统筹城乡)"发展移民"——让数百万库区群众,相应地也让数百万渝东南少数民族聚集区的群众,进入主城"1 小时经济圈",既基础性地保证三峡库区及武陵山区的生态安全,又突破性地促进重庆的跨越式发展——上千万农民汇集重庆主城,并且变成市民,重庆能不超常规地谋划、中央能不超常规地支持吗?所以,就有了"314"总体部署,就有了国家的"统筹城乡综合配套改革试验区",就有了国务院"3 号文件",就有了内地唯一一个"国家中心城市"定位,等等;所以,重庆也就有了"一圈两翼",有了"内陆大开放高地",有了"五个重庆",有了"重庆模式"的"公租房"、户籍改革、"地票"交易所、"两翼农户万元增收工程"……

重庆"1 小时经济圈"以主城为核心,面积超过 3 万平方公里,到 2020年,圈内 1 个特大城市、4 个大城市、10 余个中等城市组成的城市群将横空出世,人口将达 2000 余万,而且多为城镇人口;圈内高速铁路和高速公路密如蛛网,联通全国乃至世界"三大洋",圈内形成核心区、扩展区和内层辐射区等功能分区,"信息高速公路"使商务、政务、教务很方便地电子化,在长江上游乃至西部地区配置资源的要素市场形成体系,实力强大、品牌响亮的"重庆造"战略产业实现聚集。重庆作为中国中西部唯一一个"国家中心城市"的综合服务功能和辐射带动作用将充分发挥,真正成为"西部地区的重要增长极",成为"长江上游地区的经济中心",成为"内陆大开放高地"。

这样的一个"1 小时经济圈",将是西部最大、最强的经济圈。

这样的一个"1 小时经济圈",就会使重庆以城带乡、以工哺农的战略能力大大加强,能够统筹城乡发展。

"一圈"带"两翼","两翼"促"一圈",就形成重庆统筹城乡发展的战略格局和运动平台。重庆在尽量加大财政对"两翼"倾斜力度(每年安排专项资金支持其基础设施建设)的同时,重点建立了"一圈"对"两翼"的区县结对帮扶关系,从产业联动、就业转移、教育互助、科技合作、卫生共享、人才交流、融资支持、扶贫开发等八个方面建立帮扶机制。例如明确要求"一圈"区县每年帮扶对口"两翼"区县的资金及实物量不低于本级财政收入的 1%,例如"两翼"中的区县可以在"一圈"甚至主城之内开辟工业园区,但 GDP 和税收归"两翼"区县,等等。此外,重庆还建立了"圈翼联动"的考核机制,对对口区县实行"捆绑式"考核。"一圈"中的"哥哥"没带好"两翼"中的"弟弟",就要曝光,就要受罚。

值得注意的是,重庆在强烈要求城市带好农村、"哥哥"带好"弟弟"的同时,也强烈要求农村、"弟弟"们要自强自立、加快发展。如要求各区县"成为扩大开放的主战场",使"40 个区县成为 40 只'小老虎'"(薄熙来语),等等。也就是说,重庆统筹城乡发展,不但要搞成"大马拉大车",而且要使重庆变成一列"动车组"——不但"火车头"(主城区)动力强大,而且每一节"车厢"(40 个区县)也都有很强的动力——飞驰前进。

要建设"城乡统筹发展的直辖市",更必须打造重庆的"1 小时经济圈"。因为,解决在全国最为突出的城乡二元结构问题,只能以工促农、以城带乡,通过工业化、城镇化、市场化和产业化来建设社会主义新农村。

而"1小时经济圈"战略,实际上也就是高度集聚的工业化、城镇化、市场化和产业化战略。随着这一战略的推进,重庆总体实力将迅速增强,对"三农"的投入力度就会迅速加大,现代农业就会得到持续发展,农业的综合效益和竞争力就会不断提高,农民的收入就会稳步增加;在"圈内"统筹推进交通、通信、供排水、供电、供气等基础设施建设,统一发展公共服务,农村城镇化、城乡一体化进程就会大大加快,农村教育、卫生、文化等社会事业就会长足发展;特大型城市、城市群越壮大,就业空间就越巨大,大量农村尤其是三峡库区的富余劳动力及其家属就会被越来越多地吸收……总之,以工促农、以城带乡的长效机制因此就能建立,统筹城乡经济社会发展这篇大文章就能做好,一条城乡统筹发展的新路子在重庆就能走出。

(三)以"五个重庆"为统筹城乡发展的系统工程

"五个重庆"中的每一个,都是统筹城乡发展的"推手"。"宜居重庆",既要解决大到世界500强、国内500强,小到中小型企业的老板、高管、科技精英们怎么"居"的问题,更要解决大量进城给这些企业打工的农民工怎么"居"的问题,可以说是统筹城乡发展的"超级蓄电池";"畅通重庆",首先要使城乡畅通,并且一直畅通到全国、全世界,可以说是统筹城乡发展的"超级桥梁";"森林重庆",不但改善生态环境,让重庆人民多吸氧、更长寿,而且其中还有大文章:重庆"两翼农户万元增收工程",主要就是搞"林下经济","森林重庆"可以说是统筹城乡发展的"超级大温床";"平安重庆",使重庆成为外来投资者的安全区、放心区,从而吸引更多的投资者来渝投资、创业,可以说是统筹城乡发展的"超级保护伞";"健康重庆",使重庆城乡的百姓都活得更长、更健康,活出质量、活出精彩,可以说是统筹城乡发展的"超级大目标"。不但每个单项如此,而且,

"五个重庆",作为"重庆人学习实践科学发展观的答卷"①,作为"科学发展观的本地化"②,也是实现"五个统筹"(首先是"统筹城乡发展")的系统工程。"五个重庆"建设好了,统筹城乡发展的直辖市,自然也就建设好了。

(四)以建设内陆大开放战略高地和打造国家中心城市为统筹城乡发展的最大动力和"火车头"

建设内陆大开放战略高地和打造国家中心城市(具体内容已在第四章论述),对统筹城乡发展的意义,是迅速地、极大地增强大城市带大农村的"火车头"的"拉力"。而这个"战略高地"和"中心城市",也就是重庆"一圈两翼"战略格局中"一圈"的重要内涵,它们对"两翼"即重庆主要农村地区的带动作用,上一节已作论述,故此处从略。

(五)以"房改"、"户改"、"土改"、"劳改"为统筹城乡发展的突破口

重庆"房改"的统筹意义

2009 年 12 月 20 日,薄熙来在全市经济工作会议上强调:"要让城乡老百姓都有房子住。"2010 年春节前,重庆"两会"召开,笔者作为市政协委员,聆听了黄奇帆市长的首次政府工作报告,其中讲道:

> 启动实施三年建设 2000 万平方米公共租赁房计划,以土地划拨方式进行建设,较大规模地增加公共租赁房,以相对优惠的租金,为低收入购房困难群体提供住房保障。

---

① 薄熙来:《打造"宜居重庆",让老百姓住得起、住得好》,2009 年 4 月 26 日《重庆日报》。
② 《重庆举行庆祝新中国成立 60 周年大会上薄熙来的讲话》,2009 年 9 月 30 日《重庆日报》。

1 月 14 日,重庆市政府召开春节后的第一次常务会,公布了一个重大决定:2020 年前,重庆将建 4000 万平方米的公租房,主城区、远郊区县各占一半,各约 30 余万套。当时计划在三年间,即到 2012 年,主城区和郊县各建成 1000 万平方米,其余 2000 万平方米随后建成,让 30% 的城市人口和农民工居者有其屋。

在 3 月召开的全国"两会"期间,黄奇帆市长在记者招待会上,将重庆公租房的比重加了码,讲要占"30% ~ 40%"(以前讲"占 30%")。更令人震撼的是,在 6 月底举行的重庆市委三届七次全委会上,重庆市委的委员们一致同意领导层对重庆公租房建设目标所作的重大调整:三年间在主城区建成 2000 万平方米,在远郊区县建成 1000 万平方米,全市共建成 3000 万平方米公租房,让重庆约 50 万户中低收入的老百姓住在称心如意的公租房中,迎接党的十八大。

其实,重庆春节前的公租房建设计划,已经是全国最先进的了。这一点从 2010 年 6 月 30 日《上海证券报》刊载的"主要城市公租房计划一览"可以看出:

北京:今年北京公租房的建设力度会比去年大,规模或将达到 50 万平方米。

广州:今年按计划推出 3000 套,面积全部在 60 平方米以下。

上海:正就《公共租赁住房实施意见》征求社会意见。(上海市后来宣布:今年完成 100 万平方米,到 2020 年将建成 2000 万平方米公租房——笔者注)

重庆:主城区今年计划开工建设的 6 个片区、750 万平方米的公租房目标全面落实(重庆市宣布:今年完成 1120 万平方米,到 2020 年将建成 4000 万平方米公租房——笔者注)。

上述比较还应对应另一组数字——2009 年的财政收入：

北京：2026.8 亿元（土地出让金 928 亿元，占财政收入 45.8%）。

广州：702.58 亿元（土地出让金收入 323.4 亿元，增长 86.3%，占财政收入 69.9%）。

上海：2540.3 亿元（土地出让金达到 1043 亿元，占财政收入 41.1%）。

重庆：1165.7 亿元（土地出让金 440 亿元，占财政收入 37.7%）。[①]

在 2009 年人均 GDP 才达到 3355 美元时，重庆市委、市政府为什么要对公租房建设的进度和力度加码？薄熙来在重庆市传达全国"两会"精神的干部大会上说的一段话，给出了深层次的答案：

如果房价太高，普通百姓辛苦几十年，还住不上一套像样的房子，那怎么行?! 我们是人民的政府，当然要为人民群众把基本住房解决好。

他在使重庆公租房建设大加码的市委三届七次全委会上还讲：

"安居"才能"乐业"，"小康不小康，关键看住房"。目前还有不少困难户，推进公租房建设、走政府保障和市场化并举的"双轨制"，既可以解决中低收入群体的住房问题，也有利于抑

---

① 《2009 城市土地出让金收入一览》，搜房网（网页：http://esf.cq.soufun.com/newsecond/news/3085805.htm）该资料显示杭州土地出让金占财政收入 202.4%，厦门占 126.0%，武汉占 114.2%。

制房价,吸引人才,一举多得,要加快推进。

而作为重庆"总操盘手"的市长黄奇帆,则更具体地讲道:

> 我们这么做的目的是,想探索将重庆城市住房供给体系由
> 原来主要由市场提供的单轨制,转变为政府保障和市场供给并
> 举的双轨制。

房产,具有保障性和商品性的双重属性,完全由政府保障,或完全市场化这两种"单轨制",都是有大缺陷的制度安排。尤其是对我国城市中普遍存在着的约 1/3 的"弱势群体"(朱镕基在他的最后一次政府工作报告首次正式提到这一名词)而言,无论哪种"单轨制",都只能将其关在门外。只有将那两种"单轨制"的"轨"联在一起,形成一种公租房本身的"双轨制",即让政府和市场共同出力,使大量公租房能够体面地盖起来,而且房租比市场价格低一半左右,而且还能良性循环运转,才能保证"弱势群体""居者有其屋"。再加上公租房(及廉租房)与商品房这更大范围的"双轨制",才能保证群众都"居者有其屋"。

那么,为什么说重庆大建公租房的"房改"是统筹城乡发展的"突破口"? 如前所述,重庆实施"一圈两翼"的统筹城乡发展战略,要建设内陆大开放的高地,要建成内地唯一的国家中心城市,那么,首先就要搞好开放的硬环境,也就是要建设"宜居重庆",以解决两个方面的问题——一方面,是要解决引进来的大到世界 500 强、国内 500 强,小到中小型企业的老板、高管、科技精英们怎么"居"的问题;另一方面,是要解决相当数量为它们服务的"小白领",尤其是大量进城给这些 500 强、"500 小"打工的农民工即"大蓝领"怎么"居"的问题。因为大量农民进城是统筹城乡发展的重要内容和突破口,所以,"宜居重庆"成为"五个重庆"之首,也成为重庆统筹城乡发展的重要突破口。

正因为如此,所以重庆与北京、上海等地的公租房管理条例就有了一个巨大的区别:在公租房准入上,重庆明文规定"没有户籍限制",而北京明文规定"供应对象为本市中低收入住房困难家庭",上海明文规定须"城镇常住户口,或持有该市居住证和持续缴纳社会保险金达到规定年限"。此外,北京还规定:"若申请人为单身,则年龄须在 30 岁以上。"重庆的规定则是"18 周岁以上"。尽管京、沪等地确有苦衷,但重庆对农村居民的欢迎与容纳,确实是令人感动的。

重庆"户改"的统筹意义

对统筹城乡发展而言,"户改"即户籍制度改革问题,是比"房改"更核心,也更难的问题。我国是人口尤其是农业人口大国,重庆是其缩影。由于就业、住房、社保、基础设施、教育、卫生等城市化支撑保障条件的限制,我国从新中国建立后就实行的城乡二元户籍制度有其历史必然性。本来,到工业化中、后期,如城乡发展较平衡,则可能较容易地改变城乡二元户籍制度。但如本书序言中所讲到的片面追求 GDP 的非科学发展观,导致我国城乡分化严重,使我国的户籍制度改革变得非常艰难[①]。尽管改户口本子非常容易,盖个章便是(北方有个地级市不是一夜之间就宣布取消城乡户口区别,一律登记为居民户口了吗?),但是,登记为某某乡某某村的"居民",能方便地到某某城市花园楼盘居住、到某某"装配总厂"打工,送孩子到某某"实验小学"上学吗?[②] 而重庆的"户改",正是要解决上述问题,然后附带给户口本"盖章"的系统工程。其规模之庞大——要让占农村户籍人口半数的 1000 万农民转户进城当市民,进度之迅速——第一步用两年时间让 338 万出来较早的农民工和农村学生(中

---

① 2010 年 1 月 27 日的《经济参考报》刊登了其记者算的一笔"户籍账":一个北京户籍上绑定的显性经济利益竟超过百万元。

② 值得注意的是,在深圳特区 30 岁"生日"之际,有广东专家认为,"大部分来深建设者都没有本地户籍,也感受不到城市居民应有的基本服务,这样的高城市化率是不真实、不公平的。作为特区的深圳应该更加开放,让更多的来深建设者可以享受到医疗、教育、住房等方面与本地人同等的福利"。引自《深圳特区今日成立 30 周年,学者为"中国模式"把脉》,2010 年 8 月 26 日《经济参考报》。

职以上)转户,第二步再用八年时间,到2020年,再让700万农民转户进城,其规划之系统——从大建公租房,到大引世界500强、中国500强、民营企业500强及大促本地各类企业发展,并扶持全民创业,从大兴公共教育,到大办公共医疗,以解决"改户"农民的住房、就业、子女教育、看病等问题,等等,都令人惊叹。尤其是,对"户改"重点、难点——社会保障问题,其核心设计之精妙,更是令人拍案叫绝。这就是黄奇帆市长比喻的"穿衣服、脱衣服"设计:

> 城市户口上捆绑了养老、医疗、教育、住房、就业"五件衣服",农村户口则捆绑了宅基地、林权、承包地"三件衣服"。市政府的基本共识是:只要农民工进了城,就该与城市居民享受同等待遇,穿上"五件衣服"。但目前的问题是,农村户籍上捆绑的"三件衣服",是不是在农村户籍注销之日起就"脱掉"?

> 如果是这样,万一农民在城市生活不稳定、流离失所怎么办?这是我们在改革进程中遇到的难题。在城市保障不到位的时候,要求农民放弃"三件衣服",是对他们权利的一种侵犯。我们的态度是,绝不能让农民"裸着身体"出村。重庆的解决思路是,即使农民穿上了城市的"五件衣服",其在农村的"三件衣服"仍然暂时保留。脱离"本本"论,是重庆在户籍改革问题上的创新。①

重庆的创新之处就在于,三年之内,可以让转户农民既穿上城市人的"五件衣服",同时还可保留在农村的"三件衣服";届时,再由他们自由选择要哪一套"衣服"。

大规模的"户改",不但是统筹城乡发展的重要突破口,而且是在企

---

① 《为群众"盖房子",给农民"穿衣服"、"找票子"》,2010年3月25日《重庆日报》。

业中建立新型劳动关系的重要突破口。成为真正的市民之后,农民工的综合素质和劳动技能会得到迅速提高,社会保障、子女教育等后顾之忧会迅速减少,为其"撑腰"的"后台"——各级党委、政府和社会法制体系——更"硬",因此,他们与资方的力量对比将逐步发生重大改变,农民工的劳动超高强度、超长时间,劳动条件恶劣、劳保措施缺失,劳动报酬过低、欠薪事件频发等与资本原始积累相伴随的现象,将逐步消除;他们"有尊严地生活",才能真正逐步成为现实,而不是停留在口头。

重庆"土改"的统筹意义

作为"财富之母"的土地,在有 13 亿人口而人均耕地只有 1.3 亩(世界平均为 4.8 亩),又处在高速城市化阶段的中国,是一种最为宝贵而特殊的商品。《汉书·郦食其传》讲:"王者,以民为天;而民,以食为天。"以中国之大,靠进口,即使能买够粮食,能保证中国的粮食安全问题吗? 所以,中央政府对建设用地实行严格计划管制与供应,以坚守我国 18 亿亩耕地的"红线"。

但是,统筹城乡发展,又必须高速城市化与社会主义新农村"双管齐下"。高速城市化,建设用地怎么来? 单靠中央政府计划分配的那些,确实紧张,这是很多地方不愿多建公租房的主要原因之一。舍不得宝贵的用地指标。要建设统筹城乡发展的国家中心城市和内陆大开放高地的重庆领导层,很早就在思考:如何既保持甚至增加农村耕地面积,又能扩大城市建设用地,以打破常规,进行统筹城乡综合配套改革试验中的"土改"呢? 新办法终于找到了,并冲破重重顾虑在全国率先出台,这就是重庆的"地票交易所"。

2010 年 8 月间,笔者在聆听黄奇帆解读重庆市委三届七次全委会"民生工程"精神时,记下了他说的这样一段话:2008 年,熙来书记下决心拍板,重庆建立起了"地票"交易所。

重庆领导层建立"地票"交易所的大思路是这样的:一个农民转户进城,平均需用 100 平方米土地,也就是要减少 100 平方米城郊耕地,可是,他在农村平均约有 250 平方米宅基地,如果让他把宅基地复垦成耕地,重庆不是可以净增加 150 平方米耕地吗?但问题在于,他的宅基地离主城 50 公里、100 公里甚至 500 公里,又是单家独户分散的,城里的各个用地单位又怎么可能与交换土地呢?于是就成立一个中介——"地票"交易所,让进城了的农民把他们的宅基地复垦(需由国土部门验收)后,得到"地票"(用地指标)并集中在"地票"交易所拍卖(农户获纯收益的80%),而让用地单位在此竞买"地票"。此外,农村集体组织如果将乡镇企业用地、农村公共设施和农村公益事业用地等复垦并经验收,也可得到相应"地票"并在"地票"交易所拍卖。

重庆的"地票"交易机制取得了一举多得的效果:一是在大量农民进城占用大量耕地的同时,又提供更大量的耕地。如果在全国推广,假设一亿农民照此办理,则不但不会使"红线"内的 18 亿亩耕地减少,反而会增加约 2 亿亩以上的耕地。二是在此前全国各地的"以物易物"(即直接用宅基地换城市住房,因而只能惠及城郊农民)的"土改"方式基础上,发展成为"以票易票"的金融交易"土改"新方式,惠及所有地区的进城农民。三是让进城的农民能够得到一笔在城市安身立命的"原始资金",帮助他们在城市站稳脚跟。四是打通一条城市反哺农村、工业反哺农业的重要管道。目前重庆每年"地票"交易量约 1 万亩,每亩价约 10 万元,单此一项,一年便有 10 亿资金从城市流向农村,尤其是进城打工较多的边远农村——这才是真正的统筹城乡发展。而将城郊地区城市化,或使其成为城市优美的"后花园"、"后果园"、"后乐园",虽然也不能说那不是"统筹城乡发展",但毕竟与统筹城市与边远农村发展,有质的差别。

薄熙来对重庆"地票"交易的评价甚高:

> 农村宅基地和荒地复垦后通过"地票"交易,既能发现农村土地的价格,又可以科学合理地整合土地资源,库区移民和渝东南大山区的农民都尝到了甜头,为重庆城乡统筹找到了一条通

途。搞到一定规模、取得充分经验之后,还可以为周边省市的土地交易服务,很可能成为西部大开发的一个重要抓手。重庆搞城乡统筹试验、两江新区建设、主城扩城规划、建设公租房、农村户籍制度改革,都要把土地问题搞得清清楚楚、明明白白。①

因此,重庆以"地票"交易为平台的"土改",确实是统筹城乡发展的又一重要突破口。

重庆建设大量公租房的"房改"、转移大量农民进城的"户改"和在扩大城市建设用地的同时增加耕地的"土改","三位一体",必将形成巨大的爆破力,"炸开"城乡二元结构极其坚固的"城墙",为重庆建设城乡统筹的直辖市开辟一条通途。

(六)以"'两翼'农户万元增收工程"为统筹城乡发展的战略重点

重庆"两翼"地区人口约占全市总人口的44%,其中农业人口占全市的一半左右;幅员面积约占重庆总面积的2/3,其中林地4700万亩,占全市的77%,林地资源优势特别突出。"两翼"群众不富,统筹城乡发展就是一句空话。因此,重庆在2010年启动的"'两翼'农户万元增收工程",目标是使"两翼"95%有劳动能力的农户在三年内,年收入由目前的1.5万元增加到2.5万元以上。

"'两翼'农户的万元增收工程"以深化林权改革为动力,重点是要念好"山"字经,支持广大农户发展林果、林下养殖、林业种植、森林旅游等特色产业。重庆市及"两翼"区县政府筹资100亿元投入此工程,并推动农村金融创新,引导和培育一批龙头企业和专业合作组织,建成100个农

---

① 《薄熙来、黄奇帆会见国土资源部部长徐绍史》,2010年8月3日《重庆日报》。

产品交易市场和 1000 个辐射全国的销售网点,并派 1 万名农技人员下乡服务,以推动重庆"两翼"地区旧貌换新颜。

可见,重庆"两翼"农户的万元增收,要靠两个方面的大发展、大变革。一方面,是生产力的大发展、大变革,除大力度地发展粮农经济外,要大面积、产业化地发展"森林经济",发展林、果、禽、畜等产业和林产品、农副产品加工业。另一方面,是生产关系的大发展、大变革,因为"森林经济"不是仅靠农民一家一户的小农经济能够做成"产业化"、能够做大做强的,还必须依靠新型的合作农业,需要大规模发展农民专业合作社。而这一过程,又与邓小平所讲我国农业"两次飞跃"紧密相联,是"第二个飞跃"的重要环节。1990 年,邓小平明确表述我国农业要经过"两次飞跃"才能实现现代化的思想。他说:"中国社会主义农业的改革和发展,从长远的观点看,要有两个飞跃。第一个飞跃,是废除人民公社,实行家庭联产承包为主的责任制。这是一个很大的前进,要长期坚持不变。第二个飞跃,是适应科学种田和生产社会化的需要,发展适度规模经营,发展集体经济。这又是一个很大的前进,当然这是很长的过程。"[①]重庆"'两翼'农户万元增收工程",正是我国农业现代化进程中"第二个飞跃"在重庆的具体实践形式和必经环节,所以,它远不止是一般意义上的生产活动和经济工程。如果仍靠一家一户地按这几十年的老办法单干,万元增收工程很可能成为"统计工程"。正如小平同志所说:"如果老是仅仅靠双手劳动,仅仅是一家一户地耕作,将来也不向集体化发展,农业现代化就不可能实现……从长远来说,农村经济最终还是要实现集体化、集约化。"[②]我们相信,"'两翼'农户万元增收工程",一定会是邓小平讲的"适应科学种田和生产社会化的需要,发展适度规模经营,发展集体经济"的新型工程。中央农村工作领导小组办公室副主任唐仁健对此称赞

---

① 《邓小平文选》第 3 卷,人民出版社 1993 年版,第 355 页。
② 转引自熊华源《论邓小平农村改革思想及其时代意义》,《党的文献》2004 年第 2 期。

道:"这是实实在在地抓统筹,是攻坚克难的大举措。"①

(七)以公共服务一体化为统筹城乡发展的社会保障

在大力推进城乡基础设施,尤其是路、电、通讯等一体化的基础上,重庆正在大力推进城乡基本公共服务一体化。劳动就业方面,不但打造出永川、合川等在校生数万甚至上十万的"职教城",而且由政府资助对新生代农民工进行系统培训(对"两翼"农村学生免收学费,并给予生活费和住宿费补助);对升不了高中就不了业的,进行实用技术的培训;对高中毕业的,进行高级技工的培训。重庆不但注重提高新生代农民工在城市的生存能力,而且在全国率先开展了进城务工农民管理服务试点,在农村扶持"劳务经纪人",使城乡就业制度开始接轨。在教育方面,不但率先开始推行农民工子女接受义务教育与城市居民子女同等就近入学制度,并新建大量中小学,着力解决城镇学校本来就存在的"大班额"与农民工子女入学带来的教育资源紧张问题,而且下决心、搞大投入,大量新增农村寄宿制学校,建立针对留守儿童特点的培养模式,采取代理家长、亲情室、托管中心等措施,让全市留守儿童健康茁壮成长。在住房方面,不但在城市大建公租房,而且在农村帮助农民大建新农舍,要把零零散散的小村落,变成三五百户聚居的大村庄。在医疗卫生方面,不但要新建和改造升级区县医院,而且要实现"一镇一院"、"一社区一中心",全面提升基层医疗服务水平,同时积极推行新型农村合作医疗制度,让农村疑难杂症也能够就近医治。在社会保障方面,重庆决定政府"自费",提前两年实现全市农村养老保险全覆盖,使300多万农村老人老有所养,还实现了最低生活保障城乡全覆盖,正为确保全市城乡老有所养、灾有所济、孤有所靠、残有所助而努力。

---

① 《城乡统筹搞得如何?各部委肯定重庆经验》,2010 年 5 月 16 日《重庆日报》。

从胡锦涛总书记作出"314"总体部署,要求重庆"加快建设统筹城乡发展的直辖市",到其后国务院批准重庆及成都为"统筹城乡发展综合配套改革试验区",至今已三年多,重庆"统筹"得如何呢?在"2010 中国农村经济论坛"上,农业部长韩长赋和中央农村工作领导小组办公室副主任唐仁健各有一段话,可以算个初步总结吧。

韩长赋:"2007 年国务院批准重庆为全国统筹城乡综合配套改革试验区以后,重庆市委、市政府立足'大城市带动大农村'的思路,带动全市人民大胆创新,积极推进改革试验,在统筹城乡发展上迈出了重要的步伐,取得了明显的成效,许多好经验好做法值得总结和借鉴。"

唐仁健:"和发达地区相比,重庆财力还有很大差距,但城乡统筹投入却不少,在力所能及的情况下,把城乡统筹投入这个文章做得非常足了,是真抓、真干、真投。"①

---

① 《城乡统筹搞得如何? 各部委肯定重庆经验》,2010 年 5 月 16 日《重庆日报》。

第七章

"三驾马车"

—以公有制为主体的多种经济成分共存为最优组合

　　有一个关于吝啬鬼的故事。说的是一个老人有五个儿子,都分了家。老人过生日请客,在院中摆一酒缸,叫每个儿子带一桶酒来祝寿。五个儿子各带了一桶水倒进缸里,想的都是"有兄弟们的四桶酒,我倒桶水没事"。然后各舀一碗品尝,开始一瞪眼一噎气,继而相视大笑,异口同声道:"好酒! 好酒!"

　　中国改革开放,建设中国特色社会主义,其与资本主义的本质区别,是以公有制经济为主体;与传统社会主义的本质区别,是多种所有制经济共同发展。离开上述寓言,用"酿酒"的现实做比方,公有制经济好比是"基酒",非公有制经济好比是"水",要按比例"勾兑"起来,才能成为"好酒"。与市场经济与生俱来的非公有制经济这"水"比较好搞,有市场机制了,放手就能发展。也已有不少国家、不少政党把它搞得很大。因此,在中国,把非公有制经济搞大,不算英雄。而公有制经济好比是"基酒",比较难搞,以前都是在计划经济条件下搞它,现在在市场经济条件下把它搞起来,这是中国共产党的独创。因此,在中国,在市场机制中把公有制经济搞大、搞强,真正搞成主体,同时又能促进非公有制经济发展,从而"勾兑"出有中国特色的社会主义"美酒",才算英雄。

在所有制安排、发展方面,回到上述寓言,重庆就是一个中国特色社会主义真正的"孝顺儿子"。它带给亲爱祖国的,既不是"纯而又纯"的"苦酒",更不是寡淡无味的"凉水",而是相得益彰的"美酒"。

一、社会主义初级阶段必须以公有制为主体、多种所有制经济共同发展

首先让我们用一个比方,来说明历史唯物主义"生产力决定生产关系"的基本道理并说明中国社会主义"初级阶段"的道理:如果生产力是水,生产关系、社会制度就是船;生产力决定生产关系,就是有什么样的水,就只能且必须开什么样的船。人类社会从低级到高级发展,就像我们的长江、黄河,一定会流到大海。长江最初从三江源发端,一片沼泽,好比原始社会,生产力水平低下,大家涉水而行;后来生产力之河发展成涓涓小溪,好比奴隶社会,只能开独木舟;众多涓涓小溪汇成长江上游的通天河,好比封建社会,可以开木帆船了;再往下过了虎跳峡后,长江的主干道就可以开小火轮了,就相当于进入资本主义;资本主义的小火轮通过长江上游、中游一直到上海,过了崇明岛,进入东海,社会化的生产力是汪洋大海,小火轮不能开了,就只能换社会主义的万吨巨轮。这就是历史唯物主义的历史规律论。

可是中国的情况非常特殊,仍用这个比喻。中国这只船走到长江三峡的时候,激流险滩,很危险,而当时那只半殖民地半封建社会的"破船"又遭受了"三座大山"的重压,中华民族有灭顶之灾。那个时候共产党、毛主席领导我们闹革命,推翻了"三座大山",把中华民族从水深火热中拯救出来,我们就过了"三峡",到了"湖北荆江",进入了社会主义。那个时候我们要造一条什么样的船呢?开始不很清楚。毛主席说,不知道吗,

第一问问老祖宗马克思、恩格斯嘛,第二学学苏联老大哥嘛,第三"凡是敌人反对的我们就拥护,凡是敌人拥护的我们就反对嘛"。老祖宗讲:社会主义是万吨巨轮,我们就认定了要造大轮船;老大哥在北冰洋边造了一艘计划经济的大轮船,在工业化的初期是适合的,我们也跟着造大船;当时认为"敌人"是资本主义,认为社会主义是资本主义的对立物,既然资本主义是小火轮,社会主义就是它的对立物——大轮船。如此种种原因,使我们中国曾经就在"荆江"上造了一条相当大的船,来搞社会主义。

从 1949 年到 1957 年,中国社会主义的船还不是很大,开得比较快、比较好。1958 年以后,一下想把这个船做大,出现"一大二公"、"大跃进",就是让大家都去划大船。可是就出了问题。我们党内一些领导同志就主张搞"三自一包",意思就是说这个船太大了,要把它弄小一点,才划得快。毛主席后来拍案大怒:你们要把船搞小,资本主义不就是小船吗? 你们要走资本主义道路,那不行,干脆这个船让它漂着吧,先把你们这些走资本主义的当权派打倒。这就是"文化大革命"了,使中国社会主义遭受很大挫折。

经过挫折,邓小平同志总结教训:挫折的根源,就在于党的政策体系超越了我国社会主义的发展阶段。用同一个比喻,就是把将来过了崇明岛、进入东海后才能开的大轮船,提前到湖北段的荆江就来开了,怎么能开得好呢? 所以,邓小平讲:我们现在最大的国情,就是正处于并将长期处于社会主义初级阶段。中国由于特殊原因提前进入了社会主义,但历史不能"开倒船",不能退回去搞资本主义。因为正如毛主席所说:"资本主义道路,也可增产,但时间要长,而且是痛苦的道路。我们不搞资本主义,这是定了的。"[1]退回去,违背我们党的根本利益、违背中国人民的根本利益。因此邓小平指出:要搞有中国特色的社会主义。再用同一个比喻,就是要坚持社会主义的原则,但是又不能搞大海里面才行的万吨巨

---

[1] 《毛泽东文集》第 6 卷,人民出版社 1999 版第 299 页。

轮,只能搞社会主义的小火轮,就是通过改革开放,把过大的船化小一些,适合在长江中快跑。

但是又有人讲,资本主义都是小火轮,你也搞个小火轮,不就是搞资本主义吗?那么我们现在搞的有中国特色社会主义,是不是符合马克思主义原则的社会主义呢?是!其实邓小平对这个问题早就讲得非常清楚了。他讲(就经济层面而言),社会主义的根本原则就讲两条:第一条,公有制为主体。就是说,我们这个船的关键部位,比如指挥舱、轮机舱等,是船员们公有的,其他部分,如客房、餐厅等,私人都可以搞;而资本主义那条船整个都是私人的。第二条,共同富裕。就是说,我们这个船航行的根本目的,是让船员们共同富裕,当然要通过先富带后富;而资本主义那条船航行得到的根本利益,主要是船老板的。当然,在资本主义发展到帝国主义阶段后,它们的小火轮就都成了拖轮,后面就挂了不少驳船——殖民地、半殖民地和现在的发展中国家,由于有残酷的经济掠夺,包括现在依靠发达国家主导的"游戏规则"进行的巧取豪夺,所以发达资本主义拖轮上的船员们也都得到不少航行的利益,确实比较富裕。而我们这个社会主义的小火轮虽然也加入了世界贸易组织这个大船队,但并未也不会成为掠夺驳船的拖轮,所以,也不能片面地用我们这个小火轮上船员们与资本主义拖轮上的船员们"斗富"。

在经济层面上,除了邓小平讲的上述两条原则,由于都是长江上的小火轮,这种船怎么开,从运行方式上讲,好像就没有什么社会主义与资本主义的区别了。因为都搞市场经济嘛,只不过我们的宏观调控更加厉害一点。所以,如果只看表面现象,资本主义是小火轮,我们中国特色社会主义也是小火轮,"你就是搞资本主义!""左派"也这样说,"右派"也这样说。其实,他们都没搞清楚邓小平理论的核心内容和精神实质。什么是中国特色社会主义?主要是初级阶段的社会主义,这和毛主席搞的社会主义有联系,也有很大的区别。一直到将来社会主义初级阶段走完了,仍用同一个比喻,即我们的船把长江走完了,到了东海了,才又会搞毛主席那种,亦即马克思恩格斯那种"一大二公"的社会主义——开万吨巨轮。

从上述大背景、大趋势进到"重庆模式",就好理解另一个比喻,即薄熙来讲的"三驾马车"了:重庆的发展,应该是"三匹骏马"——公有制经济、民营经济、外资经济——共同拉动经济社会这辆大车飞奔。薄熙来要求重庆:

> 要争取用 5 年时间,构造起国有企业、外资企业和民营企业三驾马车齐驱,一、二、三产业协调互动,"一圈两翼"三大板块全面开放的新格局,建设成我国内陆开放高地。[①]

二、"渝富模式"——推动重庆国有企业大改革、大改组、大发展

重庆是中国六大老工业基地之一[②],又是我国最大的常规兵器工业基地,因此国有企业众多,国有经济比重甚高。直辖之时,时任重庆市长浦海清开玩笑说:人们都知道朝鲜还在搞纯而又纯的社会主义,但不知道重庆的国有经济比重还超过朝鲜。重庆直辖,表面上红红火火,但内里颇有些焦头烂额,因为整个工业全行业,包括国有的、集体的、私营的、三资的统统亏损!从 1996 年一直亏损到 1999 年。在占经济比重69%的国有企业中,亏损比重正好也占了69%!这还是明亏,加上潜亏损的,大约占了90%!怪不得直辖时重庆一年的财政收入才 50 多个亿。

重庆国企困难的原因,一是企业普遍太老旧(很多还是抗战时内迁来的,很多是"三线建设"时迁来或兴建的),因而生产水平落后、企业负担沉重;二是战线太长、布局太散,从大炮坦克到锅碗瓢盆都在搞,因而规

---

① 薄熙来:《努力建成大西南综合交通枢纽》,2008 年 7 月 21 日《重庆日报》。
② 六大老工业基地为上海、天津、重庆、广州、武汉、沈阳。

模不大(直辖时国企平均每户资产不过千万元左右)、资质不高;三是体制僵化、不适应市场经济。在朱镕基总理部署的"国企三年脱困"大战役中,重庆在贺国强书记、包叙定市长领导下,破釜沉舟进行国企改革攻坚,经一场血战,使重庆国有经济起死回生,工业企业在 2000 年扭转连续四年的全行业亏损,一举赢利 20 多亿。

但重庆国企真正的大改革、大发展,还是 2001 年经济奇才黄奇帆加盟重庆市政府,并主导重庆国企发展与改革之后。2007 年尾薄熙来主政重庆后,更使业已腾飞的重庆国有经济如虎添翼,从而对重庆经济"三驾马车""驾辕马"的重任更加胜任。

(一)牵住投融资体制改革这个"牛鼻子",推动国企大改革大发展

尽管经过始于 1999 年"七个一批"①的国企大改革,到 2003 年重庆组建市国资委时,国有资产总量仍仅有 1700 多亿元,居全国第 19 位,且分散在 60 多个企业集团,1500 多个子、孙公司手中,还是"小、散、乱"的景象。经过以牵住投融资体制改革这个"牛鼻子"推动的国企大改革大发展,仅 6 年光景,便有沧海桑田般的巨变——2009 年,重庆市属国有资产增长了 6 倍,总量达 10500 亿元,居全国第 4 位。在资产规模大幅度扩张的同时,企业集团数量从 60 多个减少到 30 多个,子公司等从 1500 多个减少到 500 多个,国有资源集聚了,结构紧凑了。同时,国有资产分布从原来的仅限于工商业,到目前的基础设施、金融、工商业 4:3:3 分布的格局,并做到了资产负债、现金流、投入产出三个平衡。

重庆是怎么做的呢? 概括为一句话,是走出了一条国有资产资本化、积聚化、证券化,量变引起质变、质变引爆量变的路子,使国有企业成为资

---

① 即对国企兼并破产淘汰一批、实施债转股搞活一批、技术改造提高一批、加强内部管理转化一批、军民品分线解脱一批、中小企业改制脱困一批、扶优扶强壮大一批。

产调得动、流得畅、聚得紧、合得强的社会主义新型企业。

具体而言,重庆推动国企大改革大发展的举措是:

1. 以"五大注资"方式发展壮大国有投资集团

从 2002 年开始,重庆采取"五大注资"方式,即国债注资、土地储备收益注资、存量资产注资、规费注资、税收返还注资等,陆续组建或发展壮大了重庆水务控股(集团)有限公司、重庆高速公路发展有限公司、重庆市高等级公路投资有限公司、重庆地产(集团)有限公司、重庆城市建设投资(集团)有限公司、重庆市能源投资(集团)有限公司、重庆城市交通开发投资(集团)有限公司、重庆市水利投资(集团)有限公司等八大建设性投资集团,极大地增加了重庆地方骨干国有企业的净资本金,同时加大了它们的融资能力。八大投资集团的组建和发展壮大,改变了重庆国有资产过去分散投入、分散建设,缺乏融资资信,无法形成规模化、专业化管理的状况,构建了在市政府调控下,投资集团市场化运作的城市基础设施建设、公共事业发展的八大投融资平台,极大地提升了重庆市政府以国有经济主导全市经济社会发展的能力。

在国有投资集团的运作上,重庆同步制订了"三个绝不"和"三个平衡"的监管措施。"三个绝不",一是绝不允许各集团以财政资金担保,二是绝不允许各集团相互担保,三是绝不允许各集团以专项资金为其他项目担保。"三个平衡",一是各集团必须确保净资产与负债总体平衡,二是各集团必须确保现金流平衡,三是各集团必须确保投入产出平衡。黄奇帆指出:"三个绝不"和"三个平衡"的原则,为各个投资集团的安全运行"构筑了坚实的防火墙"。以"五大注资"、"三个绝不"和"三个平衡"来发展壮大国有资产,使国有企业如鱼得水,在社会主义市场经济的大海中畅游,这是黄奇帆的得意之笔,曾系统总结过重庆国有经济发展经验的清华教授崔之元称之为"国有企业集团'重庆经验'的'三大法宝'"[1]。

---

[1] 参见《"五大重庆"提升吸引力,商机价值连城》,2009 年 4 月 7 日《重庆晨报》。

2. 以"龙虾三吃"法对陷入困境的重庆金融机构和国有企业进行重组

邓小平早就讲过：金融是现代经济的命脉，抓住金融，一着棋活，满盘皆活。但由于种种原因，重庆的五大地方金融机构——重庆商业银行、西南证券公司、重庆投资信托公司、三峡银行、重庆农村商业银行，进入新世纪后，都面临重重困境，清一色地成为有50%以上不良资产的"悬崖边企业"。以当时的西南证券公司为例，2004年底时，它的总资产为37亿，但负债就达33亿，虽然名义上有4亿多净资产，但实际上还有30多亿的问题资金——有10多亿被侵占挪用的保证金，有10多亿被抽逃的、担保的资本金，有12.7亿涉及各种诉讼的资金，还有4亿多的"损失资金"。到了年关，公司的账上只剩下300万元，但是公司每个月必须要支出的各种费用就是2500万元，眼看就要关门大吉。怎么办？靠政府救济吗？其实重庆市政府之前已经救过它两次命了，但只是给钱，没有动机制，没有动班子，等于只是给一个重病人输了两次贵重的补药，但既未消炎，更未手术。现在，黄奇帆痛下决心，对西南证券进行了他自称"刀刀见血"的大手术："一是资本金一下子增加20亿，二是把它的班子彻底地换了，三是从根子上解决它现金流整个被挪用、客户保证金现金流断裂等各方面的问题。"[1]

这三招，就是黄奇帆著名的"龙虾三吃"法：第一吃：追加资本金——注入优质国有资产，并使其控股；第二吃：战略重组并争取上市——重组股东，重组董事会，使企业有一个优秀的领导班子，能够适应资本市场；第三吃：剥离坏账——"增加现金流，就要把它的坏账剥离，换成好账，使它成为优质资产，那它就转起来了。所以实际上这个增加现金流也就是坏账剥离的概念。"[1]

重庆有这个"龙虾三吃"法，不但将上述五大地方金融机构都搞活了，而且还将"龙虾三吃"法的精髓——企业重组——推而广之，应用到

---

① 黄奇帆：《"龙虾三吃"解密渝富模式》，2010年5月24日《重庆日报》。

整个国有企业的改革与发展中,极大地促进了重庆国企的改革与发展。

3. 以"渝富模式"充当"龙虾三吃"的基本工具

"龙虾三吃"的第一吃,是要给企业注入大量资本金。那么就出现一个问题:谁来注? 钱从何而来? 对这个重大问题的解决,就催生出著名的"渝富模式"。

什么叫"渝富模式"? 在 2010 年 5 月 23 日中央电视台经济频道的"对话"节目中,重庆市国资委主任崔坚讲了一个"可能很多人没听说过的"小故事:"2004 年的一天晚上,黄市长电话来了,叫我到他家里去。去了以后,几乎是没头没脑地就问我一句话:'国有企业改革重组该怎么搞? 你说说你的想法。'我当时思想准备也没有,认识深度其实也很肤浅,我大概说了很多,包括领导班子的改革。黄市长当时给我说:'请你记住,一个人不可能拔着自己的头发离地和上天。'于是我有了一个新的思路,我给王鸿举市长作了汇报,跟几个市长作了商量,大家都支持我。现在我们要引进一个第三方力量来支撑我们的金融和国有企业的改革。

"然后,黄市长跟我说这个资本金怎么来、怎么运作,等等,交代了很多。离开黄市长家的时候我一看表,凌晨一点。回去以后压力很大,睡不好。迷迷糊糊中,电话又响了,我一看早上六点。黄市长跟我说,'你起来了没有?'我说起来了。他说:'你想好没有怎么弄?'我说反正我会抓紧。他说'你也不用抓紧了,我给你 3 天时间,你去给我找 10 个亿的资本金,同时把这个企业给我注册好。'他还说:'如果你完不成任务就把任务还给我,没关系,我自己来做。'"

果然,三天之后,重庆就诞生了支撑金融企业和国有企业改革与发展第三方力量——渝富资产管理公司。为什么叫"渝富公司"? 这缘于黄奇帆与崔坚的商量:

黄奇帆:"起什么名字? 最好土一点。"崔坚:"我想了半天,叫富渝吧,富渝比较土。"黄奇帆:"对,就叫渝富。"①

"渝"是重庆的简称。重庆别称"渝州",盖因古重庆傍古称"渝水"的嘉陵江而建。富,与邓小平的名言"先富带后富"、"共同富裕"紧密相联。"渝富"、"渝富",初看起来、初听起来"土",实则韵味无穷。

渝富公司是一个什么样的公司,它干什么呢? 用黄奇帆的话讲,"它就是对所有的商业银行和国有企业、民间企业的债务进行重组的一个杠杆性的工具"。它一方面自己进行资本经营,发财致富;另一方面,更重要的,是充当一个普"渡"众企业的"观音菩萨",发挥着三大职能:一是在债务重组中,充分发挥专业化的优势,充当债务承接主体,通过债权属性的转换支持国有企业的债务重组;二是在资金周转中,充当关闭破产企业、环保搬迁企业先期资金的周转平台,解开了破产企业无安置资金无法破产、不破产资产无法处置,搬迁企业无资金无法搬迁、不搬迁土地就无法拍卖的循环死结;三是在发展投资中,充当了操作杠杆和外部动力。

渝富公司从 2004 年成立,以 10 个亿净资本起步,到现在已有 400 多亿资本金。由于它的资产负债率在 40% 以内,所以它的净资本有 200 多亿,已经从 10 亿扩大了几十倍。更重要的是,由于它很好地发挥了上述三方面的"普渡众企"作用,尤其是"龙虾三吃"之一的注资的"普渡",就帮助重庆的国有企业大大降低了不良资产负债率,真正走出了困境,走上了加速发展的快车道。现在,重庆整个国有资产的规模,已由渝富公司成立时的不到 2000 亿,增加到了 1 万亿,而且整个资产负债率控制在 60% 以内。这说明发展态势非常之好。同样重要的是,它极大地改善了重庆的金融生态环境。如前所述,2000 年前后,重庆五大地方金融企业的不良资产率高达50% ,全市金融资产的不良资产率高达两位数,经过渝富公司的注资"普渡",重庆全市金融资产的不良资产率低于 2% ,进入全国乃至世界的先进行列。

① 黄奇帆:《"龙虾三吃"解密"渝富模式"》,2010 年 5 月 24 日《重庆日报》。

由此可见,重庆渝富公司充当了国有企业改革、发展,尤其是"龙虾三吃"的操作杠杆,因此,重庆就得心应手地烹制出香溢全国乃至全球的"麻辣龙虾大餐"。渝富公司本身,也成为重庆商业银行、西南证券、重庆实业、重庆东源和重庆普天等大型企业的控股股东,完成了国有企业数百亿元各种不良资产的处置,为数十户国有企业的破产周转、土地置换和改革发展提供了数十亿元周转资金,并正在向金融控股集团转型。渝富公司"普渡众企",同时发展自己的运作机制,被重庆有关方面概括为"财政不补贴、政府不干预、国企要满意、渝富要赢利",遂成为闻名全国的"渝富模式",并得到世界银行的充分肯定与推介。

4. 以"多管齐下"战略整合加快产业集团改革发展

按照"龙虾三吃"的方法论,在渝富公司的"普渡"下,重庆遵循管理集中、生产基地集中、财务集中、营销集中、市场和资本运作集中、增长点集中等"六大集中"的原则,在推动市属重点企业向企业控股集团转型的基础上,推动控股集团向产业集团转型。在明确各企业集团主业的基础上,启动集团工业园区建设,促使集团资产向主业集中、向新兴和高新产业集中、向工业园区集中。同时,对各集团非主业资产进行集中划转,组建新的企业集团,或划转到相关集团作为主业发展。

到目前,重庆着力打造了四大产业集团。一是着眼于打造西部最大的制造业基地,实施了重庆机电控股(集团)有限公司与重庆重型汽车(集团)有限公司的战略整合,成立了新的机电集团。二是着眼于打造西部最大的化工基地,推进了重庆建峰工业(集团)有限公司与重庆化医控股(集团)有限公司的战略整合,成立了新的化医集团。三是着眼于打造西部最大的商贸中心,推进了重庆商社(集团)有限公司与重庆百货(集团)有限公司的重组整合,成立了新的商社集团。四是着眼于打造西部最大的物流中心,将重庆港务(集团)有限责任公司、重庆物资(集团)有限责任公司与其他相关企业集团重组整合,成立了重庆物流(集团)有限公司(暂未登记成立)。这四艘巨型航母,将带领重庆的企业组成四大航母舰队,劈波斩浪,扬威于市场经济的大海之中。

5. 实施产权多元化、资产资本化和股权证券化战略,发展壮大国有企业

一是实施了国有企业相互持股、吸引战略投资者合资合作、整体上市等产权多元化战略。这一战略的重点,是对各个投资集团保持国有资产的控股,对其下的二级子公司,引入多元投资主体,合作经营,包括对公交、燃气等公共设施产业,都逐步放宽市场准入,允许民营资本参与经营;对工商产业集团中的地方支柱产业集团、行业龙头集团和未来先导产业集团,也保持国有控股,而对各集团下属的骨干企业,保持国有相对控股,对其他一般性企业,国有资产则选择参股或退出。为保证上述战略能够顺畅实施,重庆将以前市经委的产权交易所和市科委的科技成果交易所进行合并,组建了重庆联合产权交易所,搭建起产权交易的阳光平台,规范了产权交易行为,维护了国有资产的保值增值。在多元化战略推进中,苏格兰纽卡斯尔、德国西门子、日本三菱、香港查氏、北大方正等一大批国际国内知名企业参与了重庆国企的改造、改革与发展。

二是较大规模地实施了国有资产资本化和股权证券化战略。重庆加大了金融市场、资本市场和证券市场的运作力度。一批又一批市属国有重点企业的整体上市工作或已成功,或已全面启动,其资产规模约占市级国有资产总量的25%;一批 ST 上市公司,通过资产重组或资产置换,恢复了融资功能;一批企业集团成功地大规模发行了企业债券,另一批企业集团正准备使用资产证券化及短期融资融券等方式筹集发展资金;一批金融企业获央行大量票据贴现,获中建银三大银行大量资金支持,获国家开发银行巨量政策性贷款(投向三峡库区产业、城市基础设施建设、工商产业集团发展和企业自主创新)。

6. 以坚强有力、切实有效的企业党建推动企业改革发展

在国有企业改革发展中,重庆非常重视企业党建工作。2003 年重庆市国资委成立时,时任重庆市委常委、副市长的黄奇帆就兼任市国资委党委书记,之后,黄奇帆升任市委副书记、常务副市长,又升任市委副书记、市长,但一直兼任市国资委党委书记。重庆一直坚持把国有企业的党建工作与改革发展同部署、同检查、同考核,尤其是知难而进,对关停并转破企业和多元投资企业的党建工作,包括企业党组织的反腐倡廉建设,狠抓不放,同时积极探索创新国有企业党建工作的新途径、新方式,推动了国有企业廉政建设、法制建设、诚信建设,促进了国有企业的改革与发展。例如,对关停并转破企业,强化党建工作责任制体系,发挥企业党组织稳定托底作用,确保企业关停破过程中党的组织不散、党的工作不断、党员的作用不减。又例如,在保持共产党员先进性教育活动中,重庆将企业是否拖欠职工"三金两款"(医疗保险金、失业保险金、养老保险金和工资款、集资款)列为企业党员领导干部是否先进的重要指标,仅三年时间就一扫此方面多年的积欠。再如,对多元投资企业,坚持选好配强党组织负责人与建立法人治理结构同步进行、党群组织与行政组织同步建立、党组织工作制度与公司章程同步制订、党政工作同步规划、党政关系同步理顺等"五同步",有效防止了不少地方在企业改制中党组织被削弱、党建工作陷入停顿的局面出现。此外,重庆还将国有企业经营管理人员违纪违法案件是否逐年下降的指标,列入对国有企业、对企业党组织的考核体系。

自2003年重庆国资委成立以来,重庆在其全系统共发展党员一万多名,整顿基层党组织近五百个,新建党组织活动阵地近三百个,建立党员责任区近万个、党员示范岗五千余个。重庆的国有企业涌现出十余户全国文明单位、十余户市级文明单位标兵、二百余户市级文明单位,充分显示了重庆企业党建的成效。

总起来讲,"2000年前后,重庆国有企业资产总量1600多亿元,资产负债率高达80%,其中一半是坏账。如今,资产总量达到1万多亿元,陡增了6倍,经营性国资总量排名全国第4位,坏账更是降到了20%。对比其他地区,重庆国企改革发展步伐异常迅猛"。①

而且,我们更为欣喜地看到,薄熙来主政重庆之后,更加重视国有经济的发展,也在更高层次、更大规模地运作重庆国有经济的发展——大规模地引进中央企业来渝发展。2009 年 6 月,"重庆国企开放发展高层论坛"成功举行,时任国务院国资委主任李荣融与薄熙来联袂出席,当场签订项目 35 个,总金额 1487 亿元。薄熙来在会上讲道:

> 国有经济崛起是中国特色社会主义的一大亮点。近年来,国有企业通过改革重组,规范公司治理结构,资产总量、销售收入、利润总额都大幅增加,财政贡献率不断攀升,实现了跨越式发展。重庆国有经济总量和质量也大为提升,为全市财政作出了重要贡献,取得了历史性的进步。目前,中央定位重庆为长江上游的经济中心、西部重要的增长极和统筹城乡的直辖市,同时在加紧建设西部的交通枢纽和物流中心,未来发展潜力大,合作机会多,中央企业来渝发展必有所获。此次国资委组织众多知名国企来渝投资合作,是支持重庆发展的重要举措。欢迎国资委继续为重庆发展出谋划策,帮助重庆企业提高经营水平。②

有央企大规模助阵,重庆国有经济的再上层楼指日可待。

(三)以国有经济"驾辕"拉动经济社会飞奔

重庆国有经济的发展,推动了重庆经济社会快速的全面发展。

第一,重庆国有资本在改善企业投资环境方面发挥了杠杆作用,为社

---

① 黄奇帆:《改革让国企资产十年陡增六倍》,2010 年 3 月 26 日《重庆日报》。
② 《重庆国企开放发展高层论坛举行签约仪式,薄熙来等出席》,2009 年 6 月 13 日《重庆日报》。

会经济环境提供良好的杠杆作用。

如前所述,整个国有企业不良债务处置之前和整个金融机构的问题解决之前,重庆市的金融生态环境是非常恶劣的,重庆商业银行在2005年时仅有2.5亿元资本金,却有70亿元的贷款,还有32亿元的坏账,一度被业界视为"倒闭十次也不够"的烂摊子;三峡银行、重庆银行等,也都曾濒临崩盘。"当时如果哪个民营企业、外资企业想要来入股,政府闭着眼睛都同意。可那时大家都唯恐避之不及啊。"黄奇帆说。他认为,这些企业倒闭了,政府也得拿钱善后,还不如用这些钱去救市。所以就用"渝富模式",花了几十亿元去剥离坏账、重组企业。结果,到2009年,这几十亿对应的股权增值到几百亿。

和重庆商业银行一样糟糕的还有重庆银行:50%的不良资产率,现金流断裂。当时的人民银行几次通知下来,黄牌警告,要停止营业。重庆市政府半年内断然处置,也是用"龙虾三吃"法,使这个银行兴盛起来,现在也到了可以上市的地步了。2008年国际经济危机来袭,重庆一家大型房地产公司同创置业面临破产。人民银行的征信系统显示,截至2009年5月12日,同创置业贷款余额为4.25亿元,为民生银行重庆分行第7大客户。若它破产,将直接导致民生银行重庆分行和重庆全市股份制银行2009年1季度不良贷款额和不良贷款率的双升,还将导致预售房屋不能交付,引起重庆房地产市场动荡。渝富公司这个"千手观音"再度出手相救。2010年,北京太阳城房产开发有限公司收购同创置业,工程继续开工,预售房顺利交房。

重庆国资为中小企业、"三农"贷款提供了大力支持。大银行给小企业放贷,需要担保。重庆市拿出国有资本60亿元,成立5个担保公司,放大8倍,形成500亿元贷款,帮民间的中小企业贷款作担保。重庆市还通过国资支持,加快发展小额担保公司、租赁公司等8类非银行类金融机构。2009年全国中小企业贷款增加的比例,全国平均比例是25%,但重庆这个比例高达52%,排在全国第一位。

第二,重庆国资企业成为重庆政府的"第三口袋",有力支撑了民生建设。

当一些省市的国企至今仍在依靠财政支撑时,重庆国企早在 2005 年就率先实现"财政断奶"。不仅如此,经过改造的重庆国企,已经成为政府收入的又一大源泉。重庆市长黄奇帆形象地称之为重庆财政的"第三个口袋"。他说:

> 重庆的财政有"三个口袋",一是预算内的税收性财政,二是预算外的资金,三是国企上交的红利。①

第一个"口袋"中的预算内税收性财政,是"吃饭财政",党政机关、公益型事业单位的运行,社会养老、医疗保障体系等,都得靠它;第二个"口袋"中的土地出让金等预算外收入,是"建设财政",地方的基础设施——修路、建桥、搞水电气等,都得靠它;第三个"口袋"中的就是国资预算,是重要的"民生财政",就是国有企业在创造财富后,在将一部分利润交给国资委,作为国企进一步投资发展的资金来源后,另外一部分交给财政局,作为公共服务资金,用于百姓的"百姓财政"。最近几年,发展较好的重庆国企,每年至少为政府公共支出提供 100 亿元资金。2009 年,重庆财政民生支出资金 682 亿元,占一般预算支出比重达 51.7%,再创历史新高。据悉,这已是连续第三年,重庆将半数以上的财政支出用于民生。黄奇帆曾自豪地指出:"整个中国 31 个省份,只有重庆做到了教育法规定的财政性的教育支出占 GDP 的 4%,因为重庆用国资赚的钱补了一块。"当全国多数城市购房的契税是 3%~5% 时,重庆购房的契税一直保持在1.5%。中央给西部 12 个省市的西部大开发优惠政策之一是允许它们对企业只征 15% 的所得税,但目前只有重庆还在使用 15% 的税率,其他省

---

① 黄奇帆:《改革让国企资产十年陡增六倍》,2010 年 3 月 26 日《重庆日报》。

市由于地方财政压力主动放弃了优惠,仍然征收 33% 的企业所得税。这些成就很大程度上得益于国有企业的贡献。所以,重庆国资为重庆的财政更多地支持发展、支撑民生,发挥了战略性作用。

第三,重庆国资承担了基础设施建设等诸多政府公共服务职能,是政府和市场之外的"第三只手"。

重庆的国有企业还与城市发展、政府工作紧密联系,广泛承担了道路、桥梁等基础设施建设和危旧房改造、公租房建设等社会职责。黄奇帆市长曾讲:重庆这几年修了 1500 公里的高速公路,全部由国有的重庆高速公路发展有限公司承担,"这不是政府和国企在搞垄断,而是当初招商时,民营老板没有一个愿意出钱来修"。①

原因很简单,由于独特的山城地理形态,在重庆修高速公路,每 100公里就有 60 公里的隧道、桥梁,每公里投入高达 8000 万元,比东部地区高一倍,而运行初期的车流量只有东部的 1/3。但重庆不可能不修路。于是政府组建了前述八大投资集团。成立 6 年来,"八大投"累计上缴财政土地转让收益 560 亿元,并通过市场化融资,累计向全市重大基础设施、公共设施投资 2000 亿元。重庆重大基础设施投资的 75% 是这"八大投"投资的。

重庆的国资还支持了重庆"两翼"的经济发展。约占重庆面积 2/3的"两翼"地区,到 2008 年还没有一个工业开发区。2009 年,重庆国资委用信用担保融资 50 亿元,给"两翼"地区 16 个区县每个区县 3 亿,还把两平方公里的土地征地动迁、标准厂房都做好。那些区县现在招商,老板一看,这么现成啊,所以就纷纷来了。2010 年,国资委又再筹资 50 亿,使重庆"两翼"地区的开发园区再增加 30 平方公里左右。这样,使得"两翼"地区的工业发展速度在 2009 年增速 30% 多,未来几年预计还可以增速 30% 。

---

① 《〈瞭望〉文章:重庆国资:第三财政实践》,新华网(网页:http://news. xinhuanet. com/politics/2010 – 04/19/c_1242812. htm)。

第四,重庆国资还很好地担负了宏观调控、引导社会资本的职责。

重庆国资运作的基本原则已逐渐清晰,即在市场信号一时失灵、其他资本不愿进入的领域,在投资风险大、其他资本不敢投入的领域,在关系地方经济社会发展全局的新兴经济领域,通过国有集团先投先试,激活市场信号,搭建市场平台,为各种所有制经济的发展创造良好的外部条件。

重庆专门组建国有的外经贸集团,为全市各类企业海外收购提供平台,目前已促成矿石、农业、机械等多项收购成功实施;组建西永微电园公司、保税港区公司、江北嘴中央商务公司,成为重庆建设内陆开放高地的重要平台。近几年,通过 BOT(建设—经营—移交)、BT(建设—移交)、TOT(移交—经营—移交)等模式,重庆已经引导大量社会资金参与城市建设。2004 年重庆朝天门长江大桥的修建先是 BT,3 年后重庆城投就回购。参与 BT 的民营企业获利了,国资的重庆城投也获利了,因为朝天门长江大桥周围 7000 多亩土地已经进入城投的土地储备。由政府直接投资模式转换为由国有投资集团出面,用市场化方式融资,带动社会力量投入,这是"八大投"运作的指导思想。这种模式,解决了"地方财政没有足够的钱来搞建设"的问题。正在推进的"畅通重庆"建设,也会因为这种模式而提速。

黄奇帆市长曾对自称"蓄谋已久"要到重庆考察的河南省省长郭庚茂介绍说,目前重庆国有企业正发挥四方面的功能:

第一,国有企业在市场信号失灵的情况下发挥作用,支撑发展,改善环境,例如对我市的高速公路等大型基础设施建设进行投资;

第二,国有企业发挥着宏观调控工具的作用,帮助政府实现调控目标;

第三,在经济危机等突发事件中,国有企业发挥着"托盘"作用,维护经济的稳定;

第四,国有企业还是我市预算内、预算外财政之外的"第三财政",对我市的重大建设项目进行投资。[①]

重庆国资支持社会经济发展,自身也高速发展。例如渝富公司对国有企业和民间企业进行的重组和改造,既实现了重组企业在市场竞争中的增值,也使渝富公司自身资产大增;"八大投"担负的是政策性基础投资,这在其他地方是赔钱的,但重庆"八大投"的经营利润和资产增值收益连年翻番,每年上缴市级财政上百亿元。重庆国企每年向政府上缴利税,为民生建设输血,自身资产还在继续增值。秘密何在?

就在于重庆经济发展处于"牛市"。

那么重庆经济为什么能"走牛"? 一是重庆直辖、城乡统筹试验区、保税港、国家中心城市、西部增长极、重庆区域振兴规划等一系列政策红利;二是国企解困发展、金融解困发展、外资经济和民营经济优惠政策为整个经济发展造就了良好的环境;三是重庆"打黑除恶"、"五个重庆"建设为重庆塑造了优质的投资环境,吸引了大量投资;四是薄熙来、黄奇帆等领导人以及重庆的干部致力于经济发展;五是重庆地价、楼价、人工价基量低,是一个尚未高度发展的处女地,能够实现高速增长。

三、民营经济与国有经济共同大发展

中国和西方的"左派"和"右派"们都殊途同归地认为:国有经济和民营经济势如水火,你死我活,你进我退。有没有让国有经济大发展,又能让民营经济大发展的可能呢?"重庆模式"很好地回答了这一问题。

---

① 《河南省开出学习菜单,到重庆学习是"蓄谋已久"》,2010 年 5 月 14 日《重庆日报》。

(一)民营经济与国有经济携手并进

重庆国有企业的强势发展,一度让一些人不快,疾呼重庆在"大搞国进民退"。但重庆偏偏出了个清华教授崔之元讲的"国资增值与藏富于民携手并进"的"模式",即国有经济与民营经济不但共同发展,而且相互促进。黄奇帆进一步认为:事实上,国企的发展还推动了民营企业和地方经济的发展。确实,重庆的 GDP 每年涨百分之十几,但是民营经济每年涨 20%,民营的比重一直在逐渐地提高。尤其是最近几年,"重庆先后成立了 6 家国资担保公司,为民营企业发展起到了强有力的带动作用。我市民营经济增速已从每年 20%、30%,跃升至 60%"。①

清华大学教授崔之元认为,重庆不是国进民退,而是国进民也进。他认为重庆模式是对中国市场经济的重大探索,甚至对美国也有借鉴意义。重庆经验的意义在于:通过国有资产的增值,实现经营性收益上交,使政府有能力减税,最终促进民营经济发展②。事实确实如此,如前所述,中央给西部 12 个省市的西部大开发优惠政策之一是允许它们对企业只征 15% 的所得税,但目前只有重庆还在使用 15% 的税率,其他省市由于地方财政压力主动放弃了优惠,仍然征收 33% 的企业所得税。因此,重庆的民营企业就有条件发展得更快一些。此外,重庆正在筹划成立总资本金达数十亿元的国有租赁机构,主要为中小企业提供服务,这也将大大促进民营经济发展。在一些市场信号逐渐活跃起来的领域,重庆国企尽量不去"与民争食",甚至会审时度势,主动退出一些领域。

---

① 黄奇帆:《改革让国企资产十年陡增六倍》,2010 年 3 月 26 日《重庆日报》。
② 《崔之元解读"重庆经验":国资增值与藏富于民并进》,2009 年 7 月 16 日《重庆日报》。

(二)民营经济成绩巨大

2009 年,重庆非公有制经济实现国内生产总值 3600 亿元,占全市 GDP 的比重由 1997 年直辖之初的 26% 上升到 60%;工业产值占全市的比重由 1997 年的 26% 上升到 2008 年的 84.9%。2009 年完成税收占全市 50% 以上,吸纳解决就业再就业和科技创新占全市的 70% 以上,外贸出口占比 80% 左右,服务行业占比 90% 以上。重庆明星民营企业龙湖、南方、力帆、宗申、隆鑫、博赛矿业、美心等,成为全国同类民营企业乃至全部同行业企业的排头兵。2010 年 6 月底,重庆全市民营经济与 2009 年同期相比,税后利润增长 36.26%,出口增长达到 50.08%。重庆国资迅猛扩张的这几年,也是重庆非公有制经济高速发展的时期。

(三)进一步促进民营经济发展

2010 年 1 月 20 日,黄奇帆市长在《政府工作报告》表示,要进一步促进非公有制经济和中小企业加快发展。包括大力发展股权投资基金、租赁、担保、信托、小额贷款、消费金融公司等新型金融机构,继续实施中小企业金融服务计划,力争新增中小企业贷款 1000 亿元,出台资本金扶持、财税支持和融资担保等政策,建立公共服务平台和创业基地,鼓励全民创业,促进小企业和微型企业蓬勃发展,市场主体突破 100 万户,等等。

早在 2008 年,惠普微型企业发展项目中国运营中心成立时就专门为中国微型企业创业者提供扶助与指导。两年时间内,该项目在中国投入逾 1000 万元人民币,在全国建成 21 个"惠普微型企业发展中心"及配套培训教室,对农村富余劳动力、社会青年、在校大学生、农民工等群体进行扶助和培训。目前已有近 2000 人次接受了该项目系统培训,其中一些人已经走上了创业之路。

西南大学文化与发展学院院长秦启文说,发展微型企业是已经被世界各国证明了的、行之有效的一种经济刺激方式,对于整合整个社会的人力资源和其他相关资源、提高经济效益会起到很好作用,还会带动生产、分配、交换、消费系列链条的循环。

重庆充分地借鉴了这一经验。2010 年 7 月。《重庆市微型企业创业扶持管理办法(试行)》出台实施。对大中专毕业生、下岗失业人员、返乡农民工、"农转非"人员、三峡库区移民、残疾人、城乡退役士兵、文化创意人员、信息技术人员等九类人创办的,雇工(含投资者)20 人以下,创业者投资金额 10 万元及以下的企业采取"1 + 3"模式扶持,即"投资者出一点、财政补一点、税收返一点、金融机构贷一点",补助额度为其企业注册资本的 30% ~ 50%。今后两年半将发展 6 万户微型企业,新增 30 万就业岗位。重庆财政计划连续 5 年每年 3 亿安排微型企业发展资金,而这项资金将部分来源于重庆国企的净利润。重庆市把进行创业培训作为发展微型企业的必要一步,市财政部门按照每人 1000 元的标准,对微型企业创业培训进行补贴。

四、外资经济突破式发展

曾任商务部长的薄熙来主政重庆后,重庆的外资经济得到突破式发展。

2007 年重庆市实际利用外资还只有 11 亿美元,2008 年增长超170% ,2009 年又再跨一大步,达到了 40.4 亿美元,增长 47.7% ,实际利用外资增速已连续两年位列全国第一,成为西部吸引外资最多的省市,投资潜力竞争力排行中居京沪津之后排名第四。2010 年 1—7 月,重庆市签订利用外资项目 123 个,合同外资 96964 万美元,实际使用外资 143161万美元,项目数、合同外资、实际使用外资同比分别增长 10.81%、2.58%和 16.99%。其中,外商直接投资项目 114 个,合同外资 95864 万美元,实际使用外资 141667 万美元,项目数、合同外资、实际使用外资同比分别增长 65.22%、3.82% 和 17.21%。黄奇帆预计,2010 年重庆吸引外资总额可望达到 50 亿美元。

2010 年 1 月 26 日,惠普中国第二座综合性电脑生产基地在重庆竣工投产。从 2008 年 10 月惠普与重庆市政府共同宣布建厂,到正式竣工投产,仅用了 14 个月,不仅演绎了世界 500 强企业的高效率,也开启了西部山城重庆笔记本电脑制造的元年。随之跟进的富士康等电脑代工企业和电脑配件厂,使重庆发展起 IT 产业集群。与惠普合作,成就一场"完美婚姻",外资经济上台阶,产业调整也上台阶。

2010 年 5 月"中国侨商企业创新转型圆桌会议"上,海外资本投资(控股)有限公司决定,将 2 亿美元的资金投到重庆,除了特步、陶然居外,他们正在与北碚一家企业洽谈,如果洽谈成功,海外资本将向北碚投入 1 亿美金,包装该企业上市。

重庆一直积极推进投资环境的改善。国际贸易大通道、内陆出口商品加工基地和内陆扩大对外开放先行区等三大工程进入实施阶段;全面实施《开放条例》,投资环境进一步改善,包括简化外资审批流程、提高网上招商服务水平、加大涉外知识产权保护力度和推进外商安居服务工程等。这些改善措施为包括惠普公司在内的外资公司到中国投资发展创造了良好的环境。例如惠普的货物通过重庆海关,通关时间最长不超过 30 分钟,重庆邮政部门还为惠普产品提供了一项特殊的快捷送货上门服务,该项服务覆盖了中西部地区的 375 个市县,将极大地提高惠普面对数百万中国用户的销售配送效率和客户服务水平。重庆市政府表示,将在三年内在惠普园区与机场之间修建一条专供笔记本电脑生产基地的高速通道,2011 年建成的重庆沙坪坝团结村集装箱枢纽站也将增加一趟集装箱专列。届时,笔记本电脑从重庆经铁路运抵上海只需要 1 天。

五、重庆经济发展模式意义深远

重庆以国有经济主导多种经济共同高速发展,是公有制尤其是国有制与市场经济成功结合的实践;重庆在拉动内需的同时实现外资经济的超越式发展,是国内发展与对外开放矛盾解决的成功实践,是对外开放与经济主权和安全相结合的成功实践。重庆以"三驾马车"来重组、优化经济结构的模式,值得研究和推广。

薄熙来对重庆所有制结构的发展说过这样一段话,耐人寻味:

> 如果我们的改革最后把过去的一套彻底否定,把西方的一套原原本本拿来,我觉得这不叫改革。也就是说,不完全把西方的那套经营模式纯而又纯的私有化的东西给拿过来,我们应该有国有的东西,而且应该从国有这个东西里边汲取它体制上的精华,发挥它机制上的优势,在现实的经济生活中更灵活有效,在目标上应该体现为为广大民众更好地服务,我觉得这就是我们的优越性,这就是有声有色的中国特色社会主义,这就是改革的成功。我们在探索社会主义市场经济的过程中,应该本领更大一点,比资本主义的更优越。[1]

---

[1] 《〈瞭望〉文章:重庆国资:第三财政实践》,新华网(网页:http://news.xinhuanet.com/politics/2010-04/19/c_1242812.htm)。

第八章

民 生 导 向

——以保障和改善民生为一切工作的出发点和归宿

改革开放三十余年来,中国经济取得巨大成就,一部分人、一部分地区先富裕起来了,但一部分人和部分地区相对更贫困了,他们的衣食住行用虽然绝对值较改革开放前有增加,但相对值却远远落后了。加上现在我国经济社会发展中存在的结构性矛盾,使得弱势群体买不起房、看不起病、上不起学、老无所养、失业率偏高,民生问题凸显。民生问题导致社会心理失衡、社会矛盾加剧、经济难以持续平稳发展。党和政府认识到这个问题,新一届政府在十六届二中全会就提出重视民生问题,并着手解决民生问题。

薄熙来主政重庆后,看到重庆也和全国一样,民生问题凸显,遂着力解决重庆民生问题。

重庆的特点是把民生问题看得更重,把解决民生问题作为工作核心和发展导向;解决民生问题的力度更大,措施更有效,惠及面更广,成效更显著,更受各界关注。

重庆市委于 2010 年 6 月 24 至 25 日召开三届七次全委会,通过了

《中共重庆市委关于做好当前民生工作的决定》,决定本届市委任期内,用两年半时间,在解决重庆群众最关心的十大民生问题上要取得重大突破。薄熙来在会上说:近两年,重庆"一以贯之抓民生,把保障和改善民生作为一切工作的出发点,探索以民生为导向的经济社会发展路子"。"民生导向",是薄熙来主政重庆的"大思路",是"重庆模式"的核心。

"民生导向"的这条路子,是对 30 年来以"效率导向模式"为代表的先行发展路子既有继承,又有所不同、有所前进的一条新路。"效率导向模式"的本质特点,体现在最经典的"深圳口号"——"时间就是金钱,效率就是生命"——之中。在没有金钱、没有效率的时代,其革命意义是伟大的;"以金钱和效率为导向"的发展路子,就成为"效率导向模式"的根本内涵。改革开放 30 年,我们借这一模式,解决了效率问题,使中国的社会主义开始充满活力。然而,30 年后,民生问题取代效率问题,成为中国共产党面临的头号问题。没有效率,是解决不了这个问题的,因此,"效率导向模式"不能否定;然而,光靠效率,也是解决不了民生问题的,因此,"效率导向模式"必须超越,也必然被超越。"重庆模式",就是在学习、继承的基础上,对"效率导向模式"的超越。所以,它是一种新模式,展现了一条发展新路子。

一、薄熙来的民生观

薄熙来主政重庆后,多次阐发了他的民生观,而以在重庆市委三届七次全委会上的报告最为集中、最为精彩。这个讲话明确了"民生导向"的重庆发展新路子的宗旨和内涵,兹摘录及短评如下[①]。

---

① 本目引言均见薄熙来:《抓好 10 件大事,切实改善民生》,2010 年 6 月 28 日《重庆日报》。

（一）民生就是政治

薄熙来指出：

改善民生是我们共产党始终如一的奋斗目标，而且卓有成效，前无古人。

全心全意为人民服务是我们党的根本宗旨，毛主席强调，"三心二意不行，半心半意也不行，一定要全心全意为人民服务"。他还要求，"要把群众的衣、食、住、行、用这五个字都安排好"。正因为如此，我党才得道多助，由小到大，在极其险恶的环境中"唤起工农千百万"，最终夺取了全国政权。

毛主席非常重视黄河、淮河以及海河的治理，更对长江描绘了"高峡出平湖"的宏伟设想。中国历史上的大禹因治黄河而被尊为"神"，而毛主席把大江大河通通纳入眼底，都有具体、明确的指示，新中国成立以来，一条河接一条河全都治理了，我们党比大禹伟大得多！

1978年，小平同志说："我们一定要根据现有的有利条件，加速发展生产力，使人民的物质生活好些，使人民的文化生活、精神面貌好一些。"江泽民同志说："要把关注民生作为党长期执政的基石。"锦涛总书记反复强调，要"坚持权为民所用，情为民所系，利为民所谋"，即权、情、利都要围绕老百姓。小平同志、泽民同志、锦涛总书记，在各个历史时期，都对民生问题高度关注，都对群众充满感情。

改革开放启动了全面建设小康社会这个历史上最伟大的民生工程，人民的衣、食、住、行、用都有了很大改善……在共产党的领导下，中华民族不仅在全世界面前站起来了，而且已经发展起来了,晚清时的屈辱早已远去。讲共产党的伟大、光荣、正确,有硬邦邦的民意基础和事实根据,在全国人民中,我们党的公信力实实在在,作为一个共产党员,足以自豪!尽管还有议论,还有负面的看法,但凡是客观、公正的人,静下心来看一看现实,都会认可我们党为中华民族作出的历史性贡献。

新中国成立以来,(重庆)历届市委、市政府都十分重视民生,为群众办了许多实事和好事,而且卓有成效……历届市委、市政府对民生问题的高度重视和扎实工作,才有了我们今天的工作基础。

一个地方能不能发展好,关键看老百姓怎么想。与老百姓鱼水相亲,那就一通百通,干什么都顺当。你实心实意为老百姓着想,老百姓就会将心比心,一报还一报,全力以赴地支持你,市委、市政府,县委、县政府,就会事半功倍,这就是古话说的,"忧民之忧者,民亦忧其忧"。

说到底,给老百姓办的事就都是对的;给老百姓花的钱也都是正确的!既然人民是我们的"衣食父母",给父母花钱,还有该花不该花的吗?人民群众是最公道的,也是看得最清楚的。一心为百姓,我们的党就能立于不败之地,我们的事业就能乘风破浪,前途无量。如果对老百姓的疾苦麻木不仁,只顾闷头发展经济,想快也快不了,路子也会越走越窄,还会怨声载道。各区县都要把老百姓的家务事儿放在心上,仔仔细细地拾掇,这样才有群众的拥护,才有经济的良性发展,这是一个大思路。

这就是说,"民生导向"是对我们党80多年来一以贯之、坚持弘扬的根本宗旨的一脉相承和发扬光大。一些年来,我们一些地方在发展中淡忘了党的宗旨,一切为了GDP,为GDP服务,而不是为人民服务。民生导向的"重庆模式",有助于我们强化党的宗旨意识,保证我们越发展,共产党的执政地位越稳固。

（二）民生就是经济

薄熙来指出：

民生就是内需，就是消费，有效地改善民生，不仅不扯经济
的后腿，还会有力、持久地推动经济。

有的时候，人们习惯把"发展"理解为吸引投资、推动 GDP
的增长，和民生问题分开来看。其实，发展本身就应该包含民生
的内容。发展不仅要体现在基础设施的建设、GDP 的扩张上，
不仅是工业、农业产能的扩大，技术的进步，也一定要体现在民
生的改善上。民生的改善是发展必不可缺的重要内容。

"发展才是硬道理"，其中就有民生改善的重要内涵，反之，
如果发展不能改善民生，那就不是"硬道理"，而是"没道理"。
众所周知，驱动国民经济发展有三驾马车———消费、投资、出
口，尽管不少领导特别重视招商引资，抓投资，沿海重视抓出口，
但看看统计年鉴就清楚了，我国消费对经济增长的贡献率还是
占大头，通常在 50% 以上。欧美国家则一般高达 70% ~ 80%。
其实出口从本质上说也是进口国的消费，所以消费是基础性的。

这就是说，"民生导向"，是对马克思主义政治经济学社会再生产原
理的坚持和运用。马克思讲："消费直接也是生产"[1]，生产、交换、分配、
消费四大环节的相互作用，构成社会再生产的循环往复。一些年来，我们
的发展方式出现了重生产性消费，轻民生消费，重富人、外（国）人消费，

---

[1] 《马克思恩格斯选集》第 2 卷，人民出版社 1995 年版第 7 页。

轻穷人、国人消费的偏向,这是科学发展观要解决的五大矛盾中的两个,即经济与社会(实即民生)矛盾、国内发展与对外开放矛盾的重要主观原因。民生导向的"重庆模式",有助于消除上述两大偏向,从而有助于消除这两大矛盾,推动经济社会转到科学发展的轨道上来。

(三)民生就是人民幸福

薄熙来指出:

已成全市人民共同意志的"五个重庆",个个都紧扣民生。"森林重庆"是为了让老百姓多吸氧,这两年造林800万亩,可释放1000多万吨氧气。去年全国44个城市创"国家园林城市",重庆得分第一。"畅通重庆"要让主城不塞车、乡村有油路。"平安重庆"要让群众的人身、财产和家庭安全有保障。"健康重庆"要让孩子长得壮、老人能长寿,这两年新建塑胶运动场359片,给120多万学生改善了锻炼场所。"宜居重庆"要让全市百姓,特别是中低收入的市民都有房住,而且环境好。

市政府为困难群众办实事,两年新增就业55万人,并有效地解决了360多万回流农民工的转移就业问题;对企业退休人员养老金6次提标;改造危旧房,让20多万困难户住进了新房。这几年,市财政的50%以上用于民生,比全国平均水平高出近20个百分点。

民生的改善是多方面的。"打黑除恶",破获了近10年来积累的刑事案件3.9万起,其中命案600多起,还打掉了一批"保护伞"。设身处地想一想,一个家庭死了人,如果多少年破不了案,那是什么心情?! 政府必须为民申冤、为民除害!

"大下访"两年多来,20多万干部下基层,投入79个亿解决了信访 11 万件,其中 90% 是积案,500 多万群众直接受益。

"唱读讲传"满足了老百姓的精神需求。唱红歌,参与市民超过 7000 万人次。湖北的网友说,听了重庆的红歌,人民提气,坏人丧气,正气压了邪气。《读点经典》已出 18 辑,在全国 120 多次评比中,每一次都在图书畅销榜前列。"唱读讲传"也是百姓所需。改善民生并不只是吃红烧肉、穿漂亮衣服就够了,健康的精神生活也很重要。

这就是说,"民生导向",是对科学发展观"以人为本"实质和核心的贯彻落实。一些年来,我们一些地方在发展中淡忘了社会主义社会发展的根本目的,一味以 GDP 为本,而不是以人为本,这是科学发展观要纠正的主要内容。民生导向的"重庆模式",有助于消除这些错误倾向,从而推动经济社会转到科学发展的轨道,保证我们越发展人民群众的幸福指数和尊严指数越高。

二、"民生导向"的"重庆模式"代表了中国发展新阶段的发展路子

(一)"重庆模式"是社会主义与市场经济结合得比较好的一个模式

中国渐进式改革的方式选择是英明的,30 多年我们取得了巨大成就。但渐进式改革不可避免也会积累一些矛盾和问题。如城乡矛盾,重庆是大城市加大农村,此矛盾特别突出;又如经济与社会的矛盾,包括教育、养老、住房改革等,这些年走了片面市场化的路子,成为"新三座大山";再如分配上两极分化严重,基尼系数逼近 0.5;等等。这些矛盾,使社会很多方面极不公平,也严重阻碍发展,而且,使很多国人与外国人对中国特色社会主义产生怀疑。2010 年 7 月,西欧共产党宣传和媒体负责

人联合考察团访问重庆,在与本书作者苏伟座谈"重庆模式"时,法国共产党国际部领导机构成员奥贝·阿芒就问道:"教育、医疗、住房这些在我们欧洲都是公共福利。政府有责任有义务出钱、出力给老百姓提供这些福利,或者给他们提供补贴。为什么社会主义的中国反而将它们市场化呢?"

苏伟当时回答了两个方面的原因:

　　一是我们中国共产党有个好的传统,就是党中央提出一个中心工作、战略目标后,全党上下就动员全国人民,去做这个工作,去实现这个目标。譬如说,当年以革命战争为中心,我们就动员男女老少都参战、工农商学兵都参战。现在中共要求搞社会主义市场经济,我们就动员男女老少、工农商学兵都来搞市场经济,连中国人民解放军一度都经商,形成世界军事史上的奇观。因为没搞过市场经济,就以为一切都要市场化,于是想让教育、医疗、住房等都市场化,以为会发展得好一些。这是探索性的原因。当然这种探索是走偏了路,是中共探索社会主义市场经济过程中的一个曲折。

　　二是更重要的原因,就在于走错路了之后,便形成了一些特殊的利益集团,尤其是中国的房地产商集团,他们从教育、医疗、住房等的市场化中得到了巨大的好处,势力也极其巨大,利益也与地方政府的利益交织在了一起,尾大不掉,于是就尽量推动我们向这条路走下去。更可怕的是,不赞成共产党领导的势力、不赞成社会主义的势力,看到这样的市场化会激起人民群众对共产党的愤懑,于是对这些市场化的措施推波助澜。而这些居心叵测的推波助澜,又与我们一味追求 GDP 的增长、以 GDP 的增长为晋身之阶,其主要的地方财力又与房地产商等利益集团交织在一起的一些地方官员一拍即合,于是就形成了你们讲的资本主义把这些东西搞成公共福利,而社会主义中国反倒把这些东西搞成市场经济的奇观。幸好,中共科学发展观、和谐社会论的提出,就是要扭转这种倾向。以民生为归宿的"重庆模式",就是成功扭转这种错误倾向的典范。

由此可见,民生问题,是本书一再强调的"社会主义怎样与市场经济结合好"这个问题的一个焦点。在这个焦点上,折射出公平怎样与效率相结合、宏观调控怎样与市场机制相结合等一系列问题,再聚光到怎样既让市场经济使社会主义充满活力,又让市场经济本身的"马太效应"——一系列的两极分化效应,包括贫富两极分化,包括城乡、区域两极分化,等等——都得到有效遏制与控制这个难题上。上述问题,既是理论问题,也是实践问题,更是政治问题。"重庆模式",尤其是"以民生为导向的经济社会发展路子",就是从政治高度、实践层面和理论层面对上述问题的一个正确解答。"重庆模式",确实是社会主义与市场经济结合得比较好的一个模式。

正如本章序言所说,改革开放30年,我们借"时间就是金钱,效率就是生命"这一"效率导向模式",解决了效率问题,使中国的社会主义开始充满活力。然而,30年后,民生问题取代效率问题,成为中国共产党面临的头号问题。没有效率,是解决不了民生这个问题的;然而,光靠效率,也是解决不了民生问题的。尤其是,一些局部和一些企业的发展模式已经难以持续。

作为工业"园区",深圳富士康难道不好吗?新华网的图片新闻报道说:"富士康工业园里,银行、学校、医院、电视台、广播站、杂志社、公园、邮局、商场、超市、美食街、游泳馆等各种基础设施应有尽有,几十万人不分日夜在这座城市中忙碌着……建的宿舍区看起来颇有些大学宿舍的味道,整个厂区还配有四座游泳池供职工免费使用。"①

这么好的企业里,为什么会出现"N 连跳"呢?我们认为,最基本的原因,是这几十万人"无家可归"。"家"有二义,一是家庭,二是家庭住房。没有家庭住房,就没有家庭。没有家,人就在半天云里悬着,就要为"成家"奋斗。如果再拼命地奋斗,"成家"的希望也只是泡影,人就会从半天云里栽下来。深圳富士康的几十万人,恰恰是不可能在深圳有家庭住房的,因此在深圳只能是"无家可归"的"漂泊者"。没有家庭生活,甚至没有家庭生活希望的"漂泊者",对自己是没有生命价值认可的——如果连人的正常生活都不可能有,连人的起码权利都不可能有,只有做流水线旁一个"机器人"的宿命,又何谈人的价值,更何谈人的尊严、人的幸福呢?这样的人,一遇挫折,哪怕并不大,甚至如"鸡毛蒜皮",便会"一了百了"。而这样的"漂泊者",连同他们的家属,在拥有 1300 万常住人口的深圳,就有近千万(深圳的户籍人口只有 300 来万)。

那么,该不该给富士康数以十万计、深圳数以百万计的"打工仔"们,抑或是给其中的技术工人,甚至只是给受过高等教育者提供家庭住房呢?按照"效率就是生命"的原则,就不应该。照此原则发展的深圳,确实也就没有提供。而到了商品房土地价格平均每平方米都上了两万的今天,它就是想大规模提供,也没有可能了。这就是"效率模式"不可再继续下去的根本原因之一。

因此,"效率导向模式"必须超越,也必然被超越。除了它自身升级换代、创深圳模式之外,必然有其他模式对它进行超越。而"重庆模式",就是在学习、继承的基础上,对"效率导向模式"的超越。所以,它是一种新模式,展现了一条发展新路子。

---

① 《探秘富士康——郭台铭的"紫禁城"》,(网页:http://news. cn. yahoo. com/newspic/news/5713/5/)。

（二）"重庆模式"揭示了社会主义市场经济的基本规律

重庆市明确要求"把保障和改善民生作为一切工作的出发点和归宿"，要求"探索以民生为导向的经济社会发展路子"，强调"如果发展不能改善民生，那就不是'硬道理'，而是'没道理'"。[①] 这些都是闪耀着马克思主义光辉的真理。《资本论》曾揭示了资本主义的基本经济规律，就是利用一切手段攫取剩余价值；而斯大林曾揭示过"社会主义社会基本经济规律"，就是与资本主义的基本经济规律相反，社会主义是利用不断提高劳动生产率的手段去扩大生产，以满足国家与人民不断增长的物质文化需要。

基本经济规律是揭示发展的目的的规律。尽管有争议，但我们是基本同意斯大林的观点的。当然，斯大林的基本规律论忽视了社会主义社会生产的直接目的，更谈不上将它与最终目的结合。由于缺少直接目的这个环节，就在实践中使人民的需要没有得到很好的满足。我们现在搞社会主义市场经济，抛弃了斯大林的计划经济模式与理论，这是对的；但我们也同时抛弃了斯大林的基本经济规律论，这是"在泼洗澡水时，将澡盆中的婴儿一起泼出去了"。所以我们改革开放30年，到现在还没有明确解决"社会主义市场经济的基本经济规律是什么"这一问题。更重要的是，在30年的实践中，有越来越追求赢利而忽视人民需要的倾向。中国所谓"新三座大山"，即住房难、看病难、上学难，就是这样出现的。社会发展滞后，老百姓在民生上得不到保障，不敢花钱消费，结果阻碍了发展。更严重的是，如果经济的发展只是富人赚钱，而使得穷人更穷、不敢消费，社会经济必然会如马克思早就揭示过的那样发生危机。

现在，以民生为导向的"重庆模式"揭示了这一规律，就是一个企业、

---

① 薄熙来：《抓好10件大事，切实改善民生》，2010年6月28日《重庆日报》。

一个地区，它发展的直接目是要赢利，其根本目的，还是要通过赢利来满足人民和社会日益增长的物质文化需要。再与深圳富士康的比较来说明这一问题。重庆启动3年建成3000万平方米的大规模公租房建设工程，再配之以"农民工公寓"，目的就是要使到重庆各个工业园区（也包括重庆富士康园区）打工的"打工仔"们，尤其是其中的技术工人、受过高等教育（含高等职业教育）的外来工作者们"有家可归"。这样，同样是给富士康等企业打工的重庆"打工仔"和"小白领"们，是不是就可以过上"人"的正常生活——家庭生活，而结束"非人"生活的命运呢？是不是就可以享有"人"的起码权利——在长期工作地安居的权利，而结束一开始就注定要被自己甘愿贡献青春、挥洒血汗的地方所拒斥的命运呢？这是不是在"满足人民和社会日益增长的物质文化需要"，在自觉遵循社会主义基本经济规律呢？

还需要强调一点：国家和人民的需要，绝对不能与所谓"市场需求"画等号。我们北京、上海比伦敦、巴黎还贵的房价和学费，不是"市场需求"吗？但能和群众的需要画等号吗？所以，薄熙来将民生改善说成是"发展才是硬道理"的重要内涵，强调如果发展不能改善民生，那就不是"硬道理"，而是"没道理"，这是解决了斯大林揭示的社会主义基本经济规律是不是有效的问题，是对中国特色社会主义基本经济规律的直观的描述，意义重大。因此，也可以说"重庆模式"既是对斯大林模式及我们改革开放前重视发展的根本目的但忽视发展的直接目的的偏"左"倾向的否定，又是对改革开放以来我们很多地方自觉或不自觉地重视发展的直接目的但忽视发展的根本目的的偏"右"倾向的否定，达到了一个"否定之否定"的历史高度。

三、重庆要做好十件民生大事

受老工业基地、"西部现象"的历史影响，尤其是受"两翼"农村贫困地区的现实影响,重庆城乡的困难群众还比较多,城镇低保群众还有60多万,农村绝对贫困人口还有30多万,每年还有12万农村孩子没钱上学,主城还有40多万户居民缺少住房,人均住房面积10平方米以下的还有20来万户,有不少百姓有病不愿去治。民生问题相当严重。在痛陈这些问题之后,薄熙来斩钉截铁地说:"一定要高度重视并全力解决这些问题!"这是他在决定要做好十件民生大事的重庆市委三届七次全委会上讲的。他还讲:"全会通过的《中共重庆市委关于做好当前民生工作的决定》只有3000多字,算总账要3000多亿的总投资,平均下来,一个字一个亿,咱这个《决定》可谓一字千金呐!"①

（一）重庆十大民心工程一览

重庆要做好的十件民生大事是:

（1）3年建成3000万平方米公租房,解决50多万户中低收入群众住房困难。

（2）实施"'两翼'农户万元增收工程",使"两翼"95%有劳动能力的农户三年增收万元以上。

（3）森林覆盖率达到40%,城区绿化率达到35%,进行城市建设,将重庆建成国家森林城市、生态园林城市、环保模范城市。

（4）在重庆中小学、幼儿园配备校警,建成500个交巡警平台。

（5）提前实现重庆农村养老保险全覆盖,使300多万农村老人老有所养。

（6）培养照顾好130万农村留守儿童,解除外出务工群众

---

① 薄熙来:《抓好10件大事,切实改善民生》,2010年6月28日《重庆日报》。

后顾之忧。

（7）以解决农民工户口为突破，推进户籍制度改革。

（8）医疗资源向基层倾斜，让群众看病方便、治病便宜。

（9）发展6万户微型企业，新增30万就业岗位，市财政每年出资3亿元。

（10）深入开展"三进三同"、"结穷亲"、"大下访"，深化"三项制度"，倾听群众心声、解决群众困难。

对于这十件大事，我们重点论述一下意义重大、联系紧密的三件大事：大规模的公租房建设、大规模的户籍制度改革和广覆盖的社会保障。

（二）公租房建设"大庇天下寒士俱欢颜"

价格畸高的房地产市场导致大批中低收入群体买不起房，无房可住，形成巨大的社会问题；有钱人却炒房投机，房地产商也大赚其利，进一步加剧社会贫富对立情绪；畸形的房地产市场绑架银行体系和国民经济，一旦崩盘，中国经济将再现香港楼市崩盘、日本楼市崩盘、海南20世纪90年代烂尾楼以后的局面。因此，必须调控房价。然而，自2005年中央开始严令调控房价以来，房价却涨得更高了，民众失望了。

住房问题怎么会成为"新三座大山"之首？人称"任大炮"的房地产商任志强是这样解释的："1998年，国务院出台《关于进一步深化城镇住房制度，改革加快住房建设的通知》（下称"23号文"），提出要'建立和完善以经济适用住房为主的住房供应体系'。不过，当时对于保障房该如何建、由谁建，以及经济适用房和廉租房的比例等问题，讨论了很长时间。

"当时我们测算，政府从土地出让金中拿出15%的比例建设保障房就够了。建设部第一稿就用我们提的15%，但报告给了国土部，国土部只批了5%；建设部不同意，问题再次提出来，后来定的10%。这事斗了好几年。

"时至 2003 年,国务院发布《关于促进房地产市场持续健康发展的通知》(下称"18 号文"),明确提出要'坚持住房市场化的基本方向'。18 号文对老百姓最不利的地方,就是把经济适用房的比例改了。23 号文的提法是'保障房要占住房供应体系中的大多数',但 18 号文认为不应该'大多数',而应当坚持以市场化为主的住房供应体系。

"经历了近十年的讨论和探索,国务院在 2007 年又发布了《关于解决城市低收入家庭住房困难的若干意见》(下称"24 号文"),才算在真正意义上将保障房系统的建设纳入政府工作重心。24 号文明确提出:'政府要承担保障房任务,做到"应保尽保",土地出让净收益用于廉租住房保障资金的比例不得低于10%。'24 号文被视做国家对房地产调控方向的转舵。此后,政府的责任与市场的作用划清了界限。"①

对过高的房价,重庆市委书记薄熙来的批判掷地有声:"如果房价太高,普通百姓辛苦几十年,还住不上一套像样的房子,那怎么行?! 我们是人民的政府,当然要为人民群众把基本住房解决好。"②而重庆市长黄奇帆,则将房价太高的原因归结为"一根筋的思维方式和发展模式",即完全由政府保障或完全由市场供给的"单轨制"。他认为,"一定要转变一根筋的思维方式和发展模式",因为"房产具有保障性和商品性的双重属性,完全由政府保障或完全由市场供给的'单轨制'都存在制度设计上的不足"。他还认为,"尽管近年来,我国住房制度设计上也部分填补了保障房的空缺,主要是经济适用房和廉租房,但实践中,现有经济适用房政策容易产生利益输送和腐败问题,而且廉租房针对的是'低保群众',一般只占当地城市居民的3% 左右,90% 以上的群众还只能靠购买商品房一条路解决住房问题。"他指出:"一个社会总有30% 左右的低收入群体

①　任志强:《过去 10 多年我一直在为穷人说话》,《新世纪》杂志财新网(网页:http://house. focus. cn/news/2010－06－22/965998. html)。

②　刘健、徐旭忠、朱薇、施智梁:《建设公租房大势所趋——解读公租房"重庆样本"》,2010 年 4 月 23 日《经济参考报》。

基本买不起房,努力保障他们的住房需求,是政府的责任所在。"[2]

因此,重庆市决定把住房供应比例调控在1∶6∶3左右,这样来构建双轨运行的城市住房供给体系,即10%高收入人群购买高档商品住房;60%中等收入人群购买中小套型、中低价位的商品住房;30%低收入群体居住政府提供的保障性住房。

也是一门"大炮"的香港学者郎咸平则表示:"个人认为在目前的房地产形势下,只有重庆模式才能拯救中国房地产。如果推动重庆模式,将会使我国房地产市场逐渐稳定。"[1]

重庆大规模的公租房建设有以下特点:

1. 公租房和商品房一样好

重庆三年内建设3000万平方米的公租房建设计划,在2010年就有"开门红",将建成1000万平方米。其中主城区750万平方米,万州等周边重点城共建设250万平方米。2011—2012年,主城区和其他区县各安排建设1000万平方米;今后10年,全市共建设4000万平方米。按照人均15~20平方米计算,可以解决200多万人的居住问题,其中主城区100多万人。

重庆公共租赁住房实行商品房、公租房无差别的"混建"模式,进行高标准、高品质规划建设。一是布局在轻轨沿线或交通条件较好的地区,容积率约3.8,完全参照商业楼盘的标准,配套学校、医院、商店、银行以及健身、图书馆等设施和场地。二是重庆一环与二环间面积有500平方公里,这个区域以后10年会新增四五百万人,这些人又会形成21个居民集聚区,每个集聚区大概有1/4个街区或楼盘是公租房楼盘,与其他商品房楼盘犬牙交错、共享配套,不搞贫民窟和富人区。三是公租房户型面积为35~80平方米,60平方米以下的占85%以上,按建筑面积的10%进行

---

① 郎咸平:《"重庆模式"可以拯救中国房地产》,中国新闻网(网页:http://www.chinanews.com.cn/estate/2010/08-02/2439502.shtml)。

公建配置,并含有400元/平方米的简约装修。这些系统化的考虑,可以保证入住公租房的中低收入阶层享受到中档商品房的居住标准。

2. 国有土地投入、国有资金起动并补贴,公租房房租低廉

对如此大规模的公租房建设计划,人们普遍担心:地方财力是否可以承受,如果没有雄厚的资金支撑,重庆公租房模式能否长期持续下去?确实,有笔账得算:仅在重庆主城建设2000万平方米的公租房,就约需3万亩土地,土地出让金等政府减收近500亿元,还需公租房建设成本约500亿元。也就是说,建设2000万平方米公租房,约需总成本1000亿元。而2009年重庆地方财政收入仅为1165.7亿元。有这么多土地吗?有。因为重庆很有远见,早就在其八大国有投资集团中"囤积"了几十万亩土地,无偿划拨几万亩,没有多难(政府没有土地储备的其他地方可就难于上青天了)。有这么多钱吗?重庆市财政肯定没有,它确实尽了力但只能拨款30个亿,但重庆加上了国家对廉租房的补贴(重庆将廉租房纳入了公租房建设之中),加上重庆市每年土地批租收入的5%,这样就形成了200多亿元国有资本的投入,其余部分,则通过融资解决。由于这2000万平方米的房产是不动产,不但可以升值,可以用来抵押融资,还有源源不断的租金收入以支付融资利息,不会形成坏账,故金融机构蜂拥而至。这样,重庆就解决了大规模建设公租房的有效投入,而且是低投入的问题。因此,可以保证公租房的租金比市场租金便宜40%左右。

3. 公租房不设户籍限制

重庆公租房的覆盖人群将打破城乡和内外差别,不设户籍限制。重庆公租房针对的是城市三类新生代群体:一是农民工,他们常住城里,有固定工作;二是城市居民的子女,长大工作了,原来住房拥挤,要跟父母分开,但暂时还买不起房;三是本地或外地的大学生,他们在机关、企业、事业单位工作不长,购不了商品房。重庆宣布:凡在重庆找到工作、常住在重庆的中低收入群体,只要有工作,付得起公租房租金,都可以租。外地人在重庆找到工作,就说明这个城市需要你,就给住房,为什么要搞户口

限制呢？重庆市长黄奇帆笑称：只要符合条件，都可享受政策，甚至一个外地小老板，来重庆投资，有家庭矛盾，搬出来，暂时买不了房，也可以租公租房。所以，重庆公租房的出租对象，不讲户口，讲常住。其中的要义是，重庆要建现代化大都市，天下人来了，凡对重庆作贡献的，重庆都是一样对待。重庆有这样的胸怀。

取消户籍限制，即取消城市户口与农村户口的对立歧视和取消本地户口和外来人口的对立歧视，这曾是多少农村"二等公民"和外来"漂一族"人的梦想！今天，重庆帮他们实现了梦想，消除了歧视！人与人本来是平等的，也应该是平等的，可是，我们的社会人为制造出不平等。重庆实践说明，消除这些歧视和不平等，完全是可能的！

4. 公租房是政府的公共财产，不会成为牟利的工具

对公租房，政府不收取土地出让金、配套费、税费，也不提取任何建设项目转让的利润，成本比商品房低40%多，租金也比较低。公租房建完之后，由公租房管理局管理。承租人以较低的租金租住，不得转租牟利。住户退租，也只能退给公租房管理局，不得个人交易牟利。公租房租了几年以后，如果有特殊需要，家庭想把这个公租房买下来，可以按经济适用房的价格标准购买。但住户买了以后，住了几年，如果再想卖掉，只能卖给公租房管理局，而且只能按照经济适用房的价格进行交易。任何居民没有牟利的机会。这不像经济适用房，转手卖出去，可以获取巨大的差价，从而滋生灰色交易。

重庆市大规模建设公租房，虽然在土地出让金、财政投入等方面从短期账面上看是"吃亏"了，但是市委、市政府眼光长远，主动放弃卖地生财的小利，却得到了真正以人为本、优化投资环境、获得可持续发展永续动力等大利。尤其值得一提的是，2009年，经超速发展后人均GDP仍只有3300美元的重庆（上海当年为人均近1.2万美元），能够如此重视民生，出台规模如此之大的公租房建设规划（上海公开宣布2010年内要盖100万平方米公租房，为重庆的1/10，这正是决心要走"民生为导向"的新路子的体现。

（三）以户籍改革推动城乡统筹发展

要解决由中国历史、地理和我们的实践,包括我们自己发明出来、曾有必要但早已弊大于利的户籍制度等因素所共同造成的城乡二元结构问题,解决持续扩大的城乡差距问题,解决持续累积的农民工问题,统筹城乡发展,健康地推进中国的工业化、城市化进程,这一切都要求尽快改革户籍制度,走向城乡一体化发展。重庆市委书记薄熙来说:

> 重庆还有 800 万农民工,不少人在城里已生活了十来年,还有了第二代,却没有城市户口,无法享受城里人同等待遇,这是个大问题。作为城乡统筹试验区,我们要在全国率先进行农民工户籍改革,精心组织,有序推进。

1. 户籍改革十年内转化 1000 万农民工

重庆市长黄奇帆说,城乡统筹有五件事:第一是一体化的基础设施;第二是城乡一体化的公共服务,教育、卫生、文化;第三是城乡一体化的养老保险、医疗保险以及农村的低保保障,低收入群众的保障;第四是城乡的资源要素的流通;第五是城乡人口户口怎么一体化管理的问题。首先要推进户籍改革解决户口问题,推进城市化。

户籍改革是一项社会制度的重大改革。通过农民工户籍改革,让进城农民工成为城市居民。2009 年的统计数据显示,重庆有 850 万农民工,450万在沿海打工,近 400 万在重庆城里打工,另外还有 70 多万在城里读书的农村孩子。此外重庆还有 50 万人左右,属移民、征地中的遗留问题。按户籍口径统计,直辖前重庆城市化率是 25%;直辖 12 年之后的 2009 年,按户籍口径统计城市化率只达到 27%,几乎没有增长。但按常住人口统计,直辖初期重庆城市化率是28%,现在达到了53%,已经上升了25%。城市化不应该是城里人的自拉自唱,本质上应该是减少农民、让农民工转化成城里人。

重庆市委、市政府决定:2010年内解决已经在城里居住五年以上的330万农民的户籍问题,要给予他们城市居民享有的一切权利。到2020年,将一共转变1000万农民的户籍,主要是200万农村中专生和500万新生代农民工。目前,重庆市现有1200万户籍意义上的城市人口,届时将达到2200万,重庆户籍意义的城市化率将超过65%。

重庆一年就让330万农民转为城市居民,意义甚大。重庆市长黄奇帆曾讲,农民进城以后的消费,1个人至少比在农村多1万元,330万农民进城,1年就有330亿的持续内需拉动,这才叫真正的转变增长方式。他认为,通过这样的改革,有五大好处:一是真正解决城市化过程中城市人口集聚问题;二是解决了农民的权利问题,让农民老有所养,能享受到城里的各种福利;三是可以促进内需;四是促进要素流转,农民拥有的宅基地、承包地和林权等资源,与城里居民的养老保险、医疗保险、住房保障、小孩读书及就业等权利,在农民落户进城的过程中会进行流转;五是农民减少了,同样多的农村资源再分配,农村人均资源的规模增大了,产出也增加了,留在农村的农民也就会富起来。

2.“地票”交易所成为挑起城乡两个“箩筐”的“扁担”

2008年12月4日,经国务院批准,重庆成立了全国首个土地交易所———重庆农村土地交易所。国务院主要领导曾要求:重庆这个试验要封闭进行,不作过多宣传,以防止其他地方乱学乱上;俟获得成功、经验成熟后再推广。

重庆土地交易所推出了“地票”交易方式,被媒体称为“新一轮土改”。所谓“地票”交易,就是城市建设用地和农村建设用地增减挂钩,从而形成的一种交易。“地票”交易不是土地交易,而是土地利用指标交易。具体来讲,就是农民出来打工并举家进城后,他们在农村的旧房子、房前屋后的院坝等——实质上是他们的宅基地及其附属设施用地,就闲置起来了,有了"地票"交易所,农民们就可以把这些宅基地复垦成为耕地,交给集体,经过土地部门验收后,他们就可以得到"地票";然后各个村或乡镇或区县将农民分散的"地票"集中起来,到土地交易所挂牌拍卖,纯收益的80%归农户,20%归村集体。农民拿到了"地票"款后,可以在打工的城镇购房、租房。即便是仍在农村的农民,也可将老的宅基地以"地票"方式卖掉,在集中的"新农村"建新房。村集体因此也有一些收入,可用于"新农村"基础设施及公共服务设施建设。

除农民的宅基地外,农村闲置的乡镇企业用地、闲置的学校等公益事业建设用地、废弃的道路等公共设施和集体建设用地等集体建设用地,复垦成耕地并经过土地部门验收后,也可进行"地票"交易,纯收益的80%须用于"新农村"的基础设施和公共服务设施建设。

需要用地的企业或事业单位,在没有"地票"交易机制以前,只有向国土部门申请征地指标,直接拿钱买地。由于国家将"18亿亩耕地生命线"定为"高压线",城里和城郊可卖的土地非常少,远郊尤其是边远农村即使有建设用地指标,城里和城郊也不能用,所以企业发展,工业化、城市化等就受到很大制约。一些地方强行推进城市化、工业化,对征用的耕地说是"先用后补",实际上由于没有"补"的机制和动力,所以常常是"用而不补"。这就造成一个巨大的隐患——"18亿亩耕地生命线"不保。而且,城市化、工业化的发展,尽管可以带动城市郊区农村、农民致富,但对于远郊区,尤其是对于边远区县农村和农民的发展,起不到什么带动作用,只能使城乡差距越拉越大。现在,有了"地票"交易机制,需要用地的企业或事业单位,就可以到交易所去竞买"地票",买到了"地票",就是拿到了征地指标,就可以去竞买拍卖的土地(使用权)。

由此可见,重庆的"地票"交易有"一石二鸟"之效。

其一,能够解决我国高速城市化、工业化的大规模用地与确保"18亿亩耕地生命线"这一两难问题。重庆市长黄奇帆算了这样一笔账:

我国城市居民的住宅、教育、卫生、生产等各种用地相加,人均约需100平方米。2亿农民工进城约需用地200亿平方米,即2万平方公里;而其在农村的宅基地、建设用地约需4万平方公里。如果城乡土地增减不挂钩,不退出这部分土地,2亿农民工进城共占用约6万平方公里土地,耕地面积就会受到影响。

在这一背景下,重庆积极探索,通过"地票"交易使远郊农民的宅基地能参与流动。如果这一试验取得共识,农民工进城后逐渐退出农村的宅基地、实现城乡建设用地增减挂钩,最终将能守住18亿亩耕地红线,并可能增加耕地。①

其二,能在大尺度空间中实现统筹城乡发展。

我国各地的大规模城市化进程,都带动了其城郊农村的发展,在重庆之前,还没有城市化直接带动远效农村尤其是边远农村发展的成功经验。成都与重庆同为我国统筹城乡综合配套改革试验区,成都的城乡一体化发展比重庆早得多、快得多、好得多。然而,成都的统筹城乡发展,是特大城市及较多较发达县(市)与其近郊农村的共同发展,它没有诸如重庆这样的特大城市与300公里甚至500公里远的广大农村的统筹发展问题。面临这样问题的重庆,就以其"地票"交易的创新,提供了在大尺度空间中实现统筹城乡发展的经验。譬如说,重庆某企业要买"地票",由于考虑到是在主城区或近郊用地,出的价钱就相当高,而其中的80%直接就被离主城300公里的彭水县或者离主城500公里的巫山县的一群农民得到了。要知道,如果没有"地票"制度,或者像有的地方,城乡建设用地指标增减只能在一个县范围内挂勾,那他们的宅基地在本县能卖几个钱呢? 现在有了"地票"制度,他们就可以卖个高价钱,就有了在城里安身立命的重要物质基础。这样,不但会直接促进边远农村剩余劳动力更好地向城市转移,而且会使

---

① 黄奇帆:《"地票"交易引领城乡统筹一体化制度创新》,2010年9月25日《重庆日报》。

边远农村直接获得城市化、工业化的相当高收益,这是最直接、最典型"城市反哺农村"。同时,还会直接将边远农村"不大宝贵"的建设用地指标,变成城市里"极为宝贵"的建设用地指标,极大地促进城市化、工业化的发展。

国土资源部部长徐绍史在视察重庆土地交易所后指出:"'地票'交易工作总体运行规范良好,成效明显,可以进一步在扩大'地票'交易规模、完善收益分配机制等方面进行探索。"①部党组成员、总规划师胡存智表示:"'地票'制度从构想到实践,都是一项创举,其运行目标、方向、路径清晰,符合党的十七届三中全会有关精神。"②全国人大《土地管理法》修订调研组认为,重庆农村土地交易所运作思路有利于促进解决"三农"问题,也有利于城乡统筹发展③。

(四)社会保障让穷人不穷

党的十七届四中全会强调"执政为民,保持党同人民群众的血肉联系",是要根本扭转改革只让一部分人富裕、广大百姓长期不能充分享受改革成果的状况。寻找"红色 GDP"是共产党执政之本,是以公平正义、全民享有社会成果、合理利用资源、维护科学持续发展的自然环境为内涵,让中国百姓享有更多公共品。这不仅是中国社会主义的理想,更是为人民服务的承诺。重庆的社会保障全覆盖就是"红色 GDP"的实践。

1. 农村养老保险全覆盖起步,渐进实现健全的社会保障体系

要构建全覆盖、保基本、能转移、可持续的社会保障体系,须尽快实现全市农村养老保险全覆盖,使 300 多万农村老人老有所养。重庆自 2009 年起开始实施农村养老保险试点工作,目前,已有 15 个区县开展农村养老保险改革。截至 2010 年 8 月底已有 350 万人参保,成效显著。重庆 2009 年开始推行的城乡居民社会养老保险制度规定,年满 60 周岁以上

①②③ 《引领城乡统筹一体化的制度创新——就"地票"制度访重庆市市长黄奇帆》,国土资源部网站(网页:http://www.mlr.gov.cn/xwdt/jrxw/201009/t20100921_770453.htm)。

的城乡居民,本人不缴费也可按月领取基础养老金,标准为每人每月 80元,比国家每人每月 55 元的标准高出 25 元。按中央财政补助计划,预计两年后重庆全部区县才能纳入中央财政补助范围,但为保障农村老人老有所养,重庆市决定进行"自费改革",拿出 36 亿余元财政资金推进农村养老保险改革工作。2010 年,重庆将继续推进三峡库区和主城区尚未试点的 15 个区县纳入农村养老保险试点范围,并力争到 2011 年底前,使农村养老保险扩展到全市 40 个区县,农民参保率达到 80% 以上,这样将比全国计划提前三年实现农村养老保险全覆盖。

2. 多项社会保障建设幸福重庆

城乡低保做到应保尽保。建立临时救助专项资金,完善救灾体系。加快区县社会福利中心、区域性儿童福利院、乡镇社区托老机构和残疾人托养所建设,确保老有所养、灾有所济、孤有所靠、残有所助。

培养照顾好 130 万农村留守儿童,解除外出务工群众后顾之忧。政府、学校、家庭、社会多方联动,切实解决好农民外出务工带来的农村留守儿童问题。建立针对留守儿童特点的培养模式,采取代理家长、亲情室、托管中心等措施,让重庆留守儿童健康茁壮成长。基本解决城镇学校"大班额"和农民工子女入学问题。逐步推广学生饮用奶(鸡蛋)计划,为非寄宿贫困生提供"爱心午餐",不断改善青少年营养状况。完善学生资助政策体系,实行中职免费教育。保持财政性教育投入占重庆生产总值的 4%,全面普及高中阶段教育。薄熙来指出,大量青壮年农民在外务工,家里的老人和孩子缺乏照顾,一些孩子营养较差,性格内向、孤僻、自卑,也要尽力照顾和培养好这些留守儿童。

医疗资源向基层倾斜,让群众看病方便、治病便宜。薄熙来说,关于中低收入家庭看病的问题,有人形容,"救护车一响,半头牛白养",一定要下决心在今后两年内解决基层群众看病难的问题,让老百姓有地方看病、看得起病,实现"一镇一院"、"一社区一中心"。

在重庆中小学、幼儿园配备校警。平安是民生之要、百姓之福。薄熙来说,现在一对夫妇一个孩儿,都是父母的心头肉。全市有 500 多万孩子,如果校园安全不能保障,每天会让 1000 多万个爸爸、妈妈提心吊胆,还有更多的爷爷、奶奶、姥姥、姥爷牵肠挂肚! 再三考虑,还是要采取治本之策,2010 年政府拿出 12 个亿,向全市中小学和幼儿园派遣校警和保安,在全国率先建立了校警体制,要让全市家长们放心。

其他的社会幸福工程,如实施重庆"'两翼'农户万元增收工程"、城市环境工程,发展 6 万户微型企业,深入开展"三进三同"、"结穷亲"、"大下访",深化"三项制度"不再赘述。

清华大学国际传播研究中心主任李希光教授在《重庆梦与中国模式》一文①中写道,重庆的高速发展证明了市场原教旨主义的失效,也证明了科学发展观的重要意义———以人为本、改善民生既是发展目的,也成为发展源泉。重庆通过"一座拥抱农民的城市"、"一座为低收入群众造房的城市"、"一座关爱留守儿童的城市"、"一座关注市民幸福感的城市"、"一座适宜人类居住的城市"、"一座民生型的社会主义文明城市"六大实践破解了"中国双重人格难题"。重庆实践具体地深化了对中国模式和北京共识的认识,重新定义了现代性,肯定了社会主义制度的国家能力优势,终结了"历史终结论";重庆提出的民生幸福指数再造了共产党执政的必然性和社会主义的优越性。中国的软实力来自中国原创的思想观念与中国人创造的"中国模式"在国际观念市场上的竞争力。重庆协调激发个体积极性和公共控制能力已经成为一种软实力,其对发展中国家的吸引力超过西方模式。中国的改革开放将把重庆探索的实践带进国际思想观念市场。我们需要提出在国际观念市场上通过推销重庆梦、中国模式,向世界清晰地传达中国的理念和奋斗目标。

中国社科院的孙麾研究员认为:重庆实践的创新性,表现在没有任何可以借鉴的前提下,驾驭复杂局面,开辟了一条破解社会难题的新路。因

----

① 李希光:《重庆梦与中国模式》,人民网,(网页:http://theory. people. com. cn/GB/41038/12649192. html)。

此它对中国的前景意义重大。在新的历史条件下,对新的实践难题,负责任的理论家不能直接从假设去推导建设,用西方的理论模型去规范非西方社会。面对重庆的生动实践,希望有更多的学者,以他们的学术热情和责任感,关注重庆实践的理论意义,不断在正视现实问题和解决现实矛盾中,创造出适合中国国情的理论①。

　　在 2010 年 9 月 19 日举行的"重庆实践与新亚洲模式研讨会"上,有的外国学者甚至创造了"重庆社会主义"这样的词汇,来评价重庆以民生为导向的经济社会发展道路。我们认为,"重庆模式"是社会主义市场经济的成功实践范例,其核心,正是以民生为导向的经济社会发展新路。

---

① 笔者记录的孙麾 2010 年 9 月 19 日在"重庆实践与新亚洲模式研讨会"上的发言。

重庆模式

第九章

"三项活动"

——以创新党的作风建设为灵魂

执政党的党风关系党的形象,关系党和人民事业的成败。群众在我们心里的分量有多重,我们在群众心里的分量就有多重。一个政党长期执政的关键就在于和人民群众的关系。长期以来,我们的干部作风蜕化严重,淡忘了党的群总路线,淡忘了群众工作方法,普遍存在懒惰庸碌的风气,党风政风不振,从而滋生出官僚主义和形式主义。薄熙来说:

> 我们一些同志,特别是"三门"干部,只了解"书房"里的情况、"上边"的情况,知识就比较局限。也有一些干部,坐机关的时间长了,对社会上的情况了解不多,往往照抄照转,说的官话、套话就多了,寡淡无味,大家就不乐意听了。一个人再聪明,读书再多,如果不了解社会实践,单凭主观想象,想做好社会工作是很困难的。

为了扭转这种局面,2010年初以来,重庆在全市各级机关干部中开展以"三进三同"、"结穷亲"、"大下访"为主要内容的密切联系群众"三项活动",以提振党风政风,让干部切实深入到老百姓中间去,在思想上、感情上拉近与人民群众的距离。薄熙来强调,搞好"三项活动",不仅能增强与人民群众的联系和感情,还是搞社会调查的好机会,由此可以了解社情民意,丰富知识,改进我们的思维结构。

由于中国的无论什么"模式",要想成功,都"关键在党,关键在人";又由于无论什么"模式",都要归结到"为什么人的问题"这个"根本的问题、原则的问题",而"三进三同"、"大下访"、"结穷亲"等"三项活动"正是解决"为什么人的问题"的关键,所以,我们认为,以"三项活动"为主要内容的党的作风建设创新,是"重庆模式"的灵魂。

一、以"三进三同"为代表的创新型党的作风建设是"重庆模式"的灵魂

近两年来,以薄熙来为"班长"的领导班子在重庆搞得轰轰烈烈,引起海内外媒体高度关注。2009 年 2 月,香港《亚洲周刊》整版发表一组专题报导,提出金融危机下"重庆模式创中国经济反攻新路径"新观点,在海内外引起强烈反响。《亚洲周刊》概括"重庆模式"的特点包括:城乡统筹,加快城镇化,实施农村居民低保制度等;照顾民生,继续实施低税率政策,首创购房退个人所得税政策等;兼顾眼前利益和长远发展,实现可持续发展;以内需促经济增长,内销市场占工业产值九成;既汲取了沿海地区的经验,又回避了风险,成为中国抗击金融危机的新路径。随后,《南方周末》《瞭望》《人民日报》乃至美国的《新闻周刊》《外交杂志》等,也都大篇幅地介绍重庆模式,将重庆模式概括为"内需为主"的模式,概括为"国家资本和民营资本共同发展"的模式,概括为"国有经济一股独大"的模式,概括为"公租房"建设模式,有的网络媒体甚至将重庆模式概括为"打黑"或"唱红"。

时隔一年,香港《亚洲周刊》在它 2010 年的第 12 期上,又大篇幅地推

介"重庆模式",并对"重庆模式"有了一个新的概括:就是重庆干部"三进三同",就是密切联系群众,就是重提为人民服务,等等。它认为这是"重庆模式"的实质和个性。我们比较认同它的这一评价,认为它触及了"重庆模式"的灵魂。

(一)"三项活动"——具有重庆特色的党建和机关工作"品牌"

"三进三同",就是重庆市委要求重庆干部要进贫困区县、进农村、进农户,然后与农民群众同吃、同住、同劳动。此外,重庆还创造了变群众"多上访"为干部"大下访",创造了干部同贫困户"结穷亲"等党风建设的新形式、新经验。重庆市委专门作出决议,明确要求全市各级机关干部每年至少7天、新招录公务员和新提任领导干部至少30天"三进三同",要求区县党政领导干部每人每年下访12次以上,要求"结穷亲"实现机关全覆盖、干部全参与,结对干部每年深入"穷亲"家不少于2次①。

说起"三进三同",作者感触更深。一是因为这是毛泽东时代的老做法,作者曾亲眼目睹。一直到20世纪80年代前期,重庆的国有企业领导每周还有一天到车间参加体力劳动。后来企业实行承包制后,领导就逐渐成为"老板",脱离体力劳动了。机关干部亦然。现在,老做法回来了,有比较,当然有感触。二是因为"三进三同"这项活动是从中共重庆市委党校开始的。那是2009年,重庆市委党校在中青班学员中开展"让我来做支部书记"活动,让100名已是重庆市管干部的中青班学员深入边远贫困区县的农村,一人进一村,当一周的"村官"。为使他们尽快融入农民群众的生产、生活之中,党校要求他们吃住在贫困农户家庭,按规定标准交纳食宿费用,按农民生活规律安排作息时间,从思想上、感情上、行为上贴近农民,与农民打成一片。

---

① 《中共重庆市委关于做好当前民生工作的决定》(中共重庆市委三届七次全委会通过)。

开始我们预计学员们会有不小的埋怨情绪,但结果是他们的反应出乎意料的好。在和入住农户同劳动的基础上,他们牢记"支书"身份,放下架子,力做"干将",不做"看客"和"过客",与村民打成一片,组织和带领村民,身体力行地投入渠堰维修、公路整治、水库维护、农作物抢种抢栽抢收等劳动当中。有的学员手打起了血泡,有的脚受伤了,有的衣服撕破了,有的鞋穿烂了……但他们不但没有叫苦叫累,反而以谁吃的苦更多为荣,有一种自豪感和成就感。他们有的和群众一起移栽烤烟,有的和群众一起为玉米、洋芋除草施肥,有的和群众一起插秧,有的学员用自己的知识在田间地头为群众讲解庄稼疫病防治技术,从而拉近了与群众的距离,融洽了与群众的关系,村民们很快把他们当成"自己人",很多人主动找他们谈真话、反映真情况。下面两段话,是作者在该班学员"三进三同"总结交流会上的记录:

> 驻不驻村就是不一样,不一样的就是与群众的感情真正加深了,住在群众家里,群众就把你当自家人,愿意掏心窝子、讲心里话。
>
> 我们给群众一寸,群众给我们一尺,我们下去住几天,群众就对我们心怀感激,有的房东担心鸡叫太早,影响我们休息,就把鸡寄养到亲戚家里,有的房东怕狗咬伤我们,就把狗关起来,有的村民做好饭菜,等待我们入家门,还有的群众在实践活动结束时,依依不舍地拉着我们拍照留念,许多村民和房东在送我们离村时难舍难分,泪流满面,情真意切。

重庆市委总结了党校学员"三进三同"的成功经验后,果断决策,在全市领导干部中全面开展这项活动,同时要求领导干部要"大下访"——要求各级领导干部深入社区、农村,体察民情、排解民忧、帮扶民困;要求机关干部要"结穷亲"——让党员干部,尤其是市和区县机关里的干部与贫困区县的城乡贫困户结成"亲戚",既帮助他们解决困难,更转变自己的思想感情。这样,就有了重庆市干部联系群众的"三项活动"。重庆市委书记薄熙来强调:"要重点抓好'三进三同'、'结穷亲'和'大下访'等'三项活动',使之成为具有重庆特色的党建和机关工作'品牌'。"①"三项活动"是重庆在党的作风建设实践上的重大创新。

从"大下访"到"三进三同"再到"结穷亲",层层递进之后,会自动层层回推:结好"穷亲"后,不用组织统一安排,不少党员干部就会经常主动地"走亲戚",也就是去"下访",去"三进三同"。尽管时间还不长,但重庆不少干部作风开始完全不同了:开始走出舒舒服服甚至豪华气派的办公室,告别灯红酒绿、山珍海味,告别"傍大款",走进穷街陋巷、穷乡僻壤,与"穷亲"们同食粗茶淡饭,共斗穷山恶水。正所谓"物以类聚,人以群分"。重庆推行"三项活动"以来,老百姓对共产党的评价有惊人转变,以前埋怨共产党的干部的不少,现在呢,重庆老百姓比较普遍的说法是"共产党回来了"。

(二)要从"为什么人的问题"这个根本点看待"重庆模式"的灵魂

对"三项活动"持怀疑态度的人认为,重庆搞干部"三进三同"、"大下访"、"结穷亲"等是"作秀"。我们认为,重庆这个做法的政治导向意义重大——它体现了共产党的政治路线问题:共产党的干部主要联系穷人还是富人,还是富人、穷人都得联系? 重庆要求都要联系,联系富人因为要招商引资,要帮助、引导非公有制经济发展。但重庆反对"傍大款",大力提倡"结穷亲"。这个做法,才是保持共产党先进性、巩固共产党执政地位、越往将来看越重要的举措。

还有一些党员、干部,对"三项活动"意义的认识不足,认为访贫问

---

① 薄熙来:《一些干部坐机关久了,说的官话寡淡无味》,2010 年 3 月 24 日《重庆日报》。

苦、同吃同住同劳动"那一套"是战争年代和艰苦环境的产物,现在已经过时了,应该用新潮的、公共管理的方式取而代之;还有的同志认为发展市场经济要依靠老板、依靠能人,认为普通群众只是被市场经济排斥的"弱势群体",靠不住;更有的还将主动或被迫起来维护自己权益的群众看成"刁民"……此外,还有不少干部从学校门到机关门,与普通群众距离远、不熟悉,有的甚至对群众话都不知道怎么讲。这些情况,使得我们一些干部渐渐淡忘了党的群众路线,包括淡忘了群众工作方法,导致有的干部尽管还是想为群众做些事,但不会做群众工作,不会为群众解难,不会为群众办事。这些情况,发展下去是也是很危险的,也会滋生官僚主义、形式主义。而"三项活动",既是继承和发扬党的优良传统作风的好形式,也是提高干部队伍领导水平和能力,尤其是掌握、运用党的根本工作方法和领导方法——群众路线——的重要途径。坚持不懈地进行"三项活动",可使我们的干部队伍既增强党性,又增强能力,不断增强凝聚力、号召力。他们登高一呼,就有万众响应,就能带领重庆 3200 万人民坚定不移地跟党走,同心协力实现统筹城乡发展,振兴新重庆。

总之,是"傍大款"还是"结穷亲",不管什么模式,最终都要归结到毛泽东的一句名言:为什么人的问题,是一个根本的问题、原则的问题。重庆"三项活动"的作风创新,继承、发扬了这个伟大思想。所以,如果问"重庆模式"的意义在哪里,我们觉得,就是影响到了中国一步怎么走的方向问题、原则问题:经济发展为什么人。我们觉得,这是"重庆模式"的实质性意义。

二、党风、政风不振——开展"三项活动"的重要背景

(一)官僚主义是执政党的大敌

目前,全国各级机关共有干部近 700 万名,其中党员约占 80%;县处

级以上领导干部约67万名，党员占95.2%。这些政治精英普遍学历高、知识新、眼界宽，思想活跃，但"三门干部"（出了家门进校门，出了校门进机关门）和"书房干部"（习惯于坐办公室）亦多，缺乏严格的党性锻炼和基层环境历练，对基层的困难和群众的疾苦体验不够。就是在重庆，以前"一些干部，长年'走读'，村级干部住乡镇，乡镇干部住县城，区县干部住主城，根子不在基层……一些地方工作不得要领，群众还不满意，就是因为有些干部还沉不下去，不能实事求是搞调研，对情况一知半解，拿不出管用的招数。"①这也难怪他们个人。说老实话，由于种种原因，例如现在农村是农民一家一户单干，干部怎么联系农民群众？更重要的是，由于体制性的原因，我们的官员已经成了一个特殊的群体了，从他们的社会地位到他们的生活方式，确实离普通群众尤其是农民群众很远了。很多的官员整天被"轮子"、"盘子"、"裙子"转得晕头转向，社会主义、共产党人的前进方向、服务对象，等等，在眼前都是一团模糊。因此，无论大会小会，甚至酒席上、家庭里，都只能讲官话、讲套话了；无论大事小事，都只能拿上面的政策照抄照转，当"二传手"，"依样画葫芦"。用薄熙来的话说，就是"一些干部坐机关久了，说的官话寡淡无味"。

光说"寡淡无味"的官话，比起拿着俸禄却不给群众办事的懒官，似乎还要好些。重庆以前懒官不少！重庆"2008年的'大下访'和2009年'大走访'，接到1.8万个积案，80%是该解决而没认真解决的群众实际困难。"② 在这样懒惰庸碌风气盛行的地方，领导班子合不成凝聚力，领导干部形不成号召力，上上下下形不成战斗力，人心散乱，士气消沉，怎么能打开工作局面，怎么能推进改革开放，怎么能促进科学发展，怎么能造福人民，怎么能兴党兴国？

在中共重庆市委三届六次全委会上，薄熙来就给重庆的懒官庸官、官僚主义者画了个"九全九美"的像：

---

① 《市委召开三届六次全会 薄熙来痛批九种"干部病"》,2009年12月3日《重庆日报》。
② 《市委召开三届六次全会 薄熙来痛批九种"干部病"》,2009年12月3日《重庆日报》。

一是讲话、作报告,大话、空话、套话连篇。

二是习惯当"甩手掌柜"、做"二传手"层层批转。

三是以会议贯彻会议、文件落实文件。

四是不下基层,不搞调研,"拍脑袋"决策,"拍胸脯"保证,出了事"拍屁股"走人,当"三拍干部"。

五是讲成绩夸夸其谈,讲问题一带而过。

六是懒懒散散,上班一杯茶,一支烟,一个电话聊半天。

七是不读书、不学习,炒股票、打麻将。

八是铺张浪费,办公室越修越豪华,小汽车越坐越高级。

九是处事圆通,喜欢当瓦匠"和稀泥",喜欢当木匠"睁一只眼闭一只眼",就是不当铁匠"硬碰硬"。①

重庆市委组织部长陈存根在诠释上述九条时,在第九条"就是不当铁匠'硬碰硬'"后面加了一句话:"不当石匠'实(石)打实'"。

执政党的党风,关系党的形象,关系党和人民事业成败。懒惰庸碌的风气,使广大党员寒心,使广大人民群众寒心。这些懒官庸官,把领导的地位,从更好地为人民服务的平台转变成当官做老爷,脱离党员群众、脱离人民群众的楼阁,严重地败坏党的形象、损害党群关系。此风不治,泛滥开来,广大党员就会心灰意冷,人民群众就会埋怨离弃,我们党的事业,就可能耽误在这些懒官、庸官手上。

上述九条,还只是薄熙来讲的作风蜕化的"慢性病",存在于各级领导干部中的还有更厉害的"致命伤"——贪污腐败问题。对贪腐问题的严重性,薄熙来用韩非子的名言"贪如火,不遏则燎原;欲如水,不遏则滔天"来形容,并表示:"无论对'大贪'还是'小腐',我们都要坚决查处,绝不容情!"

---

① 《市委召开三届六次全会 薄熙来痛批九种"干部病"》,2009 年 12 月 3 日《重庆日报》。

(二)再不创新党的作风建设,将导致"官场生态灾难"

重庆为什么会出文强这一类坏透了顶的干部且多年来还身居要位?重要原因之一是党风、政风有问题。文强之流,业务能力、工作能力还是很强的。文强指挥破了不少大案,他破案的案例早就进了我国甚至国外一些警校、政法学院的教参,所以他早在做公安局副局长时,就已经是正厅级的侦察员了,是专家型领导干部的典型,他手下的四大金刚也都是破案高手。但由于长期不"唱红"只"唱能",放松作风建设,或者也想抓作风建设,但是效果很不理想(例如一方面强调党员干部讲理想信念,另一方面不给名利地位就调不动积极性,于是形成理想信念教育的"怪圈"),于是,不少地方的官场上都庸俗甚至糜烂了,大家比的都是排场、坐骑有的甚至是赌资、情妇,对一些糜烂现象不以为耻,反以为荣。如果说社会上是笑贫不笑娼的话,当时官场上不少人就是笑贫不笑腐。正因为有上述现象存在,我们党再不抓紧自身建设,尤其是再不能创造确实有效的作风建设新形式,其危险可想而知。要解决这个问题,光靠"打黑除恶"肯定不够。如果有那个官场环境在,打一茬长一茬。只有又"打黑除恶",又"唱读讲传",又加强作风建设,才能治本,改变官场生态环境和社会"生态"环境。

中共重庆市委三届六次全委会以来,尤其是《中共重庆市委关于在全市机关干部中开展密切联系群众"三项活动"的意见》颁布以来,重庆市以领导干部"大下访"、"三进三同"、"结穷亲"为载体,整体推进联系群众的作风建设,对各级领导干部触动甚大。此外,从 2008 年起,重庆市在基层党组织中推行了"三项制度"——党组织书记每周一次接待群众、党组织班子成员每年两次进家入户走访每户群众、群众意见定期办理反馈。

这些活动,是在我们党长期执政、改革开放、发展社会主义市场经济条件下,对党的作风建设实践的重大创新,为干部队伍在新的历史条件下联系群众、锻炼自己,提供了新鲜经验,也为党的建设的理论与实践展现了新的视角,既具有重庆特色,也具有普遍意义。

在重庆调研时,习近平说:

> 重庆开展的"三项制度","三进三同"、"结穷亲"、"大下访",创新了社会管理形式,密切了党群干群关系,巩固了党在基层的执政基础,是条好经验。要不断规范,使其长效化、机制化。

三、"三项活动"——重庆市作风建设的重大创新

(一)"三项活动"部署周密

在"三进三同"、"大下访"、"结穷亲"等活动前期分别在小范围进行的基础上,重庆市委把它们集中起来,统一起来,规范起来,在2009年元旦前,颁布了《中共重庆市委关于在全市机关干部中开展密切联系群众"三项活动"的意见》,全面推开了干部联系群众的"三项活动"。这些活动,重庆的要求很严,安排很细。例如,要求下去的干部要过好"三关",做到"三个适应",即过好语言关,适应基层干部群众的语言表达方式;过好生活关,适应基层生活习惯;过好工作关,适应村组工作方法。又例如,要求下去的干部要坚持"三同",做好"三学"。"三同"就是同工作、同学习和同生活;"三学"就是学习基层干部和群众丰富的工作经验,学习有效的工作方法,学习扎实朴素的工作作风。要求下去的干部要做到"三带",即带着政策下去,带着问题下去,带着情感下去。要求下去的干部要做到"四不":"不畏难",一律进驻离城最偏远、条件最艰苦、工作最困难的村子;"不怕苦",一律入住贫困农户家,吃农家饭、睡农家床、干农家

活;"不增负",一律自带生活必需品,每人每天按 25 元标准支付食宿费用;"不添乱",不随意对基层干部指手画脚瞎指挥。

(二)"三项活动"成效初显

"三进三同"、"大下访"、"结穷亲"三项活动各有侧重,又相互呼应,有着紧密的内在联系,形成一个整体,有着显著的实践效果。

"三进三同"、"结穷亲"促进了党员干部情感转变、思想转变。在离基层、离群众较远的机关环境中,党员、干部的思想感情多是封闭型的,情系自我,考虑个人前途较多,很容易滋官僚主义、衙门作风。在"三进三同"、"结穷亲"活动中,不少干部刚进农家时,"吃不饱"、"不敢睡"、"不会干(农活)"。如果没有"三进三同"、"结穷亲",他们的眼中、心中,会有困难群众吗? 正是因为有了"三进三同"、"结穷亲",虽然在农家时间短暂,但离开之时,干部们和老百姓都依依不舍——因为双方在密切接触中真正有了交流沟通、真情实感。广大干部看到了基层的困难、群众的淳朴;群众也看到了广大干部在为他们服务,感到了共产党对他们的关爱。我们在调查中惊喜地发现,与农村建卡贫困户以及城市低保户、困难党员等重点对象—"结穷亲",很多干部就"自觉"了——不用统一组织安排,他们自己就会经常主动去"走亲戚"、会朋友,即自觉地"三进三同"。截至 2010 年 6 月,重庆各级机关及不少事业单位已有近 13 万名干部和近 10 万名职工,与近 36 万户贫困户结了亲。结了穷亲的市级机关厅局级干部已达 933 人,占 92.56%;处级干部达 4265 人,占 86.2%;普通干部近 10 万人,占 89.68%;区县级干部达 1605 人,占 99.5%;区县部门和乡镇级干部 2 万多人,占全市 96.91%。①在党政系统的"主渠道"中,重庆的科级干部结一户、处级干部结两户、厅局级干部结三户"穷亲",是普遍现

① 参见 2010 年 6 月 10 日《重庆商报》。

象,省级干部就结得更多。笔者在一个会上听重庆市委一位常委讲,他在2009年一年"三进三同"、"结穷亲",大概花了1万多元。

"大下访"推动了领导干部"眼睛向下"、"工作向下"。在离基层、离群众较远的机关环境中,党员、干部不但容易以自我为中心,而且多"眼睛向上"、"工作朝上"。然而,在我国改革开放的深入阶段,在社会转型期间,社会矛盾积聚较多,群众集体上访的情况因此增多。为化解矛盾,变群众"大上访"局面为干部"大下访"局面,重庆启动了大规模的干部"大下访"活动。自2009年初开展此项活动以来,重庆各级党组织主要负责人带头,各级领导干部跟进,共走访群众996.2万户(占重庆总户数的92.2%),共动用资金40多亿元,解决了群众反映的209万件问题。2009年,重庆市群众信访总件次和人次同比分别下降40.1%、49.2%,党群关系得到很大改善。更重要的是,通过"三进三同"、"大下访"和"结穷亲"三项活动,广大党员干部,尤其是各级领导干部,已经开始从"眼睛向上"、"为上服务",向"眼睛向下"、"为下服务"转变。如果这一转变能够成功,党的执政地位才真会稳如泰山。

(三)"三项活动"使重庆新风荡漾

重庆市联系群众的"三项活动",确实使干部队伍与群众的关系开始发生喜人变化。我们在重庆市合川区,即改变了世界历史的"钓鱼城"古战场所在地,调研时,区委书记王作安用三句话对"三项活动"的特点作了说明:我要去——体现宗旨;受欢迎——群众接受;行得通——切实可行。所谓"我要去",指"三项活动"会形成干部群体自觉"到群众中去"的行为习惯,从而体现党全心全意为人民服务的宗旨。所谓"受欢迎",指干部下去时,要送不少"温暖"。在合川,干部下去时要送文化,包括赠图书、放电影等;要送健康,如带医生为群众体检等;要送平安,如给群众报警卡、报警电话;等等。从基层的书记、乡镇长,到中层的书记、区县长、局长,一直到重庆的市委书记、市长,都在这样想问题——给群众送什么?于是,就有了从基层的送"温暖",到整个重庆的送"五个重庆",送"民生10条",包括送公租房、送"万元增收工程"……这就是"立场"问题,这就是"世界观"问题,这就是"为什么人"的问题。它真是一个"根本的问题、原则的问题"。时时想着给人民群众送尽可能大的"大礼包",并且动员人民群众行动起来创造这些"大礼包",使人民群众居家适宜、出门通畅、绿荫蔽日、昼夜平安、身心健康,这,可以说是"重庆模式"的灵魂。

人民群众拿到这些"大礼包"、享受这些"大礼包"的时候,他们会想到谁,他们会拥护谁,这不是一清二楚吗?党的执政地位、社会主义的前途命运,还值得担忧吗?

四、"三项活动"有力促进了重庆统筹城乡发展

(一)"三项活动"推动重庆统筹城乡发展的大破题

由于"三项活动"主要的"活动点"在广大农村地区,因此"三项活动"对重庆统筹城乡发展起了巨大的促进作用。

重庆统筹城乡发展怎么破题?经济政策、发展战略等固然重要,但首先仍是"关键在党,关键在人"。这个关键,就将"三项活动"与统筹城乡发展,紧密地联系在了一起。为统筹城乡发展,重庆除加快"五个重庆"建设、将主城区建成内陆大开放高地、长江上游的经济与金融中心外,还实施了一项很重要的工程——"'两翼'农户万元增收工程"。

重庆"两翼"地区人口 1436 万,约占全市总人口的 44%,其中农业人口占到一半左右,幅员面积 5.4 万平方公里,约占重庆总面积的 2/3,其中林地 4700 万亩,占全市的 77%,林地资源优势特别突出。因此,重庆市委市府决定在稳定粮油生产的同时,积极发展林下经济,以开发林业、林果、林地种植养殖、林产品加工和森林旅游等产业,探索"两翼"地区扶贫

新途径。可见,重庆"'两翼'农户万元增收",要靠两个方面的大发展、大变革。一方面,是生产力的大发展、大变革——除大力度地发展粮农经济外,要大面积、产业化地发展"森林经济",发展林禽(尤其是土鸡)、牲畜(尤其是山羊)、水果(尤其是晚熟柑橘)等;另一方面,是生产关系的大发展、大变革——因为"森林经济"不是靠农民一家一户的小农经济能够"产业化"、能够做大做强的,而必须靠新型的合作农业,需要大规模发展农民专业合作社。而无论是生产力,还是生产关系的发展、变革,都离不开各级党委、政府和农村基层党组织、村委会的组织领导,离不开其中的领导成员和工作骨干带领群众的艰苦奋斗。因此,"三项活动",就成了"两翼"农户万元增收、统筹城乡发展的强大引擎和坚强的组织保证。

(二)"三项活动"推动重庆统筹城乡的发展

下面,举我们到重庆"两翼"的调研实例,来证明这一观点。

重庆黔江区地处武陵山区,而重庆武陵山区是与三峡库区南北相对的另一贫困地区,还是土家族、苗族聚集区。这个区的各个区级机关在"三项活动"活动中,建立起机关干部密切联系群众的长效机制,努力做到"三个结合",以更好地服务群众,服务基层:

一是与推进"'两翼'农户万元增收工程"紧密结合,机关干部结合"大下访"活动,摸清帮扶对象家底,帮助搞好生产规划,为农户送技术、送政策、送点子、铺路子,切实助农增收。

二是与党建工作紧密结合,党员干部到帮扶村开展"三进三同"活动,还要上党课、举办政策宣讲会,既锻炼自己的党性作风,又加强对基层党建工作的指导,并以此促进经济社会发展。

三是与考核机制相结合,建立起机关干部密切联系群众登记记实制度,把开展活动情况作为年度考核的重要内容和依据,并与工作津贴补贴、评优评先、提拔任用等挂钩。这"三个结合"确保"三项活动"扎实有效地开展,促进了农户万元增收和统筹城乡发展。

重庆市黔江区统计局为促进"三项活动"定点村——阿蓬江镇分水村——的发展,深入开展对口帮扶活动,除以"三进三同"、"结穷亲"等形式发动机关干部职工发挥自身优势,运用技术指导、市场信息、政策措施等帮助贫困户规划增收项目、指导增收技术、寻找有效市场,随时解决农民生产、经营中的实际困难以外,还找到了三个"着力点"来"发力",促进农户增收:

一是着力解决部分党员、群众存在"增收目标过高,工作压力太大"的畏难情绪。局领导班子深入村寨,通过院坝会、现场会等方式,广泛宣传"'两翼'农户万元增收工程"的重要性和可能性,挨家挨户做群众的思想工作,鼓舞了大家的斗志,树立起了信心。

二是着力抓好产业规划与措施。该局与镇政府合作,完善了分水村的近期、中期产业发展规划,明确了各项增收目标任务,共同决定将蚕桑业作为该村的首要支柱产业,并按每亩20元实行奖励,如种桑大户期限内完成100亩计划,则按每亩100元进行奖励。拟通过突破性发展蚕桑,实现农户万元增收。

三是着力抓好基础设施建设。基础设施差,是制约"'两翼'农户万元增收工程"的瓶颈。该局与镇、村形成合力,并筹集一部分资金帮助该村解决"行路难"问题。

上述"三个着力",也确保了"三项活动"扎实有效地开展,促进"'两翼'农户万元增收工程"和统筹城乡发展。

在"三项活动"的推动和保障下,重庆市黔江区各乡镇充分尊重农民意愿,紧密结合实际,按照一村一品的原则,因地制宜制订村社区、组农户万元增收的详细规划和示范片规划,把工作对象、项目规划锁定到户,明确了219个村社区林下养禽(鸡)、林下养畜(奶牛)、林下种菜(娃娃菜)、林下种药(虎杖)等15项主要增收项目。同时,结合民情档案,建立农户万元增收台账,实现每户都有明白卡,以帮助农民每家每户都能一步一步有计划地实现三年万元增收。

重庆市万州区,地处三峡库区的核心,在"三项活动"中,该区创造了"三联动"——联动入户、联动填写、联动办理的先进经验,推动着"两翼农户万元增收工程"顺利发展。

联动入户,即明确要求部门、乡镇(街道)党员干部在"三项活动"中,与所在村(社区)"两委"班子成员、村(居)民小组组长、大学生"村官"、驻村干部、党代表以及骨干党员一起联动入户,要求每名机关干部走访群众不少于50户,以解决村干部走访力量不足的问题,实现半年一次走访全覆盖目标。同时,对联动入户的走访人员明确任务,要求他们掌握每户家庭特别是困难家庭的具体需求,开展"农户万元增收工程"调查摸底,填写《农户万元增收明白卡》,全方位了解民情,排解民难,为群众在脱贫致富上出主意、想办法、找门路。

联动填写,即针对过去部分村走访接访记录坚持不好、规范不够的问题,要求机关干部在"三项活动"中,填写《民情日志》,村里以此为蓝本,进一步规范记录。同时建立《民情档案》,广泛收集群众中的问题和困难,再由机关干部与村干部一道,按照矛盾纠纷、基础设施建设、干部作风等类别进行分类梳理。然后,将梳理结果按轻重缓急提出办理意见,明确责任人、责任单位和办理时限。

联动办理,即针对分类梳理出的问题,该由村里办理的,参与"三项活动"的机关干部同村干部一道制定措施,并督促村里及时办理落实;该由部门、乡镇(街道)办理的,参与"三项活动"的机关干部把《交办单》带回转交并负责跟踪办理,直到问题解决为止。区委组织部还组织督察组,到村里检查,并对群众满意度开展测评。

重庆市万州区天城镇在"三项活动"中创造了"十个一"的经验:

一是干部包组,走访每一户农户,详细掌握困难家庭的具体需求,同时为走访户建立《民情档案》;二是给每家每户发放一张"便民连心卡",方便群众办事;三是送去一条致富门路,即发动先富起来的种养大户,按照规模经营、合作服务、共同发展的方式,把相对贫困的群众吸引进来,形成"种养大户＋合作社＋农户"的合作模式,引导带领群众致富;四是帮助掌握一门实用技术,即邀请农技、蚕桑、畜牧方面的专家分别举办粮食、蚕桑管理和畜禽防疫等实用技术培训活动,组织农村剩余劳动力参加职业技能培训,帮助他们熟练掌握一门致富技能;五是组织一次干部职工捐赠活动,为困难群众送温暖;六是举办一次"四讲"即讲国情、讲市情、讲区情、讲天城镇的发展形势和思路的讲座,凝聚全镇干群创业的精气神;七是开展一次法制宣传,送法进村进社区,教育引导群众正确利用法律知识保护自己合法权益;八是组建一支"义务突击队",农忙时奔赴缺劳动力的村组农户,全力帮助其生产;九是每名机关干部撰写一份调研报告,调研镇里重点、难点、热点问题,综合农户对镇党委政府工作意见、建议,反映群众的期待和要求,查找发展差距,以更好地为全镇经济社会发展、农户万元增收服务。

重庆市武隆县也地处武陵山区,在"三项活动"中,该县建立了领导干部带头帮扶困难群众的制度,即推出了"65432"要求——县级领导帮扶6户,副职领导帮扶5户,县级部门、乡镇主要领导帮扶4户,正科级干部帮扶3户,一般党员干部帮扶2户困难群众,以推进农户万元增收工程。要求干部们摸清各困难户实情,从项目支持、资金帮扶、政策扶持、信息传递等方面,切实解决农户关心的具体问题,帮助结对户解决现实困难和长远问题,助推实现增收目标。在领导干部的带动下,全县广大党员干部积极投入"三项活动"。截至2010年6月,全县行政事业单位共有2600名干部参与万元增收工程,其中正科级以上干部1500人,走访群众累计达10万人次。为农户重新编制万元增收产业规划2000余户,为群众解决生产生活困难600余个,调处矛盾问题400余件次,提供致富信息1000条,落实产业大户300余户。

仅2010年上半年,在"结穷亲"、帮扶困难群众方面,重庆市共帮扶钱物23878.01万元,送脱贫致富项目244516个,解决具体困难176296

个,帮助就学 23319 人,帮助就业 123031 人;在"三进三同"、为农家解难方面,重庆市共制订发展规划 2.3 万份,协调致富项目 2.9 万个,落实项目基金 1.77 亿元,落实帮扶资金 4121 万元,解决群众纠纷 2.37 万起,解决突出问题 1.38 万个;在"大接访"、"大下访"、化解群众信访方面,重庆市 20 万名干部主动走访群众 92 万人次,各级财政投入 78.8 亿元,解决各类矛盾纠纷 11 万余件,群众信访总件次和总人次下降幅度每年都在40% 以上。①

五、"三项活动"的作风建设创新意义

(一) 新形势下体现党的性质、宗旨的有效形式

在我们党执政 60 周年之际,中央召开十七届四中全会,专题研究、决定党的建设新部署,其重要目的,是在新形势下更好地体现党的性质与宗旨。将中央精神与重庆实际相结合,重庆市委三届六次全委会着重要求重庆的党员尤其是干部要"坚持为人民服务的根本宗旨,保持与人民群众的血肉联系"。全会还强调:"革命的道理千条万条,归根结底就是一条——全心全意为人民服务。"在这个大背景下,市委书记薄熙来引用胡锦涛总书记的话:"群众在我们心里的分量有多重,我们在群众心里的分量就有多重。"然后讲:"一个政党长期执政的关键就在于和人民群众的关系。开展'三项活动',就是要让干部切实深入老百姓中间去,在思想上、感情上拉近与人民群众的距离,保持党的本色。"他还特别提醒重庆的干部不要"淡忘了党的宗旨,疏远了困难群众"。② 这就使我们意识到:领导干部眼睛朝上还是朝下,联系群众还是疏远群众,"结穷亲"还是"傍大款",是反映我们党的性质和宗旨,体现党的政治本色的大事。

---

① 参见 2010 年 6 月 10 日《重庆商报》。
② 《市委召开三届六次全会 薄熙来痛批九种"干部病"》,2009 年 12 月 3 日《重庆日报》。

郑板桥曾云:"衙斋卧听萧萧竹,疑是民间疾苦声。些小吾曹州县吏,一枝一叶总关情。"封建官吏尚能如此,与之性质、宗旨、境界根本不同的共产党人,更必须从体现党的性质、宗旨的高度,从我们共产党与其他政党的区别之一的高度,来认识"三项活动"的意义,更自觉、更广泛、更深入地搞好"三项活动",以更好地为人民服务。

(二)新形势下弘扬党密切联系群众优良传统作风的有效形式

现在,老百姓议论我们的干部好还是"孬",说我们的干部"像不像共产党",首先还是看他的作风。作风好的党,就会得到人民群众的支持和拥护;作风不好的党,就会受到人民群众的厌恶和反对;作风优良的党,才能保证其路线、方针和政策顺利地得到贯彻执行;作风不好的党,其路线、方针和政策实践也会失败。所以,对任何政党来说,党风都是事关其生死存亡的大事。

在党的作风中,联系群众的作风居于核心地位。江泽民同志在《党的作风建设的核心问题是保持党同人民群众的血肉联系》一文中强调指出:"关心群众,首先要关心困难群体的疾苦;为最广大人民谋利益,首先要为困难群体谋好利益,因为他们眼前最困难,最需要帮助。他们的困难如果解决不好,就会挫伤他们的积极性,而且可能产生影响人民团结和社会安定,甚至影响改革开放和现代化建设大局的种种问题。我们常常讲要标本兼治,标本兼治关键是治本。千方百计帮助困难群体摆脱困难,使他们安居乐业,就是一种很重要很紧迫的治本。这一点,各级领导机关和领导干部务必充分注意。"[①]而"三项活动",正是"关心困难群体的疾苦","同群众一块吃苦","帮助困难群体摆脱困难"的好形式。通过"三项活动",我们的各级领导干部都自觉地同广大群众尤其是困难群众一

---

① 江泽民:《论党的建设》,中央文献出版社 2001 年版,第 545 页。

块吃苦,帮助他们摆脱困难,就能始终保持同人民群众的血肉联系。这样,也就抓住了党的作风建设的实质和核心。

胡锦涛总书记在中纪委第七次全体会议上倡导八条好风气,第二条就是"心系群众、服务人民"。他要求"在思想感情上贴近人民群众,下大气力解决好群众反映强烈的突出问题,下大气力做好关心困难群众生产生活的工作,多办顺应民意、化解民忧、为民谋利的实事"①。"三项活动",确实能够使各级领导干部在思想感情上贴近人民群众,也便于他们做好关心困难群众生产生活的工作。正如薄熙来同志所说:"只有和人民群众同甘苦,才能与他们共命运。"②

(三)新形势下弘扬党艰苦奋斗优良传统作风的有效形式

全国解放前夕,毛泽东同志就要求全党同志"务必保持艰苦奋斗的作风";全面建设社会主义新阶段之际,他又强调:"根本的是我们要提倡艰苦奋斗,艰苦奋斗是我们的政治本色。"③为什么要艰苦奋斗呢?因为"坚定正确的政治方向,是与艰苦奋斗的工作作风不能脱离的,没有坚定正确的政治方向,就不能激发艰苦奋斗的工作作风;没有艰苦奋斗的工作作风,也就不能执行坚定正确的政治方向。"④邓小平同志在改革开放之初也强调:"我们还很穷,就是要老老实实地创业,就是要吃点苦,否则不可能有今后的甜。"⑤他还进一步指出:"艰苦奋斗是我们的传统,艰苦朴素的教育今后要抓紧,一直要抓六十至七十年。"⑥

可以说,"艰苦奋斗"这四个字,同"实事求是"这四个字一起,是党的

---

① 参见 2007 年 1 月 9 日《人民日报》。
② 《市委召开三届六次全会 薄熙来痛批九种"干部病"》,2009 年 12 月 3 日《重庆日报》。
③ 《毛泽东文集》第 7 卷,人民出版社 1999 年版,第 162 页。
④ 毛泽东:《国民精神总动员的政治方向》,参见 1939 年 5 月 10 日《新中华报》。
⑤ 《邓小平思想年谱》,中央文献出版社 2004 年版,第 141 页。
⑥ 《邓小平文选》第 3 卷,人民出版社 1993 年版,第 306 页。

两条命根子。失掉一条,党就只剩半条命,岌岌可危;失掉两条,党就要丢掉性命;两条命根都在,党才会生机勃勃。"大跃进"和"文革"时期,"实事求是"的命根几乎被丢掉了,党之所以不但没垮,而且对群众还有比较大的号召力,根本原因之一就是党还在艰苦奋斗。党如果保持着艰苦奋斗的精神,那么,实事求是的失落就是偶然的,党在探索中迟早会找回它;反之,如果党丧失了艰苦奋斗的精神,享乐腐败之风蔓延开来,那么,实事求是的失落就将是必然的,即使中央的路线、方针、政策正确,落到下面时也会变形,从而导致政策实践的失败,导致党的失败。

改革开放尤其是直辖以来,重庆取得了伟大的建设成绩,但与全面建设小康社会、基本实现现代化的宏伟目标相比,差距还很大,困难群众存在面与困难度都还比较大。因此,还要"务必保持艰苦奋斗的作风",还要"老老实实地创业",还"就是要吃点苦"。而"三项活动",要求各级领导干部走出舒舒服服甚至豪华气派的办公室,告别灯红酒绿、山珍海味,走进穷街陋巷、穷乡僻壤,与困难群众们交心谈心,同食粗茶淡饭,共斗穷兽贫魔。这正是保持艰苦奋斗作风、吃点苦老老实实创业的有效形式。

(四)新形势下体现以人为本、促进社会和谐、全面建设小康社会、促进"五个重庆"建设的重要举措

以人为本,是科学发展观的实质和核心。建设"五个重庆",是重庆贯彻以人为本的科学发展观的基本载体。而"五个重庆"建设的难点和痛点,都与广大群众尤其是困难群众相关:困难群众安居了,重庆才真正宜居;困难群众出行方便了,重庆才真正畅通;困难群众的环境绿化了,重庆才真正成为大森林;困难群众平安了,重庆才真正平安;困难群众健康了,重庆才真正健康。"五个重庆"建设好了,重庆才能够社会和谐、全面小康。而"三项活动",使各级领导干部可以切实了解广大群众尤其是困难群众对于宜居、出行、环境、治安、身心健康等各个方面的具体要求,可

以真正从实际出发,来推动"五个重庆"建设,来有效地贯彻落实科学发展观。

(五)新形势下增强党的阶级基础、扩大党的群众基础的重要路径

重庆市委三届六次全委会要求重庆的党员尤其是干部"必须从讲党性、讲政治的高度,坚持亲民、爱民、为民"。我们也必须从这样的高度,来看待重庆"三项活动"的意义。

我们都知道,党性,就是党的阶级性的集中体现。我们党是工人阶级的先锋队,同时是中国人民和中华民族的先锋队,是中国各族人民利益的忠实代表。党的十七大部分修改的党章继续要求"不断增强党的阶级基础和扩大党的群众基础"。而"三项活动",正是增强党的阶级基础、扩大党的群众基础的重要途径。在改革开放中,作为国家的领导阶级和党的阶级基础,我国工人阶级的队伍不断发展壮大,地位不断得到巩固,但在经济结构的战略性调整和国有企业的战略性改组过程中,也出现了一个困难职工群体。尽管这个群体的人数只占工人阶级的少数,但影响很大。同理,在改革开放中,我国农民阶级和城乡各新兴阶层的发展变化也很大,成为我们党越来越重要的群众基础,但历史原因加上自然的、市场的双重风险的影响,我国农民及城市其他阶层的困难群众也不少。各级领导干部同城乡各个困难群体的关系,直接影响着党同自身整个的阶级基础、群众基础的关系。我们的各级领导干部经常性、制度化地访问广大群众尤其是困难群众,同他们劳动、生活在一起,与他们的典型代表们结成"亲戚",他们就会有主心骨,就会更加相信党、拥护党,就会更加理解党的改革开放政策,就会使党的阶级基础得到增强、群众基础得到扩大。

（六）纠正"傍大款"不良倾向、端正领导干部思想感情的有效形式，反腐倡廉建设的治本之道

《管子·权修》讲："观其交游，则其贤、不肖可察也。"这正是"物以类聚，人以群分"的注解。是"三进三同"、"结穷亲"还是"灯红酒绿"、"傍大款"，是两种截然不同的"领导行为"，它们清清楚楚地反映出领导干部两种不同的人生观、价值观。前者反映的是共产党人为人民服务的人生观、价值观；后者则反映出自私自利者醉生梦死、"权钱交易"的人生观、价值观。正如薄熙来同志所说，"人生真正的财富是什么？是钱财吗？它害了多少人……如果自私自利，养尊处优，整天钻营发财，到头来只能是'行尸走肉'"①。所以，各级领导干部都要经常算算与什么人来往、交什么朋友这笔"人生大账"，只有多与群众尤其是困难群众来往，与群众尤其是困难群众结为"亲戚"，才能真正地触动自己的感情深处，才能帮助自己端正共产党人的世界观、人生观、价值观，也才能有效地提高自己拒腐防变和抵御风险的能力。因此，"三项活动"，也可以说是反腐倡廉建设的治本之道。

（七）提高重庆干部队伍整体素质、使重庆"后来居上"的重要途径

重庆市委市府对重庆发展的目标和要求都定得很高，这体现在薄熙来同志的那句名言——"成后来之上之事，须非同寻常之举"——之中。这已成了重庆的志向和共识，成为包括市委市府，也包括3200万重庆人共同的志向和心愿。志向，是决定方向、决定目标、决定成败的重要基础。

---

① 《市委召开三届六次全会 薄熙来痛批九种"干部病"》，2009年12月3日《重庆日报》。

公开宣示重庆要"后来居上"、要居于京津沪之上,这是极大政治勇气的表现。当然不说重庆的发展水平在很短的时间里超过它们,那是不可能的,相当一段时间内是不可能的,将来也未必能实现,但是,有一点不但是可能的,而且正是市委市府要求是必须要做到的,就是重庆的工作、重庆的发展速度要赶超京津沪。这,可以说是市委市府针对重庆干部队伍建设出台的一系列重大举措,包括干部大培训、大"输血"、大轮岗,包括"唱红打黑",尤其是包括干部"大下访"、"三进三同"、"结穷亲"这"三项活动"出台的着眼点。对干部队伍的要求,包括要求他们的工作水平、所负责任要超出京津沪,这是重庆的一大特点、一大亮点,也是我们认识"三项活动"意义的一大背景。

我们都知道毛泽东同志的一句名言——"政治路线决定之后,干部就是决定的因素。"我们也都知道邓小平同志的一句名言——"建设有中国特色的社会主义,关键在党,关键在人。"这两句名言,对于要"后来居上"的重庆来说特别重要。薄熙来指出:"搞好'三项活动',不仅能增强与人民群众的联系和感情,还是搞社会调查的好机会,由此可以了解社情民意、丰富知识、改进我们的思维结构……我们一些同志,特别是'三门'干部,只了解'书房'里的情况、'上边'的情况,知识就比较局限。也有一些干部,坐机关的时间长了,对社会上的情况了解不多,往往照抄照转,说的官话、套话就多了,寡淡无味,大家就不乐意听了。一个人再聪明,读书再多,如果不了解社会实践,单凭主观想象,想做好社会工作是很困难的。我们现在搞'三项活动',就是让大家多一些社会实践,多掌握些第一手的材料,从而更科学地工作。"重庆的干部队伍只有更好地继承党的优良传统作风,并结合新的实际将其发扬光大,才能大幅度地提高其综合素质和能力,带领广大群众建设好"五个重庆",使重庆的发展真正比肩京津沪。

第十章

中国战略转型对重庆的期盼

2010 年 11 月 20 日，在上海举行了为期一天的"重庆模式高层研讨会"，本书作者之一苏伟应邀出席会议并介绍了有关情况，来自十几个省市自治区和港澳地区的 170 多位海内外专家学者、政府官员出席了会议，海内外 30 多家媒体的记者和部分高管也参加了会议。该会议邀请函是这样写的：

> 薄熙来同志在重庆的"新政"，以民为本，清弊革新，行非同寻常之举，成后来居上之功（薄熙来原话是："行非同寻常之举，成后来居上之事"）；首倡并践行民生才是硬道理，公正也是生产力的全新执政理念；创造性地提出和实施"五大重庆"（宜居、畅通、森林、平安、健康重庆）战略；重建社会价值规范和核心价值体系，等等，将共产党在和平时期的执政宗旨和使命淋漓尽致地展现于世，即：为百姓谋福祉，为社会开太平，为发展定方向，为政权夯基础。"千日维新"，重庆巨变；百姓雀跃，举国瞩目。

应该怎样看待和认识"重庆模式"？海内外议论热烈，亦见仁见智。这无疑关乎未来中国的路径选择……

且不说会议邀请函由谁执笔，但的确在某种程度上反映了当前中国对"重庆模式"的一种期盼。当然，重庆的系列"新政"和"重庆模式"的诞生也伴随着一些争议，我们应该如何理性地看待这一切？

一、"唱红打黑"不是文革模式，而是有效的法治模式

重庆施行的系列"新政"，引起了极大的关注，同时也伴有一些争议。其中，关于"唱红打黑"的争议最大。

重庆"唱红"是最大创造，大家震惊了，也误解了。"唱红"彻底激怒了一些人，他们认为"唱红"就是文化大革命群众运动模式，无论如何不能容忍。他们不能想象，一个在文革中被整得家破人亡的高干子弟，能在一个直辖市的范围，以地区共产党委员会第一书记职权，组织各单位，大张旗鼓歌颂毛泽东和革命史，于是一场文化围剿开始了。其言论之恶毒前所未有。

——"所谓薄氏新政不过是新瓶装旧酒。全国都在"打黑"，"唱红"更不新鲜，各地激情广场唱了多年，重庆不过是官方更加主动而已"。

——"沿袭毛泽东时代的运动模式，不仅谈不上创新，反而有倒退之嫌"。

把"唱红"归结为"文化大革命的群众运动模式"，这些人的思想停留在20年前，甚至40年前，他们忘不了"文化大革命红海洋"，他们对当前中国缺乏现实感，对新问题拿老模式套，把"唱红"简单比做文化大革命式的群众运动，是极大的歪曲。群众运动，并不等于文革；文革也不等于群众运动。文革的基本错误在于破坏了法治，以党、行政或者群众的力量任意干预个人自由。如果能够坚持以法律保障个人自由和基本权利，那

么,群众就是可以发动和动员的;其次才是发动他们来做什么。

中国自由主义知识分子容忍不了"唱红",更容忍不了"唱红模式"来代替"西方民主模式",于是他们集中攻击薄熙来的动机和人格。

有人认为重庆的"打黑"破坏了法制。认为,"没有跟上法治进步的时代,反而重操政治运动故伎,集中兵力,速战速决,势必导致冤假错案多发,法律又一次降格为权力仆从。青天肃贪没有丝毫新鲜气息,而是弥漫着专制体制恶臭"。

在重庆,"打黑"和治官根本没有破坏法制,而是有效地运用法制。中国为什么不能有效依靠法制治理?中国为什么不能搞成法制社会?不是因为法条少,是因为人心丧失了信仰和道德,没有基本勇气。大多数人不愿意做证人,依据西方法治的"无罪推定"原则就什么也抓不着。他们不能想象重庆那样一年能抓出几千个黑社会分子。按照他们的"程序正义",一年抓几个也难。他们理想中的民主自由法制社会,其实是一个以容忍腐败和黑社会为基础的、警匪勾结、两极分化的社会。

如果想让中国人提升到西方法治的水平,就要改造人,灌输信仰,这比制定法律条文要困难万倍。怎么办?只能利用中国人自己的精神力量,去填补信仰空缺,这就是重庆"唱红"的重要意义。

薄熙来是如何发动群众做证人的?就是依靠"唱红",发掘在群众中间一直存在而且越来越强烈的信仰和勇气。在此基础上,政府直接发给老百姓 20 万个信封,鼓励群众揭发黑社会和贪官。群众提供了 4 万多条线索,其中 80% 竟然是实名举报的。这是多么了不起的事情!重庆人民被动员起来参与法治建设,素质大大提升。正是有了大量群众举报,法治才可能起作用,才能短时间破获那么多的案件,创造了让法学家们不能相信的奇迹。于是有些人就要去寻找"逼供信"的证据不可了。

重庆"唱红"的意义在什么地方?"唱红"就是发动群众,但没有搞文化大革命,而是走民主法治道路。不是倒退到毛泽东时代,因为时代条件已经变了,人的基本心理结构也世俗化了,红色经典作为一个信仰符号,纳入了市场经济和民主法治轨道,弥补了信仰空缺,群众才能有勇气有热情,用真名揭发检举。

在中国,想要有效地治官、治黑社会、反对腐败、治理利益集团,最好的方法就是用传统思想资源动员群众参与,然后依据法律行事。这是把信仰和制度结合起来的适合于中国的方式。

世界历史证明,在市场经济和民主法律非常完善的地方,腐败和黑社会都不能禁绝,有时甚至是不可分离,就像一个人和他的影子紧密相连一样。

市场经济导致黑社会蔓延,说明这两者之间有联系,在某种意义上说,黑社会是市场经济的一部分,弥补市场和法治没有完善的一部分功能。法治越不健全,黑社会越猖獗,因为私人暴力会弥补公权力的空缺,使市场经济能够正常运转,比如帮助企业讨债、保护交易秩序等。苏联计划经济突然瓦解,黑社会就填补了70%的经济真空。

根本治理黑社会需要建立民主和法治秩序,特别是切断权力和黑社会的联系,这是没有争议的。有争议的是在中国转轨时期,法治民主和市场经济一时不能完善,黑社会迅速蔓延,勾结权力寻找"保护伞",加剧权力腐败,如果不及时治理,反复治理,可能导致社会失序,破坏经济发展势头,甚至进入长期混乱与停滞。

在"发展与崩溃赛跑"的过程中,是以政治、行政、法律手段进行综合治理,还是任凭腐败和黑社会泛滥?是一边治理一边健全法制,还是等法制健全以后再依法治理呢?

20年以来中国腐败升级而且扩散,自由派把原因完全归结为市场经济和民主政治没搞彻底是错误的。实际上在市场经济和民主在发展一定时期,可能还加剧腐败,台湾陈水扁的腐败就是最典型的例子。在转轨时期反腐败,不能受西方法治原则限制。如果在转轨时期不能采取综合治理手段,坚决把腐败和黑社会控制住,他们的势力就会成为特殊利益集团和分利联盟,控制政治经济,导致国家重大决策错误,加大中国转轨的困难。像"三南模式"（南亚,南欧,南美)那样,长期被大地主和国际资本控制政权,国内两极分化极其严重,政府软弱不能干预市场和黑社会,经济不能发展,社会长期陷入停滞与混乱。

如果在转型期间不能两手抓,一边健全民主法治,一边不断对腐败和黑社会进行综合治理,那么在未来时期所谓的民主、法治和市场经济建设,就将在腐败格局上进行,这在发展中国家是一种金钱与权力结合,对内压迫人民群众,对外买办投降的利益格局。

在转轨时期需要对腐败和黑社会进行集中的综合治理,发动群众并不一定就是文化大革命式的"大民主和群众运动",侦查、抓人、关押、判刑,都是遵照严格法律程序继续的,而且只有专门的公检法机关才有权力做,群众再怎么发动也没有这些权力,这当然不是"文化大革命模式",而是符合中国国情的、有效的法治模式。相反在其他大多数地区,只要没有动员群众进行大规模的举证,并且运用法律坚决查处,就必然是一种表面的、无效的法治,这样的程序,是没有实质性的"正义"的。

二、"重庆模式"对于未来改革具有典型意义

榜样的力量是无穷的。

中国传统文化不善逻辑思维,形式逻辑是近代以后才传入中国的。有学者曾说中国人的思维特点是"实用思维理性",中国人认识问题仅靠逻辑推理不信服,非要"举例说明"不可。现在"案例教学"在西方教材里也越来越多了。

中国改革初期邓小平主张"摸着石头过河",其含义是"寻找先例",仿照他人或他国成功经验,结合自己情况去实践,如果成功,又可为其他地区仿照,最后才在全国推广。等到以法律法规、学术著作和教科书等形式肯定下来的时候,往往是已成熟、概念化甚至过时的东西了。中国大部分改革都是突破法律框架进行的,是各个基层单位、部门、地区和个人、企

业,通过自己的学习和实践,大胆创造并推广的产物。革命时期的瑞金和延安、计划经济时期的大庆大寨、改革初期的安徽农民分地、深圳特区、香港特区、14 个沿海开发区、广东的综合改革实验、后来 108 个高新技术开发区和高新技术园区,都有这样的性质。以后涉及全国范围的改革,应先立法,统一实施,以减少混乱。但创新总要依靠个体的创造力,榜样仍旧是最有说服力的。

改革以来所依靠的香港、深圳、广东,后来的上海,都创造了有益的经验,在当时特定的历史时期推动了中国的发展。

由于全国开放,这些地区在经济上丧失了实验区的意义。它们无法面对和解决新问题。比如:无法使数千万农民工变成它们的城市居民;无法"自动"带动中西部发展。新自由主义经济学许多神话已经破产,先富没有带动后富。因为即使理想的市场经济有这功能,也会出强者的垄断,破坏这个机制。真的有什么资本在沿海地区"饱和"以后,自动流到中西部吗? 没有。因为所谓比较利益在国家之间发挥作用,其前提是劳动力不能自由流动,所以发达国家的资本就会流向发展中国家;相反,如果在一个国家内部劳动力可自由流动,依据比较利益,一定是内地人才和劳动力流向沿海地区,而不是沿海地区的资本流向中西部。这就是在和平环境和市场经济自发起作用的前提下,沿海地区与内地的差距越拉越大的原因。

改革开放以来的新问题,主要是权力腐败、投机资本、利益集团、贫富差距、中西差距、社会平等、国家安全、技术进步、道德信仰危机、资源环境等 10 个方面。可惜的是,前 30 年的样板们已无动力和创造力提供新经验,这些问题困扰着全党全国人民,大家对我们能否解决这些问题信心不足。

此时,"重庆模式"横空出世,震惊国内外。虽然一个地区不能解决全国问题,也没有必要机械推广,但其触及的都是核心问题,其基本经验、基本方法,特别是核心价值观,具有普遍意义。

在中国,反腐败是个重大问题。面对越来越严重的腐败,越来越多的人已丧失信心,越来越多的人在同流合污,越来越多的人退避三舍,敢于反对腐败的人受到各种打击报复……腐败会亡党亡国。

这种危险,越来越多人看到了,大家想不出一个不破坏法治,又能有效控制腐败的方法。在官员腐败不能制止的条件下,所有加强国家安全、政府管制、社会福利、宏观调控的措施,都会因为腐败而走样。

"重庆模式"跳出了这个怪圈,比较彻底地清理了官员腐败,这是通过打击黑社会来解决的,其手段是坚持法治,综合治理。特别是通过"唱红",依靠和发动群众进行广泛揭发检举,解决了中国人不愿或不敢实名作证的问题。它告诉全世界,不照搬西方政治模式,不受西方思想限制,通过动员中国革命和共产党的传统思想资源;同时不搞文革,不搞逼供信,不搞政治运动,不侵犯个人基本权利,把发动群众和法治手段结合起来,在非常短的时间内比较彻底地治理了腐败和黑社会。

三、以民生为导向重整经济发展战略

中国的经济发展,在不同阶段有不同导向。

计划经济以强国为导向、以中央政府为主体迅速完成工业化原始资本积累。

改革开放以市场为导向,"理性人追求利润最大化",实际上是以资本逻辑指导发展战略:如劳动力商品化,给私人资本特别是外资以优惠,依靠外资实现技术进步;利用静态比较利益,以劳动密集型产品出口导向,依靠发达国家市场;进行一系列"金融创新";等等。

由于这个战略30年以来符合国际环境、符合中国经济发展的阶段性要求,取得了巨大成就,但也产生了许多弊病,目前已到尽头。发达国家遭遇经济危机,不允许中国继续增加出口,也不愿意中国无限进口世界资源;国内资本与权力结合造成越来越大的社会政治问题,特别是腐败蔓延和道德信仰缺失,两极分化越来越严重;这几年贫困问题缓解,但中产阶级被高房价剥夺难以发展,消费不能启动;正在进行当中的重化工业化、农村城市化、自主创新、生态保护、可持续发展都受到威胁。

权力不受限制是一切问题的总根源,但也不能因此而美化市场,以为任由资本横行就可根本解决问题。资本可制约权力,也可与权力勾结,形成权力资本集团。市场经济自身有非均衡性质,特别金融市场是如此,如果没有国家强力干预,必定形成资产泡沫并且崩溃。资本逻辑到了今天,不能再成为中国新发展战略的指导思想。

新的可持续发展需要根本性的战略思想的转变:对外开放以国家安全为前提,对内以民生为导向;改变地方政府官员的政绩指标,从单一的GDP变为综合的社会指标,从经济发展型政府变成公共服务型政府,从效率第一变为公平第一;经济发展由以外部需求为导向转变为以内部需求为导向,国内需求由以投资为主转变为消费为主。

其中的消费为主,就是民生导向。作为地方政府,摆脱资本逻辑、变GDP导向为民生导向,有两方面的工作要做好:

第一,民生最大工程是住宅。目前在全国房地产泡沫已开始形成,政府多项调控措施不能奏效。其原因是:美国金融危机导致失业率增加,继续滥发美元,欧洲日本状况还不如美国,全球流动性过剩难以避免,投机资本加速流入中国;美国制造人民币升值预期,就是说以人民币标价的资产要升值,以推动中国房地产泡沫;国内人口年轻,储蓄大于投资,资金过剩;由地方政府、银行和房地产公司组成的房地产利益集团,垄断了房地产价格,以回扣形式滋生大量腐败,而把风险转嫁给银行。

政府不能有效控制房地产泡沫,中产阶级大部分储蓄被迫购买高价住宅,而且会把产业资本吸引进去,延误技术进步。重庆目前正在进行公租房的建设,给居民提供廉价公租房,限制外地资本进入炒房,就是解决这一最大民生工程的有益尝试。如果成功,将是经济上的巨大成就。

第二,农民进城。沿海地区大城市,每年有5000万农民工打工,工资极低,工作时间极长,那些城市没有对他们开放户口,长期保持歧视和不平等。而重庆作为贫穷城市，能想方设法鼓励农民进城。使有能力在城市工作的农民，可携全家进城。要将宅基地改造为耕地，不减少耕地面积，然后可以通过"地票"买卖方式，将农村土地使用权卖掉，购买城市的土地使用权。这不但使农民进得了城，而且还能在城里过得好，提升农民的消费能力，从而拉动内需。

中国城市化率未来20年还可提高20个百分点，这是最大的潜在需求。但城市的高房价所带动的高房租，必定影响农民进城速度，潜在需求不能变成真实需求，因此需要有效的国家干预。如果重庆能解决高房价和农民进城，就为中国以民生为导向的新发展战略创造了新的经验。

四、处理好重化工业与生态建设的关系

在中国长期规划中，GDP年年超标，而最不能达标的就是环保。即使尽全力节能减排，未来10年总生态环境能不继续恶化都已是天大成就。这不是鼓吹理想、完善法律、明晰产权、增加税收，说转变就可以转变的。根本原因是中国处于重化工业化后期，在目前技术条件下，不可避免的就是高投入、高耗能、高污染，完成这个阶段需10年左右。中国必须利用目前人口年轻、储蓄率高、外资流入的优势，尽快完成重化工业化。然而重化工业与生态文明有巨大矛盾，不能回避。

下表可看出中国和美国的差距。

2008年中国与美国经济发展数字对比表

	中 国		美 国	
	总量	人均	总量	人均
铁　　路	7.97万公里	0.060米	23.07万公里	0.755米
高速公路	6.03万公里	0.045米	8.85万公里	0.290米
民航航线	246.18万公里	1.853米	1669.005	54.6米
地　　铁	1101.772公里	0.0829厘米	1515.2公里	0.496厘米
钢　　铁	58488.10万吨	0.44吨	9149万吨	0.299吨
住　　宅	403.59亿平方米	30.38平方米	244.42亿平方米	80平方米

	中　　国		美　　国	
	总量	人均	总量	人均
用水量	5910.0 亿立方米	445.02 立方米	5664.73 亿立方米	1854.25 立方米
用电量	34268 亿千瓦时	2580.3 千瓦时	328811 亿千瓦时	107623.39 千瓦时
个人电脑	3.32 亿台	城镇 0.593 台/户 农村 0.054 台/户	2.73 亿台	0.898 台
电话(含移动电话)	9.87 亿用户	0.7429 部	6.27 亿用户	2.052 部
汽车(私家)	3501.39 万辆	0.026 辆/ 0.083 辆每户	2.46 亿辆	0.765 辆/ 1.95 辆每户
家庭宽带普及率(按户计算)	21%		63.5%	
彩色电视机拥有量	城镇 1.329 台/户 农村 0.992 台/户		2.73 台/户	
大专(毕业人数)	286.27 万人		73.1 万人	
本科(毕业人数)	225.68 万人		160.3 万人	
硕士(毕业人数)	30.11 万人		64.9 万人	
博士(毕业人数)	4.38 万人		6 万人	
高中升大学率	72.7		大学	76.8
初中升高中率	83.4		高中	74.9
小学升初中率	99.7		小学	75.7
学龄儿童入学率	99.5			

资料来源:《中国年鉴》2009 年、《美国年鉴》2009 年。

　　看出差距的同时,也看到了中国的发展空间。照此发展,如果 2020 年中国人口数量达到 16 亿,按小康水平计算,对资源需求是多大?

　　未来 10 年,每年 3000 万农民进城,城市化率从 40% 上升到 60%。那样会增加 3 亿城市人口,人均占地 1 亩,占耕地 3 亿亩;城市人口居住面积增加一倍;自来水、洗衣机、淋浴和抽水马桶,耗水量是农舍 20 倍,需要大量的水资源。

　　中国高速公路长度已接近美国,但铁路、农村公路、地铁、停车场和飞机场相距甚远。

　　汽车年产量 2009 年赶上美国,但总量仅为美国的 1/7,中国汽车总量增长空间还很大,而道路和停车场要占城市 1/4 的面积。

中国钢产量 5.8 亿吨,美国 9000 万吨,说明美国已完成重化工业化,而中国还有 10 年路要走。

用电总量中国与美国相当,人均是美国的 1/4。

粮食短缺不仅因为人口增加,更因为饮食结构升级,肉蛋奶酒需 8 倍粮食转化。发达国家人均粮消费年 1000 公斤,中国按 600 公斤算,16 亿人口年需 9.6 亿吨粮食,目前年产量是 5 亿吨。生产 1 吨粮食需要 1000 吨水。

未来,资源在很大程度上会制约中国的发展,要摆脱这种制约,中国就必须有生态文明的大战略,具体包括:

第一,全面加速技术进步,提高资源利用率并大力发展新能源产业。

第二,以加速水循环为核心,提高国土蓄水能力。

第三,改变高消费高成本高耗能的生产生活方式。

第四,扩展国家安全边界,使用更多的世界资源。

中国经过 150 年的沦落和 70 年崛起,现在又面临资源环境和生态的新难题,历史留给我们的有利时间不到 10 年。必须利用人口年轻储蓄率高的优势,同时完成在内部治理奢侈腐化、在外部获取资源这两大历史任务,这是实现中国崛起、避免衰落的关键。建设生态文明是一个大战略,需要以大胆魄、大智慧、大决心迅速推行。

因此,扩展国家安全边界、使用更多的世界资源,这是目前情况下最为关键的一步战略。具体包括:

在南部海域保障石油外贸通道,打开与澳洲全面经济合作的大门,进口铁矿石、粮食和肉类。一部分钢铁化工企业可以外迁到东南亚,靠近澳洲的资源供应地,并向印度洋转移污染。

在西部保障中亚和中东特别是哈萨克斯坦的原油供应。绝对不能让美国占领伊朗和阿富汗。孙中山在 100 年前所说的"贯通欧亚大陆桥",至今仍是中国发展的大战略,必须沟通中国与伊斯兰世界和欧洲的联系。

在北部与俄罗斯进行全面经济合作,解决粮食和水资源问题。

而在西南地区,应统帅西南 6 省力量南进,通过东南亚,在印度洋找到自己的出海口。现在重庆提出南进印度洋、东进太平洋、西进大西洋的开放大战略,后者就是孙中山当年"贯通欧亚大陆桥"的梦想。重庆作为大西南的核心城市,理应发挥更加重要的作用。重庆的快速发展可为以上战略的实施打开一个重大的突破口。

五、为全体人民,包括农民,建立社会保障

重庆践行的全民保障制度在体现了社会主义制度优越性的同时,也涉及国有资产收益如何使用这一近年来人们热议的话题。重庆的实践是,国有企业将利润上缴给市财政,市财政将 50% 以上投入民生工程,让老百姓分享国有资产增值的好处,这在某种程度上等于向社会分红。

地方国有企业利润理应投入本地公共建设和人民福利,"重庆模式"固然可嘉,但本章作者认为,应在"重庆模式"基础上更深入地探讨国有资产及其收益如何惠及全体人民的问题。

公有制不等于国有制。以公有制为主体,在计划经济时期是以国有制为主体,在市场经济条件下演变为以股份公司为主体。股份公司,应属公有制的形式之一。

马克思认为:公有制的最高形式是社会所有制。如果把社会所有制作为公有制的主要形式,坚持公有制为主体就不再以国有为主。在理论上超越左右翼,在实践上走出一条社会主义市场经济下公有制的新路来。

目前可把部分上市公司国有股划归社会保障基金,为全体人民包括农民建立社会保障。其效应是多方面的,可刺激股市大涨、保障创业板和其他公司上市成功,产生财富效应,大大提高国内消费。

把一部分国有制向社会所有制转移,同时有反腐败意义。市场经济条件下会出现垄断势力,它以国有制名义控制社会财富,然后以各种形式侵吞国家财产。防止国有财产流失,在竞争性领域政府监管很难有效。

而政府为保障国有企业盈利,可能以权力干预市场,破坏公平竞争。所以应该缩小国有企业范围。但是不能走私有化道路,更不能走权力资本化道路,应该向更加高级的社会主义公有制转化。

把部分国有股分批转化为社保基金,不是把国有财产私有化,而是把国有制向更加高级的公有制改进。基金是社会所有制,不是私有制。这是一次巨大的社会改革,是向全体人民的一次大补偿,保障了改革的公平性。国有财产的建立,除去没收"三座大山"的财产之外,就是计划经济时期政府财政投资形成的,全体人民为此付出了巨大代价。工农业剪刀差、城市的低工资,不仅把全体人民的全部剩余劳动集中到国家财政,也把大部分必要劳动集中到国家财政。这不仅是政治概念,也是货真价实的经济概念。由全体人民必要劳动形成的那一部分国有资产,应直接返还给人民群众。但决不能仿照苏联东欧把国有资产给每人平分的方法,而应通过社会保障基金,为全体人民提供社会福利保障,这就是社会主义性质的社会所有制,是公有制的最高形式。

六、进行社会主义民主的实验

民主,是中国先进分子自孙中山以来一直追求的目标。不可因为经济持续繁荣了,因为"举国体制"在动员资源做大事方面有效,就放弃民主理想。但是,民主不能简单模仿西方模式,不能建立在目前中国的利益格局上,不能造成特殊利益集团控制,更不能造成国家分裂。民主,首要职能是控制腐败、监督权力;其次,应该与国家统一与强大结合起来。

人民的民主权利,可以分为积极权利与消极权利。积极权利是建设性的,主要应该由专家行使,实行学术与言论自由,由专家帮助领导决策,也是一种民主。消极权利是监督和惩罚性的,应由群众行使,包括舆论监督、人民代表竞争性选举、质询与弹劾,对官员进行监督和罢免。这样的划分,是考虑到实际的判断能力。大多数群众没有专业知识,很难作决策,但他们可对实施的结果作出判断。

社会主义民主建设,在现行法律框架内就有很大的发展空间。比如实行地方人民代表大会代表的竞选制,赋予他们质询权与弹劾权,对重大决策在专家审议之后进行民意测验等。这样的民主,主要作用是控制腐败、监督干部、整合各利益集团,使他们的利益公开反映出来,与其他利益形成制约。这是保障决策不发生重大失误、及时纠正失误、防止滥用权力的根本措施。

民主建设对于重庆有特殊意义。重庆经验,主要是在薄熙来书记领导下取得的,他个人因素起着关键作用,这在创业初期是完全必要的。但长期来看,要依靠民主法制而不是杰出的领导人。如果领导人离开就"人走政息",腐败和黑社会卷土重来,那么重庆经验就失去了长远意义。应通过法律把重庆的经验固定化,变为长期可依法实行的规则。

在民主面前,我们不能总是在西方的攻击面前被动而为,而应主动进行民主的试验。只要按法律行事,民主发展就不会影响社会稳定,而是真正控制腐败的制度保障。

期望重庆能在社会主义民主方面,也能够创造出符合中国国情的经验来。

真能如此,"重庆模式"就更加具有普遍意义了。

"重庆模式"与中国特色社会主义

——苏伟与西欧共产党宣传和媒体负责人联合考察团座谈纪要摘录

2010年7月9日下午,在中联部西欧局的安排下,中共重庆市委党校教授苏伟与西欧共产党宣传和媒体负责人联合考察团一行9人进行了座谈。该考察团主要成员有:

西欧共产党宣传和媒体负责人联合访华考察团轮值团长,葡萄牙共产党中央委员、国际部负责人佩德罗·格雷罗

德国左翼党议会党团副新闻发言人米歇尔·史利克

德国左翼党议会党团新闻官苏珊娜·穆勒(女)

葡萄牙共产党新闻与宣传部成员、网宣负责人索菲亚·格里洛(女)

法国共产党国际部领导机构成员奥贝·阿芒

意大利"21世纪马克思"政治文化协会副主席多梅尼科·洛苏尔多

意大利"21世纪马克思"政治文化协会副主席弗拉迪米罗·贾克

意大利重建共产党国际部声援事务负责人弗朗切斯科·马
林乔

希腊共产党中央委员、中央委员会思想委员会负责人基里
洛斯·帕帕斯塔夫鲁

苏伟：非常欢迎西欧共产党的同志们到重庆来访问。我把重庆科学
发展、建设中国特色社会主义的做法，给同志们作一个简介，题目是"'重
庆模式'与中国特色社会主义"。

重庆曾经是我国抗日战争时期的战时首都，遭受过日寇成年累月的
疯狂大轰炸，比伦敦大轰炸要惨烈得多。新中国建立和改革开放以来，尤
其是 1997 年成为中国中西部唯——个直辖市以来，重庆发生了翻天覆地
的变化，并创造出意义重大的"重庆模式"——特指 2007 年底中共中央
政治局委员薄熙来主政重庆后，重庆市委、市政府施行的一系列"新政"，
从而形成的一套经济、政治、文化与社会发展的方式和途径。这是一个搞
得很有成效的科学发展的模式，一个中国特色社会主义具体模式。

一、"重庆模式"的时代背景

中共、中国、改革开放像太阳一样，但太阳也有黑子。中国改革开放
30 年，取得了伟大成绩，也积累了城乡之间、区域之间、经济与社会、人与
自然、内需与外需等五大矛盾，我把它们比喻为太阳的黑子。上述五大矛
盾的解决之道，集中到中国特色社会主义的一个实质性内容，就是社会主
义与市场经济的成功结合。但是社会主义怎样与市场经济结合好，这是
我们中国共产党改革开放 30 年以来都在探讨、当前仍在着重探讨的一个
重大问题。我觉得，这里边细分的话，又有这样六个问题：第一，公有制尤
其是国有制怎样与市场经济相结合；第二，按劳分配怎样与市场经济相结
合；第三，公平怎样与效率相结合；第四，集体主义怎样与个人利益驱动相

结合;第五,宏观调控怎样与市场机制相结合;第六,对外开放怎样与经济主权和安全相结合。这是第一方面的问题。相应的,就必然产生我们共产党怎样在市场经济条件下保持自身的纯洁性,从而保证对国家的领导,保证马克思主义的中国化从而保证对意识形态的领导和主导这两个大问题。一句话,怎样既让市场经济使社会主义充满活力,又让市场经济本身的"马太效应"———一系列的两极分化效应,包括贫富两极分化,包括城乡、区域两极分化,包括利润与民生两极分化,包括经济发展与社会道德两极分化,包括经济与生态的两极分化,等等———都得到有效遏制与控制。

　　对于社会主义搞市场经济,我有一个比喻,用德国伟大的文学家歌德浮士德作一比。浮士德一生追求书本知识,晚年后悔未能体验人生和幸福,便与魔鬼打交道、作交易,愿以来生的灵魂去换取青春与活力,去体验生活和幸福。浮士德自身有"善"、"恶"两面性,魔鬼拼命引诱其"恶"的一面膨胀,使浮士德去追求庸俗的东西。但浮士德由于自身高尚的本性,在与魔鬼同行去体验人生、去追求幸福的过程中,能够本能地坚守其"善"的一面,不断地战胜自我,不被庸俗化,避免沉沦,坚持对高尚的理想、信念的不懈追求,终于达到人生最高境界。我们中国共产党在改革开放前,也犯了脱离实际、片面追求理想的社会主义制度而忽视人民群众的现实需要的错误,后来醒悟,认识到必须与市场经济打交道,来增强不发达的社会主义的活力,于是破天荒地搞了社会主义市场经济。市场经济本身并不是魔鬼,但在中国搞社会主义市场经济之前,世界上的市场经济都是在"魔鬼"的家中———资本主义社会———生长、生活的,所以它本身既有魔力,也有魔性。以前的共产党人都以为市场经济只能在"魔鬼"的家中生活,于是排斥市场经济。是中共改革开放的领袖邓小平提出:市场经济还可以在"天使"的家中———社会主义社会———生长、生活,于是,中国的社会主义,就做了一个当代的"浮士德",开始与"魔鬼"———资本主义———打交道,引入了市场机制,搞社会主义市场经济。市场经济是一柄双刃剑,它既可以使社会主义社会充满活力,也有可能使社会主义社会庸俗化,使人们成为金钱的奴隶。可是只要我们共产党人能够像浮士德一样保持自己高尚的本性,也就能像他一样,战胜魔鬼的诱惑,我们中国共产党就不会为市场经济的负面影响所腐蚀。我们中国的社会主义能不能成为当代的"浮士德",能不能坚守自身高尚的本性——共产党人的理想、信念和宗旨,能不能驾驭社会主义市场经济自身所固有的自我利益欲望,能不能战胜"魔鬼"的诱惑,这些是社会主义市场经济能否成功的根本性、决定性因素。

说到底,"重庆模式"就是社会主义与市场经济结合得比较好的一个模式,是共产党组织将自己的本性保持、发扬得比较好,而社会活力也比较充分迸发的一个模式。

二、"重庆模式"的要点

(略,见本书第一至第九章)

三、"重庆模式"的特点与意义(略,见本书序言)

"重庆模式"代表了中国发展新阶段的发展新路子

重庆市委三届七次全委会明确要求"把保障和改善民生作为一切工作的出发点和归宿",要求重庆要走"以民生为导向的经济社会发展路子"。市委书记薄熙来强调:"如果发展不能改善民生,那就不是'硬道理',而是'没道理'。"这是马克思主义的真理。我们都知道,《资本论》曾揭示了资本主义基本经济规律,就是利用一切手段攫取剩余价值;而斯大林曾揭示过"社会主义社会基本经济规律",就是与资本主义的基本经济规律相反,社会主义是利用不断提高劳动生产率的手段去扩大生产,以满足国家与人民不断增长的物质文化需要。"基本经济规律"是揭示发展的目的的规律,很重要。尽管有争议,但我是基本同意斯大林的观点的。当然,斯大林的基本规律论忽视了社会主义社会生产的直接目的,更谈不上将它与最终目的结合。由于缺少直接目的这个环节,就在实践中使人民的需要没有得到很好的满足。我们现在搞社会主义市场经济,抛弃了斯大林的计划经济模式与理论,这对;但我们也同时抛弃了斯大林的基本经济规律论,这是"在泼洗澡水时,将澡盆中的婴儿一起泼出去了"。所以我们改革开放30年,到现在还没有明确解决社会主义市场经济的基本经济规律是什么的问题。更重要的是,在30年的实践中,有越来越追求赢利,而忽视人民需要的倾向。中国所谓"新三座大山",即住房难、看病难、上学难,就是这样出现的。

现在,"重庆模式"逐步地在揭示着这一规律。就是一个企业、一个地区,它发展的直接目是要赢利,但是根本目的呢,还是要通过赢利来满足人民和社会日益增长的物质文化需要。还需要强调一点:国家和人民的需要,绝对不能与所谓"市场需求"画等号。我们北京、上海比伦敦、巴黎还贵的房价和学费,不是"市场需求"吗? 但能和群众的需要画等号吗? 所以,薄熙来将民生改善说成是"发展才是硬道理"的重要内涵,强调如果发展不能改善民生,那就不是"硬道理",而是"没道理",这是解决了斯大林揭示的社会主义基本经济规律是不是有效的问题,是对中国特色社会主义基本经济规律的直观描述,意义重大。因此,也可以说,"重庆模式"既是对斯大林模式及我们改革开放前重视发展的根本目的,但忽视发展的直接目的的偏"左"倾向的否定,又是对改革开放以来我们很多地方自觉或不自觉地重视发展的直接目的,但忽视发展的根本目的的偏右倾向的否定,达到了一个"否定之否定"的历史高度。

"重庆模式"是将社会主义与市场经济这两个"对立面"成功结合的模式

我们中国共产党指导革命、建设与改革开放,有一个根本的方法,就是"矛盾方法"——在对立中求得统一的方法。中国共产党之所以伟大，原因之一，正在于她能够一次又一次地将你们西方人常以为截然对立、我们中国人也多以为"如风马牛不相及"的对立面结合起来、统一起来，创造出一个又一个的奇迹。这"一次又一次"有多少次呢？我认为至少有五次。

第一次，就是中国共产党成立和壮大。我们知道，所有的共产党，包括在座诸位的共产党，都是"马克思主义和各国工人运动相结合"的产物。但中国共产党，既是马克思主义与中国工人运动相结合的产物，同时又更多的是马克思主义与中国工人阶级先进分子领导的农民运动相结合的产物。革命时期，中共的主要成分是农民，所以到中国革命快成功的1949 年，"三大战役"都打胜了，斯大林还希望中共和中国国民党划长江而共治中国。他实际上是怀疑我们党是不是"共产党"。后来毛泽东向他讲了我们党注重"思想建党"，把一群革命农民改造成为工人阶级先锋队战士，从而在农民革命中建成了一支共产党，并一直保持了"共产党"的特质的历史和道理，他才信我们是"共产党"。

第二次，就是中国的新民主主义革命。这个革命，就是中国工人阶级领导的资本主义革命，也就是在中国将"资本主义革命（就革命的对象和革命的直接目的而言）"与"工人阶级领导"这两个对立物结合了起来。如果说我们把马克思主义与中国特殊的农民运动结合起来的"结合点"是"思想建党"的话，那么，将工人阶级领导权与资本主义革命的性质结合的结合点，则是"统一战线"——工人阶级不但与农民阶级、小资产阶级，而且同民族资产阶级，甚至在民族危亡之际同官僚资产阶级，结成同盟，以战胜革命的对象。

第三次，就是在日本帝国主义企图灭亡中国的历史关头，我们中国共产党又出人意料地同与我们血战了十年、残酷杀害了无数共产党人的国民党联合起来，组成抗日民族统一战线，成功地解除了我们历史上最为深重的一场民族灾难，打败了日本侵略者。

第四次,就是建立新中国之后,将中国的社会主义"革命"与"赎买"结合起来,将中国民族资产阶级纳入中国"人民"的范畴,从而和平地完成了中国的社会主义改造。

第五次,就是开始将很多人认为是水火不容的"社会主义"与"市场经济"结合起来、统一起来。这个结合得好的话,社会主义可能成功,可是万一结合得不好的话,中国的社会主义可能被市场经济所"吃掉"。几千年前,原始的市场经济"吃掉"过原始共产主义,今天,我们不能让现代的市场经济再"吃掉"中国特色社会主义。"重庆模式"可以说是找到了社会主义与市场经济相结合的"结合点"比较多、比较牢固的一种模式。

改革开放,就是中国共产党人领导中国人民探索社会主义与市场经济结合的新路的历史。可是,30年来,中国一直有人认为、至今还认为:社会主义不能、无法与市场经济相结合,所以想引导中国走"纯粹"的、"真正"市场经济道路,实际上是要把中国引向资本主义市场经济。另一方面,也有极少数至今还认为社会主义不能、无法与市场经济相结合的,希望中国回过头去,走过去那条排斥市场经济的"传统"社会主义老路。而中国共产党的领导力量和中坚力量,广大的党员干部,坚信能够将社会主义与市场经济结合成功,并一直在锲而不舍地探索它们相结合的有效途径。"重庆模式",就是这些探索中比较突出的成果。

葡萄牙共产党中央委员、考察团团长佩德罗·格雷罗:我们非常感谢苏伟教授,他对重庆发展与中国特色社会主义作了一个丰富的、深刻的介绍。我们考察团来自西欧不同的政党,我们认为,不同政党之间应该公开、坦白地进行对话。下面请各位成员向苏伟教授提问。

第一个提问的是希腊共产党中央委员、中央委员会思想委员会负责人基里洛斯·帕帕斯塔夫鲁。他一口气提了三个问题,苏伟一一作了回答。下面是"基"、"苏"的对话。

基:"重庆模式"很好,但我请问中国其他地方有与"重庆模式"相反的模式吗?

苏:现在人们从狭义和广义几个层次上,都在讲"重庆模式"。我讲的广义的"重庆模式",这是比较典型的科学发展的模式,是比较成功的"两手抓、两手硬"的发展模式,是旗帜比较鲜明的中国特色社会主义的模式。我们全中国现在都在努力实现科学发展,这是在将中国特色社会主义推向前进。所以,就"重庆模式"的这个意义而言,中国其他的省级地区并没有与"重庆模式"相反的模式。但是,在更基层的一些地区,确有与中国特色社会主义模式,当然也与"重庆模式"不同的发展模式,即只要市场经济,不要社会主义的模式。这还得从历史上说起。斯大林模式后期偏"左",毛泽东晚年的模式也偏"左"。所谓偏"左",就是认为社会主义与市场经济是根本对立的,因而排斥市场经济,并将发展市场经济的一些做法认为是资本主义的做法而加以反对。而所谓的偏"右",就是改革开放以后,我们一些地方和局部,在发展市场经济的过程中,忘记了社会主义的原则和要求。还是以刚才我那个"浮士德"的比喻来说明。浮士德本来一心做学问,临到老了,才感到一辈子没有人生体验,觉得白活了一辈子。这有点像斯大林模式后期、我们的毛泽东后期,只搞计划经济的社会主义,不搞有市场经济的社会主义,结果人民群众没有得到应有的实惠。所以后来浮士德就和魔鬼作交易,愿意出卖自己来世的灵魂,来换取人生的重新开始,以获得人生体验与幸福。相似的是,我们突破了斯大林模式和毛泽东晚年的模式,我们和资本主义作交易,引进了市场经济。如前所述,市场经济本身不是魔鬼,但是它是在魔鬼的老家长大的,有魔力,也有魔性。浮士德的本性很高贵,理想信念很坚定,就经受住了魔鬼的种种诱惑。可是,现实中我们一些共产党人只看到市场经济的魔力,看不到它的魔性,因而被它迷惑,忘记了共产党人崇高的理想和信念,放弃了社会主义的原则和要求。一些地方把社会主义的原则和要求放弃得太多,从而形成了一些只顾生产力一时发展的模式。这些模式确实是和"重庆模式"不同的。

　　例如,在 20 世纪 90 年代后期我国国有企业改革攻坚阶段,一些地方的党委、政府对中共十五大规定的搞活国有企业的政策进行"偷工减料"——中共中央要求找"7 个兄弟",即"改组、联合、兼并、租赁、承包经营和股份合作制、出售",共同将国有企业"抬上坡",这样来改革、发展,但不少地方却将 7 兄弟中的老大至老六都赶走,只留下老七,即"出售",来改革国有企业,许多市、县将国有企业全部廉价卖光,一度还形成一些卖光的模式,造成国有资产严重流失、腐败急剧蔓延、职工大量失业。这些"私有化"的企业"官商一体"特征明显,导致公有制主体地位被削弱,民营经济也难以健康发展。这是我国 30 年改革过程中的最大教训之一。我国香港学者郎咸平对此有深刻揭示。此外,如山西等若干资源大省将煤矿等国有的重要资源也廉价卖给私人,一度也形成所谓"模式",不但造成宝贵资源大量浪费、生态环境灾难性破坏、贫富分化急剧扩展,而且导致大量矿难频频发生,使中国、中共、改革开放蒙受耻辱,让每一个共产党人痛心疾首。那也是我国 30 年改革过程中的最大教训之一。

　　此外,还有人士从狭义,即从所有制结构上,或者从加工贸易类型上,甚至更细小到从住房建设的类型上,讲"重庆模式"。从所有制结构上讲,我国有的地方发展了非公有制经济为主体的模式,而"重庆模式"则是国有经济与民营经济、外资经济"三驾马车"齐头并进,而且国有经济还越来越有力地在"驾辕"的模式。从加工贸易类型上讲,我国沿海的各种模式,都是"两头在外"(即零部件和市场都在海外)的滨海外向型模式,而重庆则创造了"一头在内、一头在外"(大量零部件在本地生产,主要市场在海外)的内陆开放型模式。从住房建设的类型上讲,我国大部分地区走的是住房商品化道路,而重庆正在带头走一条保障性住房与商品房双管齐下的发展道路。上述这些意义上的"重庆模式",与其他的模式都是不同的。

　　需要说明,与基本生产关系联系紧密的各种经济模式,如所有制结构模式、住房建设模式等,是有优劣之分的,但与基本生产关系联系较远、与生产力各要素联系紧密的各种经济模式本身,如各种类型的加工贸易模式,则是没有优劣之分的,全看它是否符合当地、当时的实际。正如晴天、雨天本身并没有优劣,全看它针对的农时而言。上帝如果把重庆这块地、这群人移到沿海,我们一定会采取"两头在外"模式的。因为你进口的零部件,可能比自己造的更便宜。

基:苏伟教授刚才谈到,国际金融危机导致中国工人大量失业,而且据我所知,中国的失业问题比较严重,请你谈谈中国的失业问题。

苏:确实,国际金融危机导致中国包括我们重庆的工人在 2008、2009 两年大量失业,官方讲仅沿海农民工就有 2000 万失业。但由于中共和中国政府强力应对危机确有成效,现在他们大部分已重新就业。尽管如此,由于主客观两方面的原因,中国的失业问题确实相当严重。客观原因有三:其一,中国庞大的人口基数;其二,中国快速的工业化发展到中期阶段,即由容纳劳动力较多的轻工业为主转向容纳劳动力较少的重化工业为主,而且第三产业尚不能跟上;其三,中国城镇化和市场化的加速发展。主观原因在于:中国在相当长时间内,将"效率优先,兼顾公平"奉为国策,并有错误的宣传;同时,错误地宣传了"以三铁砸三铁",即"以铁的心肠、铁的面孔、铁的手段,砸烂铁饭碗、铁交椅、铁工资"。"以三铁砸三铁",本来是中国政府高官在工作会议上的"内部讲法",是短期方针,针对的是毛泽东时代我们为求公平、全就业,而让"三个人的活五个人干,三个人的饭五个人吃"那种做法,但媒体有的是不明就里,有的是不"讲政治",有的是正中下怀,于是大肆鼓噪,宣传成党和政府的长期性方针,于是引发裁员洪流。"效率优先,兼顾公平",本来是你们欧美学术界在争论效率与公平关系时,一派学者提出的观点。你们清楚,这种观点在你们那里,也不是主流声音。罗尔斯的"正义论",远比诺齐克的"自由论"影响更大。当然,在现实中,西方的经济精英们是奉行"效率优先,兼顾公平"的,可是,世界各国政府,却没有哪一家公然宣称以"效率优先,兼顾公平"为原则,而都是强调公正第一的。我们中国以前犯过"吃大锅饭"搞平均主义、忽视了效率的错误,所以强调效率,事出有因。但将"效率优先,兼顾公平"作为分配的第一原则,凌驾于按劳分配之上,长期推行,且在宣传上不讲宏观效率,只讲微观效率,就有大问题,也必然出大问题了——在中国生产力只能主要提供绝对剩余价值的历史阶段,各个企业、各个地方就必然最大量地裁员,让剩下的员工以最长的劳动时间、最大的劳动强度去生产、经营,才能效率最优先。于是就有了对"以三铁砸三铁"的片面宣传,但并没有强调哪怕是露一个"泥菩萨"的笑脸,给大家一个"泥饭碗",于是中国一度就有了大量的失业,而且是世界上唯一一个伴随着经济大发展而不是大萧条而出现的大失业怪现象。伴随着它的,是另一个怪现象——世界各国,包括资本主义国家,没有哪一个公开宣称要砸自己国民"饭碗"的,唯独唯一的一个社会主义大国,我们中国,一度公开地、义正词严地大肆宣传要砸自己国家的领导阶级——工人阶级——中的成员们的"饭碗"。各位是各贵党舆论宣传部门的负责人,一定要以我们在宣传中的这些极为沉痛的教训为鉴戒。中共的"以人为本",很大程度上就是针对经济大发展同时出现大失业等怪现象而提出来的。伴随这个口号的第一个政策,就是停止将工人"买断工龄、推向社会",转而强调"劳有所得"——首先得"劳"、得有"饭碗"啊。这是一个非常重要的转变。"重庆模式"就包括就业在内的民生为归宿,充分就业是它的必然结果。

基:"重庆模式"的前景怎么样,是不是会在全国推广?

苏:广义的"重庆模式",就它是一个科学发展的一个有效范例,即一个着重解决我国城乡、区域、经济与社会、人与自然、内需与外需五大矛盾的有效范例而言,就它是中国特色社会主义的一个有效范例,即一个着重解决社会主义与市场经济的有效结合(包括实现市场经济的趋利本能与道德情操的精神文明的结合,市场经济驱使的社会成员对个体利益的强烈追求与共产主义要求的共产党员对党的宗旨、对集体利益的强烈追求的结合,也包括实现市场机制与政府机制的有效互动,从而实现公有制尤其是国有制经济与市场经济的结合、实现经济发展与人民幸福的结合,等等)而言,与中共中央对中国发展的模式要求是一致的,与中国其他地方发展模式的发展方向也是一致的。从这个角度讲,"重庆模式",就其精神实质而言,必然在中国得到推广。当然,广义"重庆模式"的一些具体做法,尤其是上述各种狭义的"重庆模式"的具体做法,各地不可能,也不应该照搬。就如同十月革命的原则中共遵循了,但它"以城市为中心"的具体做法,我们改成了"农村包围城市"一样。

意大利"21 世纪马克思"政治文化协会副主席多梅尼科·洛苏尔多:听了苏伟教授的介绍,我感觉,"重庆模式"代表了一种挑战。是这样的吗?

苏:确实如此。而且,我觉得它还代表了两种挑战:一是作为地方发展战略,它要完成中共中央和中国政府交给重庆的诸多特殊任务,如实现胡锦涛的"314"战略部署,统筹城乡综合配套改革、建设国家中心城市、发展两江新区,等等,这是严重的挑战;二是作为中国特色社会主义的重要组成部分和重要实践方式,作为社会主义市场经济的重要组成部分和重要实践方式,"重庆模式"要解决社会主义与市场经济的一系列"矛盾",如前述之社会主义的集体主义与市场经济的个人主义的矛盾,社会主义要求共产党的纯洁性与市场经济负面影响对党组织、对党的干部的考验的矛盾,社会主义的公有制尤其是国有制与市场经济的运行机制的矛盾,社会主义社会的生产目的(满足社会与人民的物质文化需要)与市场经济主体的生产经营目的(获得最大化的利润、GDP 和财政收入)的矛盾,等等。中国共产党人如果不能战胜这些挑战,那么,正如原始的共产主义已经被原始的商品经济"吃掉"过一次一样,现代的共产主义(社会主义是它的低级阶段),就会被现代的市场经济再次"吃掉"。

可是,我们不少人,包括不少中国共产党人对此并不自觉,他们觉得搞市场经济,就是要把社会生活的一切都市场化,包括住房都市场化,就业都市场化,学校也市场化,医院也市场化,养老也市场化,甚至于一些人还将权力也市场化，婚姻也市场化，乃至于把自己个人本身也市场化。如果这些东西全部都市场化了，社会主义也就没有了，就真的被市场经济"吃掉"了。"重庆模式"，就是既大力发展市场经济，又使市场经济的发展能壮大社会主义而不会"吃掉"社会主义的模式。

法国共产党国际部领导机构成员奥贝·阿芒：苏伟教授谈到了信仰社会主义的问题。法共的信仰有所不同，法共讲得更多的是"共产主义"，而不是"社会主义"。请问您怎么看这个问题，你们的社会主义的实现形式是什么？

苏：中国共产党也是以共产主义为理想的马克思主义政党，但我们按照列宁在《国家与革命》中的说法，把马克思在《哥达纲领批判》中讲的共产主义低级阶段叫做社会主义。而且，我们的毛泽东主席还有一个重要观点，就是讲社会主义还要分阶段，第一个阶段是不发达的社会主义。更重要的是，改革开放后，我们的邓小平同志提出一个中国社会主义的"初级阶段论"。他讲，我们中国经过一个很长时期的社会主义初级阶段后，才能进到马克思讲的那种各尽所能、按劳分配的社会主义，即进到共产主义低级阶段。而你们西欧各国，将来进入社会主义后，直接的就是那种社会主义，不会有中国的这种初级阶段的社会主义。这个理论是符合马克思主义，符合科学共产主义，符合历史唯物主义的。马克思主义、科学共产主义讲：共产主义一定要代替资本主义，这是历史规律。历史唯物主义讲了这个规律的道理：人类社会是生产力决定生产关系，生产力从低级向高级发展，就决定共产主义一定代替资本主义；这个道理同时也说明，中国的社会主义一定要经历一个独特的"初级阶段"。

我打一个比方：生产力是水，生产关系、社会制度就是船。生产力决定生产关系，就是有什么样的水，就只能且必须开什么样的船。人类社会从低级到高级发展，就像中国长江、黄河，你们的莱茵河、多瑙河，都一定会流到大海。我们的长江最初从三江源发端，一片沼泽，好比原始社会，只能淌水而行；后来生产力之河发展成涓涓小溪，好比奴隶社会，只能开独木舟；众多涓涓小溪汇成长江上游的通天河，好比封建社会，可以开木帆船了；再往下过了虎跳峡后，长江的主干道就可以开小火轮了，就相当于进入资本主义；资本主义通过长江上游、中游一直到上海，过了崇明岛，进入东海，社会化的生产力是汪洋大海，小火轮不能开了，就只能换社会主义的万吨巨轮。这就是历史唯物主义的历史规律论。可是中国的情况非常特殊，譬如说我们中国的船走到长江三峡的时候，激流险滩，很危险，而当时中国那只半殖民地半封建社会的破船又遭受了"三座大山"（帝国主义、封建主义、官僚资本主义）的重压，中华民族有灭顶之灾。那个时候毛主席、共产党领导我们闹革命，推翻了"三座大山"，把中华民族从水深火热中拯救出来，我们就过了三峡，到了湖北荆江，进入社会主义。那个时候我们要造一个什么样的船呢？开始不很清楚。毛主席说，不知道吗，第一问老祖宗马克思恩格斯嘛，第二学苏联老大哥嘛，第三"凡是敌人反对的我们就拥护，凡是敌人拥护的我们就反对嘛"。老祖宗讲：社会主义是万吨巨轮，我们就认定了要造大轮船；老大哥在北冰洋边造了一艘计划经济的大轮船，在工业化的初期是适合的，我们也跟着造大船；当时认为"敌人"是资本主义，认为社会主义是资本主义的对立物，既然资本主义是小火轮，社会主义就是它的对立物——大轮船。如此等等原因，使我们中国曾经就在"荆江"上造了一条相当大的船，来搞社会主义。从1949年到1957年，船还不是很大，开得比较快、比较好。1958年以后，一下想把这个船做大，出现"一大二公"、"大跃进"，就是让大家都去划大船。可是就出了问题。我们党内一些领导同志就主张搞"三自一包"，意思就是说这个船太大了，要把它弄小一点，才划得快。毛主席后来拍案大怒：你们要把船搞小，资本主义不就是小船吗？你们要走资本主义道路，那不行，干脆这个船让它漂着吧，先把你们这些走资本主义的当权派打倒，这就是"文化大革命"了，是中国社会主义的很大挫折。经过挫折，我们的邓小平同志总结教训：挫折的根源，就在于党的政策体系超越了我国社会主义的发展阶段。用那个比喻就是说，把将来过了崇明岛、进入东海后才能开的大轮船,提前到湖北段的荆江就来开了,怎么能开得好呢? 所以,邓小平讲:我们现在的国情,就是社会主义初级阶段。中国由于特殊原因提前走入了社会主义,这个不能退回去,退回去违背我们党的根本利益、中国人民的根本利益,要坚持社会主义的原则,但是又不能搞大海里面才行的万吨巨轮,只能搞小火轮,就是通过改革开放把过大的船化小一些。

　　但是又有人讲,资本主义都是小火轮,你也搞个小火轮,不就是搞资本主义吗? 那么我们现在搞的中国特色社会主义,是不是符合马克思主义原则的社会主义呢? 是! 其实邓小平对这个问题早就讲得非常清楚了。他讲,就经济层面而言,社会主义的根本原则就两条:第一条,公有制为主体,就是说,这个船的关键部位,比如指挥舱、轮机舱等是公有制,其他的,如客房或者是餐厅等,私人都可以搞;第二条,共同富裕,就是我们这只船航行的根本目的,是大家共同富裕,通过先富带后富,而资本主义的根本利益是船老板的。经济层面上,除了这两条原则,由于都是"小火轮",这个船怎么开、怎么运行,这个都没有什么社会主义、资本主义的区别了,因为都搞市场经济,只不过我们的宏观调控更加厉害一点。所以,如果只看表面现象,资本主义是小火轮,你中国特色社会主义也是小火轮,你就是搞资本主义! "左"的也这样说,右的也这样说,其实都没搞清楚邓小平理论的核心内容,就是中国特色社会主义。什么是中国特色社会主义? 主要是初级阶段的社会主义,这和毛泽东主席搞的社会主义有联系,也有很大的区别。一直到将来社会主义初级阶段走完了,即我们的长江走完了,到东海了,才又会搞毛泽东那种,也就是马克思恩格斯那种"一大二公"的社会主义。

　　意大利重建共产党国际部声援事务负责人弗朗切斯科·马林乔:听了苏伟教授的介绍,对新中国社会主义的历史有了新的认识。以前我们听到的毛泽东,好像只是搞阶级斗争,为什么坚持要搞,现在清楚些了。听您介绍,毛泽东思想在中国现在的模式中还有很大的作用,这和我们以前听到的好像不一样。给我们谈谈这个问题好吗？

苏：毛泽东去世 5 年后的 1981 年，中共中央作一个重要决议，讲毛泽东思想只是"中国革命"成功经验的总结；然而 12 年后，即毛泽东 100 年诞辰的 1993 年，中共中央在隆重的纪念大会上宣布：毛泽东思想是"中国革命和社会主义建设"成功经验的总结。去年庆祝新中国成立 60 年的盛典上，"毛泽东思想胜利万岁"方阵横空出世。这些都是对毛泽东思想的"建设理论"的肯定。斯大林的敌人丘吉尔评价斯大林说，他接手时，俄国是个马拉木犁的国家；他撒手人寰时，俄国已是世界第二强国。即便是毛泽东的敌人，也应该这样如实地评价毛泽东吧。20 世纪 80 年代初，英国首相撒切尔夫人在英国国会回答为什么要归还香港的质疑时，无可奈何地讲：有什么办法呢？中国是超级大国嘛！而当时中国刚开始改革开放，那个超级大国主要是毛泽东领导建成的。当然，毛泽东晚年确实犯了严重错误，所以宣传毛泽东的思想，确有相当难度。邓小平和我们党纠正了毛泽东的错误，又维护了毛泽东思想。但是我们的宣传方面呢，未能处理好那个难题，而是回避矛盾，把党的理论分为了毛泽东思想和中国特色社会主义两大部分，而实际上是把毛泽东思想"悬置"起来了。可是事实是，毛泽东思想的道德感召力、政治感召力要强得多，这是永恒的。当然，由于时代和实践的阶段性，它关于社会主义经济建设等的具体理论，比邓小平理论要弱得多。邓小平理论，中国特色社会主义理论，经济建设是强项，讲效率讲得好些，邓小平作为马克思主义者，他相信马克思主义、毛泽东思想的道德和政治感召力，但是他不可能把这个东西说得比毛泽东更好了，他也是在它们的基础上讲经济建设理论的，他非常强调建设有中国特色的社会主义理论是毛泽东思想的"继承与发展"。可是我们在宣传、教育上没有将毛泽东思想与邓小平理论联系得好，使"两强"相隔离，于是我们中共自身的科学共产主义理论，即中国化的马克思主义理论，就缺少完整性、统一性。

而"重庆模式"，尤其是其中的"唱读讲传"，弘扬红色文化，就是开始把我们中国共产党的毛泽东思想和中国特色社会主义理论中的两大强项,也包括中国好的传统文化和世界上的精神文明、结合起来、统一起来,形成我们3200万重庆人民的终极价值观的重要举措,是有历史意义的。

意大利"21世纪马克思"政治文化协会副主席弗拉迪米罗·贾克:苏伟教授谈到了斯大林模式。我们认为社会主义应该是基于民主的模式,而不应该是斯大林模式那种集权式的社会主义。那么中国的社会主义模式,重庆的模式,是不是民主的模式?

苏:中国特色社会主义的发展模式,是对斯大林模式的改良,而不是否定。斯大林模式是人类历史上第一个国家形态的社会主义模式,虽然有缺陷,但正如巴黎公社一样,其基本原则——社会主义公有制、按劳分配、有计划地安排社会劳动、共产党的领导、无产阶级专政、马克思主义在意识形态领域的指导地位、集体主义的核心价值观,等等,是永存的。中国共产党的基本路线中,有一个基本点叫"四项基本原则",和斯大林模式的上述原则基本上是一致的。从这个意义上讲,中国特色社会主义是对斯大林模式的继承。当然有发展,有突破。突破就是我们搞社会主义市场经济、扩大社会主义民主政治。斯大林后来践踏党内民主和社会主义民主,这是他的严重错误。但不能把一个人的错误和一个国家的制度简单等同起来。希特勒也是靠民主选举建立起法西斯政权的,难道可以把法西斯等同于选举民主制吗?

当然必须承认,苏联和中国都是资本主义民主发展不充分的国家,封建主义残余影响都比较严重,又都一度严重忽视了社会主义民主政治建设。中共中央1981年总结毛泽东晚年两大错误:一是没有以经济建设为中心而以阶级斗争为纲,二就是没有努力建设社会主义民主政治。改革开放后,有三大原因,也使我们的党内民主和社会主义民主建设受到严重阻碍:一是中国一些人鼓吹"经济上放开,政治上集权"的"新权威主义",在党内、社会上有重大的、恶劣的影响;二是1989年中国的政治动乱中,中外的资产阶级自由化势力以"民主"、"自由"为旗号向共产党夺权,搞得中共很多干部一听"民主"、"自由",就联想到资产阶级自由化,就心有余悸,反而忘了马克思主义、社会主义才是最讲民主的,反而延缓了中国政治体制改革和民主建设的步伐;三是面对政治权力、政治职位可能的"含金量"的急剧膨胀,我们一些权力部门就死死抓住这些权力不肯放手,就如同我们很多垄断经济部门在巨大的利益面前死死抓住垄断权力不肯放手一样,于是在一些领域,经济垄断和政治垄断都有所发展。

本来,在没有经过民主政治充分发展的社会主义国家,就要经过一个由共产党"代表"甚至"代替"人民当家做主,向共产党"组织"、"领导"人民当家做主的转变。这是我研究以后确认蕴涵在列宁、邓小平的政治思想中的一个观点。列宁在十月革命前,计划掌权后工人农民每天工作10小时,其中6小时生产,4小时管理国家。革命后他马上意识到这不可能,于是提出由党"代表"人民管理国家,发展以后再由人民直接管理国家。邓小平也明确讲过要向共产党"组织"、"领导"人民当家做主转变。我认为中国现在的政治体制改革和民主政治建设,就是要促进这一转变。但是由于刚才所讲的三大原因,我们中共的党内民主、中国的政治民主建设还任重道远。所以,包括我们重庆,党内民主、政治民主都还是不足的。例如,我们搞"森林重庆",薄熙来讲要种大树,种好树,本来都是对的。他个人喜欢银杏,所以明确说过要多种银杏,这也有一定道理。可是我们一些地方千篇一律地种银杏树,甚至将一些干道上已经长成型了的黄葛树、小叶榕搬走,换成银杏。这就叫"上有好者,下必甚焉"。其实重庆最好的树、最适宜的树、最遮阳的树,就是我们的市树——黄葛树,这是历史的检验,人民的选择,这一点薄熙来忽视了。以后应该把一些种大银杏的钱拿来种大黄葛树。

德国左翼党议会党团副新闻发言人米歇尔·史利克:苏伟教授讲得很有意思,您谈到了中国共产党不但要发展市场经济,而且要驾驭市场经济,请问怎样"驾驭"?

苏:中共中央在2006年颁布了一个关于加强党的执政能力建设的决

议,其中专门一节讲的就是如何提高驾驭社会主义市场经济的能力。中国政府成功应对国际金融危机的影响,是"驾驭"的一个好榜样。从总体上讲,保证公有制为主体、保证按劳分配为主体,这是共产党"驾驭"市场经济的根本性内容。如果驾驭不了,不能保证这两个"主体",那么,共产党、社会主义,真的会被市场经济所"吃掉"。

而"重庆模式",则是中国的一个地方党委、政府对如何驾驭社会主义市场经济的一个好榜样。你看,它包括了如何培育各类市场主体("三驾马车")的生成发展,如何保证公有制为主体(国有经济"驾辕"),如何促进市场体系尤其是生产要素市场体系的生成、发展(我们建设长江上游的经济中心,经济中心的实质就是市场尤其是要素市场的中心),如何促进国内市场与国际市场的联结(内陆大开放高地建设、"三大洋战略");也包括了如何限制市场经济两极分化的"马太效应"(实行城乡统筹,保障民生);还包括了如何消除市场经济负面因素对社会主义道德的影响(弘扬红色文化),对社会政治的腐蚀("打黑除恶");等等。按照"重庆模式",我们一定能够既发展好,又驾驭好市场经济。

法国共产党国际部领导机构成员奥贝·阿芒:苏伟教授谈到了中国共产党曾经既是马克思主义与工人运动,也是与农民运动相结合的产物,那么现在呢? 现在法国、欧洲的工人阶级与100年前是大不一样了。现在中国的工人阶级的概念是怎么样的? 中国的阶级关系是怎么样的呢?

苏:我们中共,是以马克思主义的阶级分析法为理论基础之一的,我党党章规定:中共首先"是中国工人阶级的先锋队";我国宪法规定:工人阶级是国家的"领导阶级"。但是,有两个原因,使我们的阶级观点在理论上、在宣传上、在政治上都遇到困难。第一个原因,是我们党在改革开放前一度"以阶级斗争为纲",犯了很严重的阶级斗争扩大化的错误,以至于现在好像一讲阶级,就又要重提"阶级斗争",这是大家都避之不及的。第二个原因,就是诚如法国同志所说,现代社会的阶级结构比100年前、30年前复杂多了,出现了很多中间阶级和阶层,例如中国的个体工商户就有三千来万户，从业人员有五千来万人。尤其是，中国改革开放，大力发展私营经济，使得中国现有的私营企业达六七百万户，雇佣的职工已约五六千万人。这些雇佣工人算不算在工人阶级之内？私营企业主算不算在资产阶级内？算进去是不是又要搞阶级斗争？在这些困难面前，我们在理论宣传上就不讲"阶级"了，只是在讲党的建设时，抽象地讲一讲"工人阶级先锋队"。

其实我们都知道，根据历史唯物主义理论，阶级的产生和发展以生产的不足为基础，又必将也只能被生产力的充分发展所消灭。在生产力没有达到社会财富像"泉水般涌流"、能满足人们生活需要的极高水平之前，阶级必然在中国、在欧洲、在世界存在。

有阶级存在，就既可以有阶级斗争，也可能有阶级合作。以前，我们对阶级斗争的论述很多，对阶级合作则研究不够。其实，我认为，人类历史上已经出现过三种类型的阶级合作，我国当前正在出现前所未有的第四种类型的阶级合作。

第一种类型，是对立统一的阶级在发展初期，自身矛盾尚不尖锐，为推翻旧统治阶级进行的合作。如中国北伐革命时期，以共产党为代表的无产阶级与以国民党为代表的民族资产阶级，就进行了卓有成效的阶级合作。你们法国在大革命时期，无产阶级与同为"第三等级"的资产阶级的阶级合作也很好嘛。

第二种类型，是对立阶级的矛盾已经尖锐起来，但有外敌入侵，于是进行阶级合作，共御外侮。如我国抗日战争时期，以共产党为代表的工农阶级与以国民党为代表的英美派官僚资产阶级以及民族资产阶级的阶级合作。当时欧洲的各国共产党亦然。

第三种类型，是发达强权国家的统治阶级建立国际霸权，包括政治或经济霸权后，用攫取的被压迫民族、被剥削民族的超额剩余价值，来"收买"本国对立阶级，而实现的阶级合作。进入帝国主义时代的 100 年来，你们西欧各国和美国的资产阶级，不是这样地"收买"了本国的无产阶级吗？所以列宁在上一世纪初就讲整个英国工人阶级都成了"工人贵族"，就是说整个阶级都被资产阶级"收买"了。这就是欧美各国进入垄断资本主义阶段以后的劳资阶级合作。

第四种类型，是在常规条件下对立、斗争的阶级，在特殊条件下，实现非对立的阶级合作。当前，我国正在出现的，正是这种特殊类型的阶级合作，就是占有主要生产资料的所有权、掌握国家政权的中国工人阶级，与占有大量生产资料、雇佣大量职工的私营企业主阶级的阶级合作。当然，阶级合作中并不是完全没有了阶级斗争，但这些斗争大量的属于人民内部矛盾，只有前面讲"打黑"时讲过的邪恶的市场经济势力向我们党和政府的进攻，才是属于敌我矛盾性质的斗争。要发展社会主义市场经济，我们就应该自觉推进新形势下的阶级合作。"重庆模式"的"三驾马车"，就是这种阶级合作的表现。

但需要强调：中国共产党的领导和党的建设的正确，是中国阶级合作成功进行的关键。如果党的领导地位动摇、党的政策严重失误，致使社会阶级利益出现对抗，那么，中国的改革开放就会失败。

法国共产党国际部领导机构成员奥贝·阿芒：苏伟教授还谈到了中国将教育、医疗、住房都市场化了，可是这些在我们欧洲都是公共福利。政府有责任有义务出钱、出力给老百姓提供这些福利，或者给他们提供补贴。为什么社会主义的中国反而将它们市场化呢？

苏：可能有两方面的原因。一是我们中国共产党有个好的传统，就是党中央提出一个中心工作、战略目标后，全党上下，就动员全国人民，去做这个工作，去实现这个目标。譬如说，当年以革命战争为中心，我们就动员男女老少都参战、工农商学兵都参战。现在中共要求搞社会主义市场经济，我们就动员男女老少、工农商学兵都来搞市场经济，连中国人民解放军一度都经商，形成世界军事史上的奇观。其实解放军的前身八路军当年在南泥湾就搞生产搞出名了。因为没搞过市场经济嘛，就以为一切都市场化，于是想让教育、医疗、住房等都市场化，以为会发展得好一些。

这是探索性的原因，当然这种探索是走错了路，是中共探索社会主义市场经济过程中的一个曲折。另一方面，更重要的原因，则在于走错路了之后，就形成了一些特殊的利益集团（尤其是中国的房地产商集团）他们从教育、医疗、住房等的市场化中得到了巨大的好处，势力也极其巨大，利益也与地方政府的利益交织在了一起，尾大不掉，于是就尽量推动我们向这条路走下去。更可怕的是，不赞成共产党领导的势力、不赞成社会主义的势力，看到这样的市场化会激起人民群众对共产党的愤懑，于是对这些市场化的措施推波助澜。而这些居心叵测的推波助澜，又与我们一味追求GDP 的增长、以 GDP 的增长为晋身之阶、地方财力与房地产商等利益集团交织在一起的一些地方官员一拍即合，于是就形成了你们讲的资本主义把这些东西搞成公共福利，而社会主义反倒把这些东西搞成市场经济的奇观。幸好，中共科学发展观、和谐社会论的提出，就是要扭转这种倾向。以民生为归宿的"重庆模式"，就是成功扭转这种错误倾向的典范。

意大利"21 世纪马克思"政治文化协会副主席多梅尼科·洛苏尔多：听了苏伟教授的介绍，我感觉，"重庆模式"是反右倾的。是这样的吗？

苏：反倾向斗争，是所有共产党人，包括中国共产党人的宿命，不可避免。中国改革开放30 年，"左"与右的危害都存在，我们一直在作斗争。"左"倾的就是对斯大林模式和我们改革开放前的模式的迷信。在改革开放的前 20 年，这是主要的干扰倾向。但是进入新世纪以后，右的倾向，就是否认市场经济有社会主义与资本主义之分，也否认民主政治有社会主义与资本主义之分（其实有的人心如明镜般知道这些区分），一味强调追求"纯粹"的、"普遍适用"的市场经济和民主政治，实则是追求西方的即资本主义市场经济和民主政治的倾向，成为中国改革开放中最主要的干扰和障碍。"重庆模式"，从政治倾向上讲，是既反"左"，又反右的，它走在中国特色社会主义正道的最前头。

葡萄牙共产党中央委员、考察团团长佩德罗·格雷罗：我代表考察团全体成员感谢苏伟教授给我们作了精彩的介绍,希望以后能够继续交流。重庆这座古老文化名城快速的发展变化、壮丽的山水风光,令人印象深刻。中国的发展震惊世界,对世界的作用很重要。相信中国共产党能够更好地改善中国人民的生活,相信中国共产党和中国人民能够为建立公平的世界、和平的世界作出更大贡献。

　　意大利"21世纪马克思"政治文化协会副主席多梅尼科·洛苏尔多:对不起,我再说最后一句话(他提高了声调):"我们到中国来的时候,是怀着希望来的;我们回欧洲的时候,是带着更多的希望回去的!"

编辑后记

　　"重庆模式"最早由《亚洲周刊》提出,此后,便与"唱红打黑"产生的巨大社会效应一起,引起海内外的高度关注,各界观察者均对重庆发生了浓厚的兴趣,支持者和持异议者纷纷发表意见,并产生巨大争议。然而,仔细研究这一现象,却发现在"媒体的狂欢"和"思想的盛宴"背后,很少有人了解"重庆模式"的全貌。与一些高端媒体从"重庆模式"涉及的中国社会转型期的重大问题进行分析不同,很多人只是从耳闻目见的某个侧面来解读"重庆模式",更有人将个人情愫强加给"重庆模式",而忽视了重庆"新政"的系统性和整体性。为了让人们全面地了解"重庆模式",了解重庆这些年的所作所为和发生的变化,我社策划与出版了这部专著。

　　本书是第一本关于"重庆模式"的专著,是作者对"重庆模式"的"客观描述、主观诠释",虽属作者一家之言,不能说是完全彻底地解读了重庆的所思所想,但还是做到了把"重庆模式"作为一个整体呈现给读者。

　　无疑,重庆的系列"新政"和重庆近年的巨大变化,引发了人们对中国社会转型期面临的系列问题的思考,丰富了中国模式的内涵,深化了人们对人类社会发展模式的探索。我们相信,对"重庆模式"的讨论还会持续,中国经济出版社也将继续关注这一现象,希望致力于"重庆模式"研究的专家学者能从不同的视角、从更深的层次对"重庆模式"进行研究,以满足社会的需求。

2010 年 12 月 28 日